这样爱你刚刚好

一个心理咨询师、班主任的智慧宝典

谷静 著

河北出版传媒集团
河北教育出版社

图书在版编目（CIP）数据

这样爱你刚刚好：一个心理咨询师、班主任的智慧宝典 / 谷静著．-- 石家庄：河北教育出版社，2018.6（2021.6 重印）
ISBN 978-7-5545-4498-3

Ⅰ.①这… Ⅱ.①谷… Ⅲ.①家庭教育 Ⅳ.① G78

中国版本图书馆 CIP 数据核字 (2018) 第 126876 号

书　　名	这样爱你刚刚好：一个心理咨询师、班主任的智慧宝典
作　　者	谷　静
策　　划	陈晓丽　张　辉
责任编辑	孙雪松
装帧设计	郝　旭　相彩英
出版发行	河北出版传媒集团
	河北教育出版社　http://www.hbep.com
	（石家庄市联盟路705号，050061）
印　　刷	河北荣恩印刷有限公司
开　　本	787mm × 1092mm　1/16
印　　张	20.75
字　　数	268 千字
版　　次	2018年10月第1版
印　　次	2021年6月第5次印刷
书　　号	ISBN 978-7-5545-4498-3
定　　价	39.80元

推荐序一

希望每个家长都能读到这样一本书

相信很多家长都渴望读到这样一本书，它来自孩子的老师，是一本班主任写给家长读的书，一本引领家长个人成长的书。

这本书中很少涉猎抽象的教育理论，而是精选身边鲜活的教育故事。透过故事的一些情节，家长可以看到自己和自己的孩子，可以零距离了解孩子在学校的学习和生活，可以感悟到一些有价值的可资借鉴的教育方法，还能知晓作为家长所应具备的素养和能力。谷静老师就是这样一位善于透视心灵、善于思考的老师。她常常透过孩子呈现的问题去探究其背后的缘由，透过家长对孩子的态度去分析家长个人成长中可能存在的偏颇。

谷老师的视角是独特的，分析是透辟的，方法是具体的。相比而言，一些家长只是苦苦寻求良好的教育方法，却未必能洞悉问题的本源：不改变自己思维的方式，任何方法都是空中楼阁。当你在忧虑孩子会不会输在起跑线上时，谷老师告诉你“人大心开”；当你认为孩子太内向是问题时，谷老师说那也许是家长自己的问题；当你认为自己的孩子大大咧咧什么事儿都不往心里去时，谷老师已经发现了孩子内心的创伤和压力……谷老师班里的孩子和家长是幸运的，他们在每一天和谷老师共处的过程中，不仅获取知识，还获得心灵的滋养。所有这些，从个体成长的漫长过程来看，都显得弥足珍贵。

在书中，你不仅可以看到谷老师“告状”之后对问题的处理方法，也可以看到父母的说话之道；你既可以看到阅读和写作的方法，也可以看到数学、英语、文综、理综、信息技术、体育等各科的学习技巧，还可以学会合理安排时间和提高学习能力；在书中，你会看到中考前的心理调试，考试过程中的注意事项，甚至文具的整理与饮食的调理……你会发现许多困扰你的问题并不是问题，即便是问题，也可以用“聚焦和分解”的方法得以解决并让思维方式、行为习惯甚至分数实现突破。

这本书中讲述的事例，都实实在在发生在学校和家庭里，在叙述简洁、画面灵动、语言生动的同时，又因为真实质朴而拥有直指人心的力量。相信书里的一些格言般的句子，会在每一个读到它的家长心中不断发酵。谷老师有时会犀利地指出你的问题，比如：“你只是用看似解决问题的方法制造着问题，用看似缓解焦虑的方式酝酿着焦虑”“当妈妈的理念和方法有偏差的时候，妈妈付出得越多，孩子错得就越多”“人都是生活在各种关系里的，一种关系处理不当，就会影响到家庭里的其他关系，孩子就有可能被卷入婚姻大战和权力争斗，赔上少年的快乐、学业的发展甚至一生的幸福”……这些句子无不是敲在家长心上的一记记重锤。谷老师有时又会轻松幽默，举重若轻。中考让很多孩子和家长如临大敌，而谷老师却说：“中考嘛，不过如此，做题而已。”在谷老师的眼里，“时间是可以被拉长的”“辅导班是可以不上的”“每个孩子是可以拿到自己的满分值的”。谷老师认为，“妈妈的眼里要可以揉沙子”。而这些，一定会让你以更加自信、从容的心态重新看待孩子学业发展和人格成长中的各种问题。

谷老师的学生家长常说谷老师也是他们的老师，当一位老师可以带领家长成长时，经由家长的改变而带来的孩子的改变便能得以真正实现。所以，从根本上说，这是一本直击家庭教育的问题、聚焦孩子人格健康、心灵成长的小百科书。

即便中考这样让很多家长如履薄冰的大事，谷老师看到的也不只是分数和名次，而是借此所能带来的学习能力的提升、意志品质的锻造，以及人格的完善。学习和考试，不过是我们培养孩子的抓手，绝不是终极目的。中学阶段，孩子面临着各种关系的处理：与学习的关系，与老师的关系，与同伴的关系，与父母的关系，与世界的关系，以及与自己的关系。这些关系的和谐稳定，才能带来孩子的健康成长。

这本书中所呈现的案例，来自不同的家庭，可以由此窥见目前中国家庭教育的现状。谷老师通过多年和家长接触的经验告诉你，“家长们只需要做一面镜子。真实、客观地反馈孩子处理问题的方法和行为，让他们知道自己什么是好的，值得坚持的，什么又是需要改进的。”只有这样，孩子作为独立的个体才是有价值的，值得被尊重的。而家长也可以跳出围绕孩子生活的怪圈，做回真正的自己。

马振行

（河北省教育科学研究所所长）

2018 年 6 月

推荐序二

素颜的教育

“素颜的教育”一如女士的素颜——没有装饰的天然自在，自由自在地随顺生命的脉络舒展，没有拔苗助长的功利。这里的“素”便是本原的颜色。“素颜的教育”是以呈现并成就生命本来、还原或保持生命本有的天性为目的的教育，这种思想与情怀，在物欲横流的经济大潮之下尤其难得。

谷静，一位优秀的中学语文教师，一位朴实的女性，她的教育理念有如她的面庞——从来都是素颜以陈，不施粉黛，崇尚自然、自在。她的课堂，她的家长课堂，亦如素朴的她。这个朴素少了干涉，多了纯正；少了杂染，多了正能量的陪护。

我想，前面两段基本交代了诸位要看的这本书的意旨：遵循学生生命轨迹的本色教育是教育者与家长唯一值得遵循的法则，而与家长达到此种教育的一致目标是她所遵循的教育理念之中的重要内容。于是，调整家长的教育理念、思想与方法，便自然成为她在日常教育工作中的重要内容——不让孩子有“二心”：不让孩子在老师与家长之间产生教育与依从的冲突，这是教育的底线。

让我们看看她对女儿的教育吧。一位考入北大的才女小时候读书的情况：在建造精神宫殿的过程中，却没有顺便把书桌、沙发、茶几、餐桌整理好，以至于很多年里，我们家各个角落，包括浴室柜的抽屉里都是她正在读的书。

对于一个把书放得到处都是的孩子，作为家长的你会怎么做？我想多数家长是要培养其良好习惯的，因为古人讲“置冠服、有定位”“列典籍、有定处”，而且要“几案洁、笔砚正”，怎么能让孩子把书放得乱七八糟呢？养成不良习惯再改起来那可就难了。

这是我们的担心——一种扩大的忧虑，一种裹挟了父母自身焦虑与担心的动力，继而我们便会拿出足够饱满的热情用尽与“爱”有关的一切方法，紧紧地围绕着纠正孩子的“错误”而努力地向前推进“精英教育”。殊不知，过多的纠正错误便是将孩子牢牢地锁定在“过去”之上，限定在“错误”之中。就像给大象拴一条足够牢靠的绳子。话是听了，路子却也限定了。因为只在眼前，所以也就没有了什么不安全。除非家长心里在让孩子改错的同时还留有一个成长的希望，一个向前的力量，一个拉回来改错的力量，可想而知孩子会朝向哪个方向发展。

我们看看谷静老师怎样看待孩子乱放书的现象——“那些混乱好像自有她的秩序，而触手可及的地方都是书才是她最自然的状态”，而且“在最自然的状态里读书，在读书中找到自己最自然的状态，也是我认为的最理想的读书方式”。这个“最自然的状态”想必是符合孩子放书的天性的，这个“最自然的状态”也包含着作为母亲的谷静老师的重要功能——发现，去发现孩子这样做依循了怎样的内在心理过程。而这个过程的基础，是接纳，是容许，是尊重，也是好奇。

接纳与容许相类似，是一种不带批判的受让，不带条件的允许，不带情结的改造。有如听，只要那声音入耳，并无“讨厌或者优美”之说，亦不留取，因为留取的定是带了好恶的。尊重则是带了边界的观察与接触，不侵犯、不强加是尊重的原则，这是一个内在人格分化得比较成熟而独立的人可以拥有的良好品质。综合起来看，接纳与容许连同尊重，都是边界的问题，是人格成熟与饱满与否的问题，也是一个人心量大小的问题。心量广大的父母，给到孩子的是可以任意驰骋的自由；而心量狭小的父母，给到孩子的往往是僵化的规矩与焦虑的控制。

好奇是一个带有探索与研究兴趣的状态，是一个研究、了解但不干涉的状态，也是一个守候与陪护的过程。就像一个扳道工，他总是会为了维护铁道的安全与顺利通行而努力，但不会去重建一条铁道。他做的，只是为了让火车安全地行驶在铁轨上。教育就是让孩子安全而充满力量地行走在属于他自己的生命轨道之上，而不是重建一条与受教育者本人相异的生命轨迹。

书中的内容，是谷老师的经验之谈，是其教学艺术的再现，更是其心灵成长之说。为了把语文教学与班主任工作结合起来，她读了心理学。所以，阅读此书不仅能让我们看到她的教学与教育，更能仔细体会她如何借用心理学来服务学生、服务家庭、服务生命。

一个拥有心理咨询师国家职业资格与专业身份的中学语文教师，一个拥有教育子女成功经验的母亲，让我们感受到她是如何迎接阳光下最神圣的教育工作的。

“其身正，不令而行。”她对女儿的教育是成功的，她对学生一如对待女儿，相信这也是她的学生以及学生的家长们爱她的原因吧！

是为序。

马宏伟

（中国文化与分析心理学博士，石家庄市未成年人心理维护中心主任）

2018 年 6 月

自序

相信相信的力量

我遇见过很多孩子，也因此遇见了很多妈妈。最近几年我强烈地感觉到，妈妈们身上的焦虑情绪越来越严重。

这种焦虑主要表现在：

第一，盲目从众，忽略孩子。她们往往并不是根据孩子的成长规律、教育本身的规律，以及孩子的特点来确定自己要做什么，而是根据别人在干什么来确定自己干什么，总是觉得别人做了这些，我不做就会吃亏，就会落后。

第二，道理懂得太多，情感连接太少。很多人都知道：家庭不是讲理的地方。大家常常拿这句话来指导夫妻关系，其实亲子关系也是如此。从妈妈的角度看，妈妈的身份不是老师，在家里，言传远不如身教；从孩子的角度看，体验和试错永远比妈妈的评价更有价值；从亲子互动的角度看，妈妈的情感支持永远比是非判断更重要。

道理讲太多的妈妈，常常会对孩子培养过度，而过度培养、过多干预孩子成长的家庭往往给孩子的标准和框框太多，以至于压抑了孩子自身的力量，伤害了孩子却不自知。所以，过度培养还不如不养。这么讲，不是说妈妈绝对不该讲道理，很多时候，做一个有原则的妈妈，让孩子明白妈妈的底线很有必要。

第三，消极的唠叨太多，具体的行动指导不足。主要是妈妈与孩子互动的方式太单一，自己的行动力又不够，所以当孩子遇到一些具体问题的时候，妈妈不知道该怎么给予有效的指导。

像这样以焦虑为主要表现的“中国当代妈妈综合征”大家或多或少都有，包括我自己。

本书主要讲述了发生在我身边的故事，作为一名初中的班主任，作为一名心理学的爱好者，同时作为一个妈妈，我希望能通过这些故事，把自己多年来陪伴孩子和家长一起度过初中三年的体验、思考，还有一些具体的方法跟大家分享，期望这些理念和方法能对妈妈们有所帮助。

1918 年 11 月，梁漱溟的父亲去世前曾经问他：“世界会好吗？”梁漱溟答：“我相信世界是一天一天往好里去的。”

我想借用这个回答：只要大人不干预、不破坏，我相信孩子是一天一天往好里去的。我始终这样相信。

也许焦虑是现实生活的底色，所以我才更希望所有的妈妈和我一样相信孩子，并相信相信的力量，努力创造一个不焦虑的世界。

每一个妈妈改变一点点，这每一个一点点，就可能成为掀动飓风的蝴蝶的翅膀。

2018 年 6 月

目　录

壹

妈妈，请为自己的负面情绪负责

人大心开

我们学校每个学期的最后一天，工作节奏都特别快，工作强度都特别大：期末试卷讲评、学生结业式、班会、填写并上交学籍表、布置假期作业、发新书、教师结业式、家长会等，事情一件接着一件，让人应接不暇。

家长会是最后一项，跟家长说完最后一句话，我常常突然就失声了。多数的家长都不会在这样的时候留下和我交流孩子的情况。但是，小凡的妈妈还是留下了。

她说：谷老师，我知道您特别累。我说，你听着就好。谷老师，你看小凡他又没有考好，我知道他并没有尽全力呢，可是他怎么就不能用点儿心呢？我天天陪着他做作业，每天对着书一道一道地给他检查，你说他怎么就进步不了了？我都要急死了。你看，这次作文分又这么低，你给推荐一个辅导班行吗？我知道这么做不符合学校的规定，但是这都要初二了，这可怎么办呀？谷老师，你说这可怎么办啊？

她说话的时候几乎没有停顿，反反复复说了很多遍，说着说着就流下了眼泪，表情和声音里满是焦虑和恐慌。这样的表情我见过无数次，即便能发出声音，我也给不出一个立竿见影的办法。

小凡的妈妈让我再一次想起，小时候在农村，大人们常说的一句话：人大心开。

农村的女孩儿大多都是从六七岁就开始学做饭、学做针线、学锄草、学摘棉花……学好了的女孩儿大都能早早定一门好亲事。但并不是每一个女孩儿都是看看学学就能做成做好的。学不会的时候孩子就会着急，旁边教的大人往往就会笑着说：没事，不着急，人大心开，再大点，多看看、多练练就会了。每次听到这句话，即便被安慰的人不是我，我也会莫名地感到踏实和安稳，好像明天一下子就充满阳光了，就有着落了。

事实也确实如此。那些小时候学得没有那么快那么好的女孩儿，后来也慢慢学会了干活儿，即便那些最后也没有做得那么漂亮的女孩儿，也都好好地嫁了出去，好好地过着日子。

有时我会想：是谁第一次说出了这句话？她经历了什么、思考了什么，才有了这样的智慧和力量？这是妈妈对孩子的鼓励，还是在孩子第 N 次努力都没有结果之后，妈妈的自我安慰？又或者这是一位智慧的长者看到年轻人的恐慌和焦虑时，站在人生的边上给她们的支持？我们的先人早就总结出了一个人身体成长的规律大体是：三翻、六坐、八爬、周会走，但他们并没有总结出一套个人心智成长的规律，因为心智成长的个体差异本来就是很大的。他们一定是觉得，既然心智成长没有那么强的一致性，那么在某个孩子或者孩子的某个方面发展比较慢的时候，就不妨等一等；他们说人大心开的时候，内心一定是笃定的。

后来我做了老师，不久又做了妈妈，遇到一些暂时解决不了的难题时常会想起这句话，想到它我就可以接纳眼前的问题，相信孩子的明天会更好。

小雅上小学的时候是大队长，小提琴十级，舞蹈八级，成绩也很拔尖儿，可是上初一后几次考试分数都不理想，她情绪非常不好，跟我表示过好几次，她觉得自己不行了。小雅的妈妈更是焦虑，在家哭得一塌糊涂，她怕见到我情绪失控，就发短信向我求助：谷老师，孩子情绪特别不好，她反复问我，自己的能力行不行。我一直鼓励她要自信，每次我说让她自信，她就说，我这么不自信是不应该的吧？妈妈你要求我自信，我为什么就做不到呢？我到底该不该相信自己呢？为什么别人都可以做得比我好呢？我都考成这个样子了，别人会怎么看我呀？老师，可是我现在都没有信心了，我实在不知道怎么办了，你帮帮我吧。

可以看出来，困扰小雅和她妈妈的不单是成绩不理想，更是因为成绩不理想而对自己产生的怀疑，以及因为怀疑而带来的惊恐和惶惑，她们两个都陷入了自我怀疑的怪圈：小雅怀疑自己的学习能力和对情绪的调节能力；妈妈既担心小雅的怀疑是真的，也怀疑自己没有能力帮女儿走出学习和情绪的困境。

我是这样回复她的：首先，你的孩子还是那个值得你骄傲的可爱的孩子，她只是暂时遇到了一点困难。如果我们把人生拉长，站在三十年后看今天的这场测试，看现在的你，你会对今天的自己说点什么呢？如果这是你的朋友跟你倾诉，你又会对他说点什么呢？孩子升入初中都需要一个适应期，这个阶段有长有短，我相信以小雅的智商和能力，学好初中的知识没有任何问题。我也相信，你只要相信小雅的能力，相信自己可以帮到她，你就可以不断提升能力，找到帮助她的方法。现在的每一场考试，包括中考和高考，都只是人生的一站而已，一时的成败得失实在说明不了什么，也决定不了什么。

后来我又跟她们母女分别交流了几次，用大量的实例告诉她们，暂时学习困难不等于永远学习困难，我还引导她们思考，她们此刻关注的重点，已经不是学习和考试本身，甚至远离学习和考试。她们让自己陷入了情绪的怪圈无法自拔，她们的焦虑看似源于考试，实际又不是针对考试本身。她们现在需要的不是过度关注焦虑的情绪，而是把注意力转移到小雅的学习行为，去关注她的每一个学习环节、不同学科的学习方法、时间管理能力等具体的、实实在在的、可以把握的东西，做到这些，焦虑情绪自然会得到缓解，她们也自然会感到自己更有力量。

母女两人的情绪终于稳定下来，小雅也慢慢跟上了大家的节奏。

在校学习期间，孩子成绩起伏是必然的，也是再正常不过的了。学习不是标准化的过程：几克食盐、几克鸡精、几克鸡腿、多大的汉堡坯子，做出来的田园汉堡永远是一个味道；学习也不是自动化控制的，老师只需要把一个程序设置好，点下按钮即可按部就班进行，下一个环节就可以拿到标准化的产品了。学习是个复杂的过程，孩子的成绩必然受到自身状态、知识难度、练习效果、应考心理甚至身体方面、外部环境等诸多因素的影响。面对孩子起起伏伏的成绩，妈妈先要稳定心态，接纳孩子的每一次成绩，不要在孩子成绩起伏的时候自己先乱了阵脚。其实更多的时候，家长并不能从知识上给孩子多少帮助，所以笃信孩子的明天一定会更好、孩子一定可以处理好学习上的问题，保持心绪的稳定，才不至于帮倒忙。

可是现在的爸爸妈妈大都不能笃定，他们中有些人看似情绪很稳定，按部就班地给孩子安排着、规划着，其实他们是等不及孩子自己长大，也等不及孩子自己心开，恨不得刀劈斧凿，把自己觉得有用的东西一股脑儿塞进孩子的脑子里，根本不去考虑孩子的意愿和感受。他们觉得：考虑小孩子的意愿，那他还不得天天疯玩儿？小孩子懂什么，就得我替他安排，他的那点小感受不算什么。于是，应运而生的各种辅导班、刷题班、训练营等，和家长们一起用看似解决问题的方法制造着问题，用看似缓解焦虑的方式酝酿着焦虑。

这焦虑到底从哪里来的呢？

焦虑是个传染病，弥漫在社会的各个角落。竞争压力加大、生活成本增加、个人时间被挤压等一系列的问题，让各个阶层的男男女女老老幼幼时时刻刻都生活在“忧患”之中，不能抽身。

教育本身的问题更容易引起焦虑。教育资源的不平等、优质教育资源不足、中高考压力的客观存在，都让爸爸妈妈们的焦虑不断升级。

有些妈妈还特别容易受环境的影响。朋友、同学、同事总有人喜欢晒娃：在朋友圈里晒、在各种聚会上晒、在办公室里晒，颜值、身高、体重、成绩、特长无所不晒。晒的人可能真的就是晒为人父母的快乐和幸福，看的人心里却在无意识中住进了别人家的孩子，然后拿这个各方面都优秀的别人家的孩子跟自己家的孩子比对，焦虑不免又增加了几分。

焦虑还来自我们自身，我们的眼界、教育背景、性格特点、自我成长程度等都限制了我们的行为模式和思考模式。限制我们最多的，还是我们对孩子的爱，因为太爱孩子了，我们愿意给孩子提供最好的条件，为了挤进一所好的小学、为了升入一所名初中、为了考进一所重点高中，大家愿意倾尽所有。那些费尽周折挤进名校的家长却又发现，名校并不是治愈焦虑的良方，在名校里，孩子的智商、分数、特长、习惯、能力很容易就被“别人家的孩子”“秒杀”了，到了名校，孩子的未来依然不确定和不可控，资源更好的学校里恐慌好像也更严重。妈妈们用焦虑和恐慌打碎了今天的美好，还透支着明天的痛苦。于是，为了解释自己的焦虑和恐慌，她们常常说，“关心则乱”呀。我常常问她们：难道不是因为“关心”，才更不能“乱”吗？

可越是望子成龙的家长，越不敢相信“人大心开”，越不敢相信带孩子去认识自然是更高级的学习，越不敢相信体验和试错是更好的成长方式，也越不敢相信自己可以在送孩子上辅导班和刷题班之外找到更好的方法；因为他们不相信孩子自身蕴藏着巨大的能量，因为他们害怕等不来这能量的爆发，因为他们害怕自己承担不了给了孩子体验的机会之后孩子没有按照他们预想的方式长大的结果。归根结底，处在焦虑中的爸爸妈妈，他们看不到所有这些焦虑都源于自己的不笃定。

于是，大家用自己的焦虑制造着别人的焦虑，然后又因为焦虑而结成共同体，到处搜集信息，给孩子报奥数班、英语班、国学班、乐器班、舞蹈班，还有专门针对各种考试的刷题班。

我接手初一年级的时候，会做关于课外班的调查，最近的一次调查结果显示：我班里 53 个孩子，有 85% 的孩子每周上四到五个课外班；有 6% 的孩子每周上八到九个课外班！我们粗略算一下，如果每个课外班平均一个半小时，路上消耗半小时，孩子们每个星期有多少时间是属于自己的呢？孩子们没有用汗水释放的能量转化成了什么？孩子们没有用放空培养的自由奔放的想象力去了哪里？看看眼前这些本来应该在阳光下奔跑，被晒得皮肤黝黑、身体健壮的十一二岁的小孩子，除了震惊和悲哀，我不知道怎么描述自己的心情。

我问：孩子们，你们的童年是怎么过的？

孩子们哈哈地笑着说：老师，我们的童年不是在上课外班，就是在上课外班的路上。

孩子们习惯了，他们不知道，童年还有其他的过法。他们笑着，我心里却流下眼泪。那些为了眼前的成绩把孩子关进课外班的妈妈们，我希望她们不是那么爱孩子，因为太爱孩子，她们会说：那些拥有了快乐童年的孩子现在怎样了？目光要长远，不要只看眼前的这一点点小快乐。可是，这种看似为孩子“计深远”的方式正在把孩子生命的可能性和活力，一点点扼杀在今天！

其实，就在初中阶段，一味地刷题和上补习班已经没有效果，甚至显现出它的副作用：那些课外班上得过多的孩子，很少有主动思考的习惯，更少有深入思考的习惯，他们更愿意老师给他们现成的答案和解题的套路；尤其让人担心的是，他们很少有对知识本身的好奇心以及获得新知后的成就感。可是还有一部分妈妈们宁愿相信，成绩下滑不是学习习惯不好，补课刷题的方式不对，而是因为辅导班上得还不够，题刷得还不够。于是，她们还是一个接一个地给孩子报辅导班，一本接一本地给孩子买练习册。

我有时候会问：课外班到底是孩子学习发展的需要，还是妈妈自我安慰的需要？妈妈常常一愣，说：好像有道理。我说：那我们是不是可以减少几个课外班呢？她又笑着不说话。我不知道这是逃避思考还是逃避责任。我想，也许承认过多地给孩子报辅导班弊大于利根本上是对自己选择的教育方式的否定，这样的结果，有人不愿意接受，所以就用坚持来证明自己吧。

不过，我依然反复跟我的学生家长说：认识到自己焦虑的根源并不在孩子，应该对自己的焦虑做工作，而不是让孩子为自己的焦虑埋单，这是做好妈妈的第一步。我相信，重复得足够多，它就会成为每个妈妈的信念。

所以，下一次孩子计算出错的时候，下一次孩子听写没有得满分的时候，下一次老师反映孩子学习习惯不好的时候，当"孩子成绩这么差，这么不努力，这可怎么办呀"这句话就要脱口而出的时候，当你拿起电话想咨询朋友报个什么课外班的时候，当你想劈头盖脸骂孩子一顿的时候，你可以试着缓一缓，再试试微笑着对自己说：没事，人大心开，再大点就好了。再说，即便大了还没有那么好，也一样可以生活得幸福，不是吗？事实上不是每一个孩子都能写好作文，就像不是每一个妈妈都可以把饭菜做得很好吃，把家里收拾得很整齐，把工作做得很漂亮。

所以，如果可以做得到，我希望你能试着对孩子说：没事，人大心开，再大点就会了。

说不定，你也可以和我一样，体会到踏实和安稳。

我的孩子太内向

一天，康康的爸爸妈妈来到我的办公室，非常严肃地跟我说：谷老师，我们想跟你说一件事情。

爸爸妈妈一起到学校跟老师交流的情况并不多见。我脑子飞速地转动：最近康康在学校一切顺利，没有老师和同学反映问题，各科考试也没有出现重大失误。

他们接着说：谷老师，康康性格内向，我们觉得，他在班里没有朋友，他是不是不会跟同学交往？

说实话，我很高兴他们不是因为学习的事情来找我，他们在关注孩子跟别人的关系。我表达了我的赞许，并问：康康确实有些内向，但我没有发现他跟别人交往有困难。是你们觉得康康没有朋友，还是他告诉你们他没有朋友？

他们说：他就是没有朋友，他跟我们聊班里的同学时都是泛泛地说，没有表现出对谁特别感兴趣。我们的感觉从来没有错，因为怕他伤心，我们并没有正面问他。

他们的回答让我很好奇，接下来我跟他们讨论了几个问题：

第一，你们仅凭感觉就判定孩子没有朋友吗？

第二，你们坚信你们的感觉就是孩子的感觉，不用向康康求证吗？

第三，没有求证，你们怎么能确定康康对朋友的界定跟你们是否一致，也就是康康自己觉得自己到底有没有朋友呢？

第四，如果康康真的没有朋友，是你们觉得他应该为没有朋友这件事情伤心难过，而他自己并不一定对没有朋友这件事情伤心难过，对吗？

我用了很长时间才跟他们说清楚：让他们这么伤心难过的事情，其实只是发生在他们的脑子里，不一定发生在康康的身上。因为康康虽然偏内向，但他在班上跟大家交往正常，他自己没有游离在集体之外，也没有被同学忽视和排挤，班里活动、课堂讨论他都能参与得挺好。真正让他们焦虑的并不是康康到底有没有朋友这件事情，而是他们的一个判断：如果康康真的没有朋友，那么他就会为没有朋友这件事情伤心难过。可事实上，即便真的没有朋友，康康自己也未必为此感到难过。像康康的爸爸妈妈这样以自己的经验、自己的感觉甚至自己的想象来代替孩子的生活和孩子的感受的情况，在你身上发生过吗？

我给他们提出建议：

第一，如果他们还是莫名地焦虑，一定要向孩子求证。

第二，康康性格确实有些内向，不大喜欢往人堆里钻，爸爸妈妈不必把这当成不可接受的事情，也许这只是他的主动选择；或者只是他这个年龄段追求个性、爱耍酷的表现。父母给孩子做好榜样，在与别人交往的时候真诚坦率，宽容友善，同时也不要以自己的感觉代替别人的感觉，在合适的时机教给孩子基本的人际交往的礼仪，告诉孩子如何说话才是得体的，教给孩子举止大方就可以了。如果内向是他的主动选择，那就尊重他；如果是耍酷，那么相信孩子过了这个阶段就会打开自己。

其实康爸康妈关于孩子性格的焦虑是带有普遍性的，毕竟大家常说“多个朋友多条路”，性格外向开朗的人善于交际，更容易吸引大家的注意力，更容易获取资源，发展也好像更省力一些。所以，有很多父母因为孩子的内向而焦虑，他们常常说：老师，你上课一定要多提问他，我天天跟他说让他要多表达多展示，他就是不举手，不愿意参加活动，真气人。老师，有活动了你就给他报上，就让他上去参与，丢了人也没有关系，他得锻炼呀。

可是，对于孩子来说，丢了人真的没有关系吗？

我们想象一下，一个本来就腼腆、害羞、内向的孩子，在没有任何主观意愿、没有准备好的情况下被突然叫起来、推上主席台，该是多么尴尬的事情？这事情本身就已经超出了他的承受能力，如果表现再不尽如意，那种挫败感、羞耻感在孩子心中造成的创伤该如何修复呢？

或者，他的内向和不善于表达，本来就是因为一次这样的灾难性记忆存储在那里：在某一个猝不及防的时刻，他莫名其妙地被推到了前面（或者是与人交流，或者是在台前展示），于是他手足无措、语无伦次，这让他万分羞愧和自责，后来只要碰到这样的场面，记忆里的那些羞耻感就会被唤醒，再一次将他击败。

其实我曾经尝试跟内向的孩子约好：今天上课多注意些，我要提问你的。有些时候，这个有用，有些时候却不行。

那是一个初三的亲子家长会，有这样一个环节：每个孩子就自己的学期生活做一个脱稿的小演讲。设计的时候我就想到了班上最不善于表达的彤彤和嘉嘉，提前一周我就跟他们沟通，让他们先准备好稿子给我看一下，虽然发言只有一两分钟。嘉嘉很忐忑，但还是一遍一遍跟我练习。彤彤就有点不一样了，她每天课间来找我的时候都会问一句：老师，我行吗？我鼓励她：你没有问题，你看，上课我提问你的时候，你都可以自然流畅地表达的。

初一入学的时候，上课提问到彤彤，她一句话都说不出来，只是低着头尴尬地站着。老师们都很无奈。彤彤的妈妈是个女强人，但是对女儿的内向，她无计可施。我用了两年的时间，通过各种方式帮助她一点点脱敏，现在，她已经可以在课堂上张嘴说话了。

我鼓励她：想想看，你已经取得很大的成功了，这次你也一定能行。这几天你课间有时间了先到我这儿练习练习，好吗？也许是没有别的选择，也许是怕我为难，也许她是真的不知道自己行不行，她每天都只是问一句而已，然后还是天天来练习。中间，我还跟她妈妈沟通了一次，征求她的意见，她妈妈说：谷老师，就让她跟大家一样展示吧。

终于到了家长会那一天，嘉嘉的演讲虽然不太流畅，但他做到了。轮到彤彤的时候，她慢慢地站起来，低着头。开始，教室里还是安静的，孩子们知道彤彤的这种状况，他们不觉得什么，慢慢地有些家长开始躁动，他们问旁边的人：这孩子，怎么回事？我对彤彤说：彤彤，拿出你准备的稿子，读给大家也可以。彤彤拿出她的稿子，费了好大劲，才用谁都没有听清楚的声音，读完了她的稿子。

那一刻，我才知道，两年多的时间，彤彤还没有完全准备好，这一点，我不清楚，她妈妈不清楚，她自己也不清楚。有些看似简单的行为，对于彤彤这样的孩子，真的是比登天还难，孩子的自我突破，需要更充足的时间。

跟孩子们交流多了我发现，同样是内向，不同孩子的特点也大不一样：一类孩子的内向往往表现为胆小、羞涩、自卑、压抑、不善表达，他们因此不敢跟人交往，不敢在人前发言，像彤彤和嘉嘉；还有一类孩子内向却并不胆小，他们不害怕在公众场合发言，他们只是更喜欢独处，喜欢拥有更多自己的空间，像康康。

对于第二种类型的孩子，爸爸妈妈无需焦虑，因为这是孩子主动选择的与人交往的方式，这种选择本身是中性的，没有好坏之分，按照自己选择的方式生活，孩子更坦然更自在。如果爸爸妈妈过于焦虑，整天催着他上课发言，参加各种聚会，给他报名各种比赛，参与各种公众活动，就会让孩子感觉不自在，甚至对自己产生怀疑：难道我这样不对吗？难道我这样不够好吗？实际上这一类孩子在该展示的时候，往往是有表达的能力和表达的胆量的。还有一种情况，就像上文我对康康爸爸妈妈说的，这只是孩子追求个性的暂时选择，孩子还在成长阶段，他会尝试各种与自己、与他人、与世界相处的方式，然后找到一种让自己舒服也不伤害别人的方式，爸爸妈妈们无需用自己头脑中的理想方式去匡正孩子，以至于扰乱孩子的节奏。

值得重视的是第一种类型的孩子，这些孩子的内向，往往并不是天生的，更不是孩子主动的选择，而是不当的教养方式造成的。或者父母对孩子过于严苛；或者父母对孩子过多限制；或者父母对孩子过多保护；或者父母总是忽视孩子；或者父母总是用简单粗暴的方式对待孩子；或者某一次创伤性事件之后没有及时给孩子安慰和鼓励来修复；或者亲友们习惯用“你喜欢爷爷还是喜欢姥爷”“我跟你妈妈离婚了，你跟谁”这些让孩子不知所措的问题逗孩子；或者父母为了让朋友高兴，喜欢在对方面前贬低自己的孩子而抬高别人的孩子。这些方式都有可能让孩子否定自己、变得谨小慎微、认为自己不重要或者因为自己不会回答大人的问题而自卑，这些都有可能让孩子变得胆怯和封闭。

美国心理学家苏珊·福沃德博士在《中毒的父母》中说：小孩儿不会区分事实和笑话、威胁和取笑，他们会相信父母说的有关自己的话，并将其变为自己的观念。其实孩子不只把父母说自己的话变成了自己的观念，还把父母对自己的态度，内化成了自己对自己的态度，所以上述这些方式都有可能在孩子心里留下阴影，孩子在成人的言谈里感觉到自己不够好，慢慢地越来越封闭了。而爸爸妈妈发现孩子的内向以后，就会很焦虑。这时候爸爸妈妈本应该先处理自己的焦虑，再面对孩子的问题，可实际上，爸爸妈妈并没有意识到这一点，而是把自己的焦虑转嫁给了孩子。在焦虑情绪之下，爸爸妈妈往往看不见孩子的痛苦，更不能陪孩子一起去面对他的痛苦，只是不停地指导孩子要怎样怎样，反反复复地纠正他的言行，但是指导和纠正往往收效甚微，因为这些貌似正确的做法，就是在告诉孩子他是错的，他现在这个样子是不被接受的，这又在他心里制造了新的紧张。有的父母甚至逼迫孩子在不安全的环境里暴露自己，以为这样就可以达到锻炼的目的，但这种暴露常常不能给孩子带来成功的体验，反而再次制造孩子的低自我评价，让他越来越封闭和压抑，如此循环，情况越来越糟糕。

如果你已经在孩子的童年做错了，那么就不要用自己的焦虑给孩子带来二次伤害，因为你对孩子的接纳是孩子自我接纳的前提，也是孩子安全感的来源。所以，你需要停止不当的指导、纠正；你要试着去理解孩子的痛苦，并表达你的同情，让孩子感觉到爸爸妈妈的包容和接纳，而不是批评和否定。然后，你还可以多带孩子到他熟悉的环境里参加小型聚会，让他在感觉安全的环境里与别人交流，这样孩子跟别人交流就会相对自然和流畅，更容易建立自信。爸爸妈妈还可以创造更多的机会约同龄的、熟悉的孩子一起吃饭、远足、旅游等，让他多与别人建立联系，并在放松的环境里培养与他人相处的能力。但是，这一定是一个长期的渐进的过程，需要爸爸妈妈有足够的爱心和耐心。

妈妈，谁把你变成斗士

汶川地震时，一个母亲把身体拱成堡垒，保护了自己的孩子，救援队员在孩子身上发现一部手机，上面有一条已经写好的短信："亲爱的宝贝，如果你能活着，一定要记住我爱你。""暴走妈妈"陈玉蓉，患有重度脂肪肝，为治愈脂肪肝后割肝救子，211 天，每天暴走 10 公里，她说："只要我多走一步路，离救儿子的那天就会近一点。"2005 年 9 月，中国武汉一处铁路旁，一个平凡女子只用了 0.018 秒的时间便完成了起跑、冲刺近五米的全过程，救下了僵在轨道上的女儿，而当年新的百米世界纪录选手的起跑反应速度是 0.15 秒。哈利的妈妈在生命的最后一刻，用咒语把哈利和伏地魔隔开，保护了哈利，也因此保全了整个魔法世界。在灾难和疾病来临的危险时刻，爱是妈妈的无敌利器，迸发出了科学都无法解释的超人的力量，让人叹服。可是平凡的生活中呢？如果妈妈因为爱孩子而把自己变成一个斗士，随时准备跟别人、跟这个世界搏击，也会这么可爱和可敬吗？

初一入学不久，一天上午，我接连收到小宇妈妈和小非妈妈的电话，她们都义愤填膺地指责对方和对方的孩子不懂事、粗鲁、素质低。我好不容易才从两个人的控诉中拼凑出了事情的经过：小宇和小非小学就是同学，曾经有过一些小摩擦，但还是一起上课外班，一起玩。妈妈们以前就觉得自己的孩子受了委屈，但自己还是很大度隐忍地包容着对方和对方的孩子，也教育自己的孩子要大度隐忍。升入初中，两个孩子可巧又分到了一个班，前一天上午他们又因为一个玩笑互掐起来，小非还趁机踹了小宇一脚。小宇中午回家腿都拐了，说疼得不得了。小宇妈妈很生气，就打电话给小非妈妈让她管束自己的孩子，结果是两个人电话里情绪激动吵得不可开交，于是改用短信沟通。她们给我打电话的时候都告诉我：谷老师，我已经把短信聊天记录截屏发到你的手机上了，你看看就知道事情的经过了，也就知道她素质有多低了。我登录 QQ 一看，整整十一屏短信，两个人都发了过来。可是哪里有什么事情的来龙去脉，不过是互相用极不文明的词语来称呼对方和对方的儿子罢了。

这真是让我哭笑不得，截屏的短信说明三个问题：一是她们处理问题的方式可真像呀！二是两个妈妈因为孩子之间的小摩擦已经积怨很深了。三是这两个妈妈对孩子的爱已经让自己变了形。

不过，两个孩子之间的矛盾真的很深吗？如果真的闹得很严重，一定会有同学来告诉老师的呀，我还是要了解一下。

事情的真相很简单，也很容易了解到，让妈妈们耿耿于怀的打架事件发生在楼道里，前后不过几秒钟，当时好几个同学都在场。课间，小非从厕所出来，看见小宇和几个同学在聊天就冲小宇喊了一句：嗨，你干吗呢？

小宇说：你管得着吗？于是小非抬脚踹了小宇一下就跑了。然后小宇继续和同学聊天。大家看到的事情就是这样，仅此而已！

我还了解到，小非和小宇之间以前也发生过类似的事情，小非嘴快手也快，先动嘴先动手的时候多一些。我问小宇：每次小非动手以后，你都会怎么样呢？小宇自然地说：怎么样？当然是要打回去了。是呢，被踹了一下就回家给妈妈诉苦导致妈妈之间的战争，这孩子的能量也是了得，怎么会吃哑巴亏呢？我再问：然后呢，你们记仇能记多久？小非和小宇互相看了一下都说：没多久，一会儿，或者一上午就没事了。我再问：这次事以后呢，你们打算怎么相处？小非和小宇再次互相看了一下，几乎同时说：我妈说他素质太低，不让我理他了。看，又是相同的处理方式。

事情的真相已经清晰了，这些在孩子心里并没有存储多久，也并没有占据多少空间的小摩擦，让两个本应更理性、更宽容的成年人乱了方寸、毁了形象。而更深层的原因是她们对孩子的爱让她们生活在恐慌里，她们没有安全感，她们时时刻刻都担心着孩子是不是受了伤害，她们的大脑里有太多的假想敌，她们随时准备像斗士一样为孩子而战。母爱，竟变成了她们的铠甲和武器，一旦有谁触碰到孩子，她们就会毫无顾忌地出征，不顾一切地开战。

不要以为这两个妈妈是个例，隔壁张老师班的一位爸爸，认为小组里面的座位安排没能照顾他儿子的意愿，冲进教室、拎起小组长打了一顿。朋友说她同事的儿子今年十岁，用圆规在一个同学的后背上扎了很多渗着血的小洞洞，这位妈妈买了一些吃的去看被扎的小朋友，回来竟然对自己的孩子说：儿子，没事，你扎了他，我可以给他买营养品，但是你不能吃亏。

我们不能否认这些妈妈的爱，但这样爱到变形的妈妈，形象真的可敬可爱吗？在这样变形甚至变质的爱之下成长起来的孩子，成年之后又会以什么样的方式与这个世界相处呢？

爱的本质是柔软，柔软才是爱的铠甲；爱的特点是包容，“老吾老以及人之老，幼吾幼以及人之幼”才是爱的强大。做母亲以后，看见柔软的小孩子，听到他们奶声奶气地喊妈妈，心里就会泛起柔情，嘴角就会堆起笑意；公交车上看到颤颤巍巍的老人就起身让座，马路边看到步履蹒跚的老人会下意识地去扶一把，这个时候是不是也会暗暗联想到自己的白发老母、苍颜老父？爱天下的孩子和老人，这才是爱最自然、最本真、最松弛的状态。

在跟小非和小宇的妈妈交流之前，我心里并没有底，我能帮她们除掉武器、卸下铠甲吗？毕竟处理孩子的问题才是我的职责和分内之事，而在这件事情里孩子之间并没有什么不可调和的矛盾。但是硬着头皮也要谈。

我分别把她们约到了办公室，把我了解到的情况讲给她们，然后问：事情就是这样的，有什么问题吗？妈妈们都表示事情就是这样的，没有异议。

我继续说：我听孩子说，你不想让他跟小非（小宇）来往了，这是真的吗？

两个妈妈的回答又惊人地相似：是的，不让他们说话了。他老欺负我们家孩子，他妈妈素质还那么低，不理他就得了，省得以后都是麻烦。我心里暗暗想：斗士妈妈说话都像一个老师教的。

我：今天用断绝来往这样的方式教孩子处理跟同学之间的矛盾，孩子会不会理解为“以后跟谁起了摩擦就不理谁了”呢？你真的希望他用这样的方式处理和别人的矛盾吗？

我们是成人了，仔细想想我们和周边多少人有过分歧和矛盾？如果都用这样的方式处理，我们周围岂不都是竖起的高墙？

再说，他是你的儿子，但他们都是我的学生，处理他们之间的矛盾，是不是应该征求一下我的意见呢？你不希望他们来往，可我希望我的学生学会和不同的人相处，我不希望我的学生之间是绝缘的关系，那样的话，我日后开展班级活动就不得不考虑他们两个人不能在一组。我还需要面对孩子们的疑问，因为总会有孩子来问我的，难道我要告诉孩子们是他们的妈妈不让他们交往吗？可是，如果不这样说，我又该给孩子们怎样的解释？

当然，这个过程比较难，小非的妈妈到最后还一肚子的狐疑，但是总算勉强同意孩子们继续交往了。

这一部分谈完，后面的谈话进行就比较顺利了。

很多问题都可以有不同的处理方式，罗振宇曾经在一个节目里讲过这样一件事：一个员工刚到一个公司不久，一次不小心把一扇玻璃门打碎了，刚刚好，老板从他跟前过，关心地问：没把你撞坏吧？门没事，你别急。年轻人很感动。老板转过来跟年轻人的部门经理说：让他赔呀。如果你是部门经理，你会选择怎么处理呢？这位部门经理说：你跟老板什么关系，他竟然说，那个玻璃门，让他换个便宜的就行啦。

在孩子发生矛盾的时候，两个妈妈可以选择另外的处理方式：可以通过老师来处理；可以教孩子自己去尝试用不同的方式解决问题，当然不是简单地打回去；也可以是两个妈妈创造一个机会让孩子共同去完成一个挑战，从而达成和解。不管哪一种具体的方式，孩子们都需要知道，人际交往的基本原则是既不伤害自己也不伤害别人，还要争取大家都能成长。

而两位妈妈选择的方式，是让孩子退回了婴儿期，自己完全代替孩子去跟她们心中的假想敌和整个世界斗争。这样的教养方式不仅让自己在斗争中无比受伤，也极易培养出“妈宝男”。或者她们并没有培养出“妈宝男”，而孩子会随着年龄的增长，越来越感觉妈妈过度地参与了他的生活，让他在同龄人面前很尴尬；孩子会发现他周围的人都不知道怎么跟他和他背后的妈妈相处。那时候，就不是他不要理别人，而是别人不要理他了。到了这个时候，儿子就会反思自己的成长过程，反思自己和妈妈的关系，也许儿子就会主动疏远妈妈了，这是妈妈想要的结果吗？

在孩子们发生矛盾的时候，我们可以尝试去培养孩子的同理心：孩子在外面发生了冲突诉说委屈的时候，先表达同情和理解，等他情绪不那么激动的时候，不妨做个游戏：我们来演示一下，小非（小宇）回家会怎么跟他妈妈讲这件事呢？因为同一件事情，站在不同的位置讲述，就会有不同的版本。说不定，在讲述中，孩子自己就会发生变化。

上面讲的诸多方法里，恰当的还是让孩子们自己去处理他们的矛盾，你会发现：他们很容易会建立跟别人交往的规则，他们会试探别人的底线，也建立自己的底线，他们会学习一种既不伤害自己也不伤害别人的方法，他们会为了一段友谊而学习妥协，又不损失自己的利益。

我第一次明白这个道理是在女儿三岁的时候，她跟一个叫豆豆的小朋友在小区里玩沙子。我们两个妈妈在旁边聊天，两个小朋友突然为了争夺一把红色的小铲子发生了争执，我本能地对女儿说：小朋友之间要谦让，先让豆豆玩。因为我小时候受的教育就是这样的，要和气，不能争吵，为了和气，甚至可以牺牲自己的利益。但是豆豆妈妈制止了我：你不用管他们，让孩子们自己去处理。果然，他们两个孩子一会儿就达成了一致：小铲子轮流用，在一个人用红色铲子的时候，另一个就先用绿色的铲子或者用勺子。这件小事对我影响很大，在我的观念里，只有主动谦让、牺牲自己的利益才可以换来稳定的朋友关系，但事实上孩子们自己可以通过制定规则建立更稳定的关系，这样建立起的关系里，没有牺牲也没有委屈，大家更平等，每个人心里也更舒服。

孩子早晚要走向社会，被妈妈保护惯了的孩子开始学习自己解决问题会不适应，但这是一个必要的过程，除非他的工作和生活不需要跟任何人打交道，或者他的内心强大到不需要任何社会关系。这样的世界是不存在的，人们都生活在种种关系中，也都不可避免地跟别人发生分歧，在处理分歧的过程中，又不可避免地会发生冲突，妈妈们没有必要紧张于冲突中孩子声音的高低，态度的软硬，话说的多少，而应该关注事情的解决，孩子的成长。那些总要在争执中占据上风的人，把自己的才智与时间都荒废在与人较量上，他们看似赢得了一场又一场较量，却输掉了整个人生。

如果妈妈可以更理性地看待孩子和别人的关系，不过度担心有谁会欺负孩子，更好地处理自己的恐惧，卸下自己的“铠甲”，更智慧地爱孩子，那么孩子的心里必定能生出柔软又坚韧的爱，让自己有能力抵御“刀枪剑戟”的尖利。

和小非妈妈、小宇妈妈的谈话进行得很艰难，庆幸的是她们都调整了自己，后来，两个孩子相处也很融洽。

我运气不好

有太多名人歌颂过父母的爱，比如：

慈母爱子，非为报也。（刘安）

我的第一个启蒙老师是我的母亲。（茅盾）

天宽地大，父母恩大。（惠特曼）

还有什么比父母心中蕴藏着的情感更为神圣的呢？父母的心，是最仁慈的法官，是最贴心的朋友，是爱的太阳，它的光焰照耀、温暖着凝聚在我们心灵深处的意向！（马克思）

小时候，很多孩子都以为父母做的所有的事情都是为了自己：他们的奔波劳碌艰难困苦都是因为他们爱自己。他们从小所受的教育，婴幼儿时期对父母天生的依恋和崇拜，不允许他们对此有任何怀疑。但果真如此吗？

非非学习习惯不好，成绩不理想，书写特别差，还不大会跟人交往，常常无缘无故地拍别人一巴掌，踢别人一脚，也会突然之间拿起别人的圆珠笔或笔袋扔到旁边。我观察了好久，感觉他好像并不是要欺负同学，他只是用这样的方式来表达他对别人的好奇，可是别人跟他开玩笑他又特别易怒。另外，他妈妈也很着急他的成绩，我们便约好了在办公室聊聊。

非非妈妈到了之后，我问她：我想听听非非在家是什么状况。非非妈妈气鼓鼓地说：我经常跟他说他应该怎样怎样，但他从来不听我的话；我让他怎样他就偏不怎样……

她一直抱怨着，好像我是找她来一起开儿子的声讨大会。我看她激动，就把话接了过来：我其实想跟你聊聊孩子跟同学交往的事情，我发现……没等我说完，非非妈妈就插嘴说：老师，他就是这样，其实我一直教他要跟别人好好相处，要有教养。

于是我接着开始，他有时候……非非妈妈又插嘴：老师，他再这样对同学，你就骂他，打他也行，得告诉他与人相处要讲究方式的，不能自己想怎么就怎么。

这样反反复复好几个回合，非非妈妈都没有让我说完一句完整的话，我无语。我也开始明白非非为什么不会跟别人交往了。我忍不住问她：我是你儿子的班主任，你连一句完整的话都不让我说完，那你儿子在家有机会说话吗？

这一次她终于没有插话。我继续问：真的，你们两个在家怎么交流呢？

非非妈：哎呀，老师呀，你运气好，有个那么好的女儿（我女儿在北大读书）。你不知道我们运气不好的妈妈，摊上这么个儿子，我怎么办呀？我天天教他呢，教他怎么学习，教他怎么跟别人打交道！

我瞬间崩溃，她不光不接纳儿子，她也根本没有听明白我说的“交流”是什么意思，她以为母子之间的“交流”就是妈妈批评、指导、教育孩子。

那一瞬间的尴尬竟让我笑了起来，我只好跟她开了个玩笑：怎么，运气不好？嫌弃你儿子？这儿子是你生的吗？如果你这亲妈都觉得自己摊上这个儿子运气不好，那我这亲班主任不是倒霉透顶了？我们两个就不需要交流了，我约你来就跟你抱怨一番，我们一起来嫌弃你儿子好了。要不要我演示一遍怎么抱怨他怎么骂他，你听听？

她终于不好意思了。显然，至少在跟我交流的这一刻，非非的妈妈不是那么爱儿子的，儿子只是她的麻烦、累赘，儿子只是给她丢人了，所以她会把儿子的问题归结于运气不好，而不是自己教养方式的不恰当。我们不能否认，我们的爱有时候没有那么纯粹，尤其当事情关乎我们的面子。

看她终于开始听我说话了，我就继续毫不留情地说：来，让我来告诉你我的好运气是怎么来的。要知道，孩子们的智商是呈正态分布的，绝大多数孩子的智商差距是不大的。没有那么多的运气成分，好孩子大都是管出来的。我说的“管”不是简单的“管住”“看住”，而是用思考用心思地“管”。然后，我就开始给她讲：我女儿小时候我怎样带她玩、怎样用心给她做好每一餐饭、怎样培养她自己规划时间的能力、怎样培养她的阳光心态、怎样培养她读书的习惯、怎样培养她思考的习惯，又是怎样帮她写随笔一直到三年级……

我说完之后，她说：这些我确实没有做过。

其实我并不是要她按照我的方法来做，因为每一个孩子都有个体的差异，每一个妈妈也有个体的差异，没有任何现成的方法适用于所有的孩子和妈妈。但是作为妈妈，我们有必要通过不间断地学习和成长，去做一个足够好的妈妈。之所以不间断，是因为在每一个孩子的每一个年龄段，我们作为妈妈都是新手，这个孩子在这个年龄段遇到的困难和应对的方式，常常是独一无二的，我们只能通过不断地学习和思考提升自己，从而提升孩子。

确实，妈妈们并不是时时刻刻都纯粹地爱着孩子，有时候也会嫌弃孩子给自己带来了麻烦，有时候也会嫌弃孩子不成器，和孩子的感受比起来，妈妈们有时候更爱自己的面子。爱，从来都是一种复杂的感情，“恨铁不成钢”里的“恨”就是因爱而生的。我们的孩子小时候看不到父母的爱并不完美，也不敢看到这一点，因为没有父母的爱他不知道怎么生存，父母的爱是他的整个世界，这个世界任何一角的陷落都会是他整个世界的陷落。所以爸爸妈妈抱怨、嫌弃的时候，孩子很容易就把责任揽到自己身上，认为是因为自己不够优秀、不够懂事，才让妈妈这么生气。

妈妈们常对孩子说：

为了你，我急得头发都白了，你就不能听话一点？

为了你，单位让我出国我都放弃了，你得对得起妈妈。

为了你，我每天早晨这么早就起床做饭，我不想多睡会儿呀？你就不能好好上课？

为了你，我不跟他离婚，但是，你得为我争口气呀。

为了你，妈妈都舍不得买一件新衣服，你以后要不孝顺可对不起我呀。

孩子们听到这些话会产生怎样的心理呢？妈妈们可以回到自己小时候，你是不是也听到过类似的话呢？听到这些话的时候，你是怎样的感受？是不是会有紧张、害怕、自责、愧疚呢？

妈妈们在职场里、夫妻关系里感觉到不平衡的时候，在生命流逝里感觉到恐慌的时候，常常会把更多的精力放在孩子身上，有意无意地希望孩子能帮助自己实现自己没有办法实现的人生梦想，尤其是我们有“母以子贵”的伦理准则，很多妈妈的人生成败，取决于孩子的人生成败，因为很多妈妈并没有自己的人生。一旦自己的付出没有在孩子身上看到期待的结果，妈妈就会更加失衡和委屈。我们仔细想想，这是爱吗？如果是，这爱太沉重了，孩子接受了承载着你的青春、生命和幸福的爱，就是主动消耗你的青春、生命和幸福，他生活得多么沉重？可他并没有办法推辞，他必须接受。一方面，为了生存他需要活在这样沉重的爱里面，另一方面，在我们的文化里，拒绝父母的爱的任何行为都是不孝。孩子接受这么沉重的爱他得有多少负罪感？有些孩子甚至会想：如果没有我，妈妈就不用受这么多苦了。

这样的爱真的不是那么纯粹，只是妈妈们用自己的爱、辛苦、付出和道德评判去绑架孩子，在孩子的心里制造自责和内疚，并妄图让孩子在自责和内疚中提升。有时候自责和内疚确实可以转化为孩子成长的动力：孩子很想担负起妈妈的青春和生命消逝以及生活不幸福的责任，因为他无条件地爱着妈妈。可是这些并不是他的责任，而是妈妈自己没有能力活出自己生命的价值；并且这些又不是他能力范围内的事情，因为无论他看上去多么优秀多么成功，妈妈的青春和生命依然消逝了，妈妈的感情生活依然不幸福，所以，这种内疚和自责孩子将永远无法释怀，这种看不见的心理伤害会让孩子一生背负，不得解脱。

其实，委屈和失衡的心理都只是妈妈的选择而已，是因为妈妈事先就有一个期待：我这样做，孩子就应该怎样怎样。妈妈们把这个期待奉为真理，只是这个世界什么时候期许过妈妈这样的结果？事实上，妈妈付出了多少跟孩子成长了多少之间并没有必然的因果关系。如果有，那可能是：当妈妈的理念和方法有偏差的时候，妈妈付出得越多，孩子错得就越多。

既然是委屈失衡只是选择，那么就必然还有其他的选择：也就是妈妈对自己情绪负责，为自己的期待和期待没有被满足之后的委屈埋单，而不是把自己的委屈转换成对孩子的唠叨、抱怨甚至嫌弃，这些都是特别消耗人的情绪，只会加重妈妈的无力感，对孩子的成长和亲子关系没有任何益处。父母对孩子的付出可以是只管耕耘、不问收获的，父母对孩子的投入可以是豪华奢侈但不计成本的，这真的只是一个选择。

其实，每个妈妈都有过这样的体验：孕育一个生命并见证他的成长，这是一件极其幸福的事情。曾经他第一次在你的腹中踢你、他第一次睁开眼睛看这个世界、他长出第一颗乳牙、发出第一个有意义的音节的时候，都曾经给你带来无限快乐。随着孩子年龄的增长，你被越来越多的焦虑蒙蔽了眼睛，以至于看不到孩子的成长，体验不到自己的幸福，而成长和幸福一直都在。多多地关注这种幸福的体验，就能培养更多的幸福感。感知幸福是一种能力，不能把自己的幸福感建立在旁人的身上。你还需要把这种幸福的体验分享给孩子，让他知道：妈妈因为你而快乐，妈妈因为你而幸福。让孩子看到妈妈是因为这种幸福感而心甘情愿地付出，也让孩子在妈妈的幸福里感受到自己存在的价值。妈妈的这样一种阳光健康的生活状态本身就是对孩子最好的教育。

你要相信孩子可以看到你的爱，你也要相信孩子可以在这个过程中学会爱你，你还要相信，孩子可以在幸福和快乐中具足成长的力量。

放下焦虑，看见孩子（一）

为什么要“看见孩子”？我们不是天天都看得见孩子吗？其实，我们天天只是忙碌着自己的忙碌，焦虑着自己的焦虑，我们都未曾看见一个完整的孩子。

2016年6月13日上午，一个叫小斯的高三学生的遗体在达州市渠县的渠江河面上被找到。3天前，小斯与家人失联后，借来同学的手机在QQ空间内发布了多条“说说”，其中最长的一条长达2800余字。他说：

有点什么事情就打，考98分都被骂，吃饭打嗝一耳光打过来，夹菜姿势不对也一耳光打过来，自己小时候生活不好非要对我要求严格。当然也可以说是什么对我的爱啊，但抱歉我情商低，感觉不到，虽然我懂这个道理，但从心里非常不认同。

还有，玩游戏，一个人玩是没什么意思的，玩个游戏不求别的，就为了装逼。说白了我就是想刷存在感，我爸说我骄傲，真是可笑，我一直很自卑，个子矮，穿的衣服不好，听他们说的事，我一件都没听过。反正我越来越自闭，心里越来越……说不出来的感觉。反正我觉得我自己很不好，除了成绩。

小斯懂很多道理但就是感觉不到爱，他的这种感受被看见了吗？小斯找不到存在感、对自己不认同被看见了吗？小斯的自卑和自闭被看见了吗？好吧，小斯的爸爸文化程度可能不高，所以他不理解自己的孩子。

再看一个发生在2009年的故事：黄老师是南京的一名特级教师，她有一个女儿，叫远远。远远在被强迫症折磨了八年以后，选择在她留学的荷兰结束了生命。让人心痛的是，远远，一个孩子，被强迫症纠缠了八年，竟然没有人看出蛛丝马迹！大家都说：没有想到呀，她是一个那么阳光开朗的孩子。八年，不是八天、八个星期、八个月，竟然没有人看见，竟然没有人看见！和抑郁症一样，强迫症也是难以治疗的心理疾病，即便发现，也难以痊愈。但是，如果爸爸妈妈或者旁的什么人看见了孩子的痛苦，远远就一定可以增加生的机会，至少也让她与心魔斗争的时候不那么孤单和凄凉。

小斯爸爸忙着跑他的中巴线路挣钱，黄老师忙着她的工作，我们只是各自忙碌着自己的忙碌，各自焦虑着自己的焦虑，很多时候我们真的只是看见了孩子的物质需要，我们何曾看见一个完整的孩子？世界上最远的距离，不是生与死的距离，而是孩子站在你面前，你却从没有走进他心里。

我没有经历小斯和远远们的愤怒、痛苦和挣扎，我不能真切地体验这些孩子曾经有过的艰难的心灵跋涉，在那吞没了一切的黑暗里，在那找不到出口的绝境里，他们曾经有过怎样的尝试？他们曾经有过怎样的寻觅？他们又曾经有过怎样的呼唤呢？那无人诉说、无人依靠、更无人回应的无助、无奈、无力和无望，是怎样一点点熄灭了生命的光？

而悲哀，又总是接踵而至：

2017年春季开学，上海市三天内接连有三名初中生跳楼自杀：2月14日，15岁初二学生卢某的尸体在上海市某小区的草丛中被发现；2月15日，年仅14岁的上海市初一学生赵某某从小区高层跳下身亡；2月16日，一名初二学生从学校5楼跳下，经救治已暂无生命危险。

更触目惊心的是这样一组数字：

北京大学儿童青少年卫生研究所2007年公布了一份《中学生自杀现象调查分析报告》，这个调查历时三年多，涉及全国13个省的约1.5万名学生：中学生5个人中就有1个人曾经考虑过自杀，占样本总数的20.4%，而为自杀做过计划的占6.5%。

如果按照20.4%的比例计算一下，我们班上那么多考虑过自杀的孩子，有几个孩子的痛苦和想法被看见了呢？

我同学的班上有一个孩子，在初三开学的第二周从小区21楼的楼顶飞身而下，做出选择前，她曾经莫名其妙地哭过，她曾经发一些莫名奇妙的“说说”，但是大家也只是以为初三让她有点紧张，简单地劝说安慰了一下就过去了。最后，大家只能从监控器里看到，她像影子一样走出电梯，在消防通道一闪而过就爬出了这栋楼，就像她在世界上也只是一闪而过一样。我同学很长时间里一直在说：当初，我要做点什么她就能活下来了？

我没有见过孩子的爸爸妈妈，他们又在问什么呢？

这些孩子的逝去给我们留下了沉重的思考和追问。

其实，我们不是没有生命教育。我们不是天天在对孩子说：生命只有一次，我们要爱惜自己的生命吗？我们不是还通过电视台专门给孩子们上过《知识守护生命》的开学第一课吗？我们的语文课本，不是一直在引导孩子们思考生命的意义吗？我们的《思想品德》，不是也教导孩子们生命不只属于自己，还属于家庭、社会吗？我们的家庭和学校不是天天在提倡挫折教育，告诉孩子们遇到挫折，我们要坚强，我们要勇于面对吗？

可是这样的生命教育，只是成人一厢情愿、用自己的方式说教而已。这些成人心目中的生命教育，也许并不是孩子需要的、真正的生命教育，至少不是完整的、有效的生命教育。

我们总是在告诫孩子：坚强、豁达就可以渡过难关。我们还要用无条件地接纳告诉孩子：坚强只是相对的，而脆弱才是生命的本质，你可以在某些时候软弱。

我们总是在告诫孩子：成长的道路不会一帆风顺，挫折在所难免。我们还可以用最平静的语气对他说：孩子，没关系，大家都会遇到困难。如果你希望比现在更好，那你可以慢慢来，甚至重新来。

我们总是在告诫孩子：有那么多的英雄在困境甚至绝境中崛起了。我们还可以用最温暖的拥抱告诉孩子：面对人生的绝境，尤其是面对心灵的绝境，你永远不是孤立无援的，妈妈会是你身边永远的支持和陪伴。

这些频发的极端事件总是会让很多妈妈和老师本已焦灼的心又生恐惧，而焦灼和恐惧让我们迷失了方向。于是大家经常说："唉，别管发展怎样了吧，健健康康就好呀。"是啊，活着才使一切都有了可能，把生命看得高于一切是最自然最合理的。但是，不管是对于孩子个体的发展还是社会的进步，家庭、学校和社会，都有责任有义务培养孩子不断超越的胆识、勇气和能力，让每一个个体的生命都日臻完美。所以，卓越没有错，追求卓越也一定没有错。错就错在追求过程中的心态和方法。可是，很多人在说“健健康康就好”的时候，就已经把孩子们采取极端做法的罪责加在了“追求卓越”上，这样简单的归因，最大的好处是降低自己教育不当的罪恶感，但同时也就丧失了反思和进步的机会。

让孩子追求卓越，首先要接纳孩子某些方面才能的平庸甚至低劣。一个人总会有自己的长处，但是不可能处处都长。允许孩子某些方面技不如人，孩子才有机会、有时间发展自己的兴趣、爱好和特长；孩子也才有可能从自己的弱点里培养出过人的才能来。在接纳的基础上，为孩子提供更广阔的空间，更科学的方法，遵循孩子的成长规律而非自己的主观臆断来施加影响，让孩子在广阔的空间里自如地成长。

有意识地通过提升自己来提升孩子，尽己所能把孩子们培养成卓越的人才，是我们作为父母和老师的责任和义务。

希望小斯和远远们付出的生命能带给我们思考以及有建设意义的改变，而不是消极的躲避。他们的决绝会引起全社会的讨论和反思，而这些讨论和反思一定要带来国家政策、社会准则、家庭和学校行为的转变才有意义。因为把孩子推下高楼的不只是学业的压力，更是制造了重压的人根本看不见重压之后孩子的心里发生了什么，即便看到了一点点，有的人也会说：孩子，这都不是事，以后遇到的难题多着呢。甚至会说：别装了，你就知道吓唬人。

如果成人可以放下自己的傲慢，蹲下来，看看孩子，或者就是看看小时候的自己，你就会发现，外界的刺激在孩子心里所激起的惊涛骇浪有多么恐怖。孩子的改变，一定始于妈妈的改变，妈妈要像尊重一个真正的人一样看见孩子、尊重孩子，看见他的恐惧、懦弱、悲哀，像理解你的朋友一样去理解他、支持他，理解支持，不一定是教导、支着儿。

难道我们没有像尊重一个真正的人一样尊重自己的孩子吗？你可以尝试记录下来，你同事跟你吐槽他和朋友的矛盾时、吐槽他工作上的烦恼时你回应的语言，你的孩子跟你吐槽他和朋友的矛盾时、吐槽他学习中的烦恼时你回应的语言，然后比照一下，你就会发现，对于孩子，你是不是真的尊重。我猜，面对同事你更多的是表达理解和同情，而面对孩子，你更多的是指导和评价。你害怕孩子会有牢骚和不满，你害怕他有这样的念头会一直这样下去。而实际上，跟你的同事一样，孩子的这些牢骚也只是说说而已，不会就此与朋友绝交，也不会在学习上止步不前。

以后，当孩子跟你说他遇到的难题的时候，你可以跟他说：妈妈知道你难过了，你需要妈妈做点什么呢？

当他自责自己总是做不好的时候，你劝慰了他以后还可以跟她说：旁观者清，妈妈现在分析得好像很清楚，但是做的时候也不一定做得到。因为很多道理上懂了的事情，在实际操作的过程中我们也并没有都做好。

有时候，你只需要用眼神、用拥抱表示你看见了、你理解了、你同情了、你想帮助他，就可以真正支持到孩子。这需要你放下你的傲慢，从心里真正理解：十几岁的孩子，他的世界里“天塌下来”的概念跟成人的“天塌下来”的概念是不一样的。做到了这些，让孩子感觉到足够的尊重和包容以后，再去跟他讨论他遇到的具体问题，去跟他一起分析具体的解决方案，才会有效。

老谷说：孩子，没关系，大家都会遇到困难。如果你希望比现在更好，那你可以慢慢来，甚至重新来。

放下焦虑，看见孩子（二）

是不是只有小斯和远远没有被看见？我们看见自己的孩子了吗？

岚岚是一个充满热情的女孩儿，初一入学没有几天就跟我熟了，每个课间都缠在我身边跟我聊天，如果其他孩子问我问题多说了几句，她就会说：老师，你陪我聊会儿吧。有时候还会一把抱住我，说：我想抱一会儿。每天放学也会到我办公室见我一面才肯回家。我问她妈妈有没有感觉孩子好像不太有安全感和存在感，妈妈说：没事，这孩子大大咧咧，啥事都不往心上放，就是喜欢跟人缠在一起，热情得很，跟课外班的老师都是这样。爸爸说：就是一个小孩儿，没什么。

岚岚的父母都是高级知识分子，但知识并没有铺平通往孩子心里的路，反倒滋生了傲慢。

岚岚后来慢慢告诉我家里的一些事情：我如果跟爸爸妈妈说个小秘密或者小情绪，他们马上就会发到家里的微信群里，然后一大家子人当段子一样看，一起笑话我。

我说：你不喜欢这样可以直接跟爸爸妈妈说呀。

她说：他们不听呀，所以我现在什么都不跟他们说。

岚岚还告诉我，为了让她成绩更好，爸爸妈妈分别负责她的不同学科，姑姑是数学老师，专门负责数学，每天晚上都会到她的家里监督她学习数学将近两个小时，还有爷爷奶奶大伯的都会管。她说：我有好多好多的家长，但是这么多的家长没有一个理解我的，他们总是说我这不好那不对，他们说的可能是对的，但我不喜欢他们总拿这个嘲笑我。

期末考试之前，她在随笔里这样写：我是个很奇怪的人，我心理很扭曲，我好像有很强的占有欲……我或许已经不想活在这个肮脏的世界了，但怎么会有干净的地方？

她跟我说：老师，我需要心理辅导。她在办公室里委屈地哭着，我跟她说：班里开放日的时候我见过你的爸爸妈妈，我观察过他们看你的眼神，他们都是很爱你的。聊到最后，我说服她用我的手机发了一条短信给爸爸：爸爸，我是岚岚。我今天特别难受，我不知道怎么说，我想得到你的支持。我和谷老师谈了，我还想跟你再谈一谈。我也希望，这是我们之间的秘密，请你不要让别人知道，好吗？

她离开之后，我马上又给她的爸爸补发了一条短信：岚岚爸爸，刚刚跟孩子谈完，她确实很无助，担心考不好，我鼓励她给您发个信息，今天是您表达自己爱的最好时机，不讲道理，不谈学习，不说期望，哪怕就全心陪着孩子让她哭一会儿，告诉她看她这么难受你心疼她就好。这是你们父女的交流，不需要别人参与和介入，不需要别人指导，不在家里微信群交流。

岚岚的爸爸回复：好的。

第二天，岚岚见到我第一句话就说：老师，我要好好抱抱你。我问：昨天晚上很好？她抱着我说：嗯，真好，原来爸爸也挺好的。那一刻我的心里也很暖。就是这样，有时候孩子只是希望你看见他心灵的需要。当你看见他的心灵需要，对他的心灵需要做一点点回应，不需要做更多的事情，孩子就能看见你的爱。

其实成人也是这样的呢。很多时候，妈妈在家多唠叨了几句也只是想让孩子看见自己的爱、看见自己的付出、看见自己的焦虑；妻子在丈夫面前抱怨他工作太忙不着家，也只是让他看见自己需要他的支持和关注。有些时候，我们了解了自己，也就容易了解孩子了。

我总相信孩子们都是上进的，只是有时候能力还不够。有一段时间，我班上的孩子们总是自责很多事情该做也想做，就是没有毅力坚持。于是我跟他们讨论：我们成立一个运动和朗读的打卡群怎么样？男生每天跑步 1600 米，女生每天跑步 1200 米，每人每天坚持朗读 15 分钟。做到了，就由爸爸妈妈到群里打卡。因为是要培养运动和读书的习惯，培养坚持的意志品质，所以本群主保留踢人权利，如果一周有两次无故不完成，就要从群里踢出去。我还明确：这是一个自愿参加的活动，不敢保证自己能坚持的同学考虑清楚再报名参加，对于不参加的同学不会采取任何强制措施和惩罚措施。举手表达意愿的时候，全班竟然只有两名同学不想参加。我把打卡群成立的原因、打卡的规则、自愿选择等几点意见也发到了家长群，并确定三天后执行。这三天就是给孩子们做出选择的时间。

因为有两名同学不参加打卡活动，我担心他们的家长因为这件事情跟孩子起冲突，在给家长群发通知之后，我又单独给这两名同学的妈妈发了信息，强调了自愿参加的原则。

越越是一个很有个性也很追求个性的姑娘，就是有时候跟妈妈交流不太好，她就是不参加的两名同学之一。另一名同学在犹豫之后选择了报名。最终 51 人报名打卡群的无一退出，也就是说，全班只有越越一个人没有参加。

打卡顺利展开，最初的一段时间，我每天都会在班里点评前一天的打卡情况。每次我都会特别关注越越的反应，短短一两分钟的点评，她总会有那么点不自在。我想，我需要找时间跟她聊聊。

越越妈妈很急，给我发信息说：我以前以为这个群就是督促作业完成，今天发现真的是锻炼和阅读。我觉得很好。我再和她谈谈。这学期只有一个课外班。她需要加强体育锻炼。

听其他家长说，越越妈妈为了让孩子参加这个群找了好几个妈妈给她做思想工作，哭了好几次。我反复跟她说，你不要着急，我会找合适的机会跟孩子聊的。

打卡进行大概三周的时候，正好发生了一点其他的事情，我跟越越聊的时候就问起了她，你不参加打卡群真的是因为怕自己坚持不下来吗？她说：是的。

我说：那现在呢？我每次点评的时候你都怎么想？

她说：感觉怪怪的。

我说：确实，每天都有一位家长统计打卡情况，家长每次总结公布都会说除了越越全部打卡。也是奇怪，虽然我已经说过你不参加这个活动，但大家依然天天这样总结。所以，我觉得这对班里的你和家长群里的你爸妈，都是考验。这对别人是体育运动和意志品质的锻炼，对你来说却是在一个集体中如何保持自己的不一样，以及当你与别人不同时如何处理自己的心态的问题；我相信你会主动找时间锻炼；并且在集体跟自我的关系上会有比别人更多的思考和更大的收获。

她当时就说：老师，好像我心里那种怪怪的感觉就是这样的，谢谢你了解我也理解我。

一个十二三岁的孩子，她之前心里只是有一些奇奇怪怪的感觉，但是并没有搞清楚这种感觉是什么，我帮她看见了自己。

这次谈话我并没有跟越越妈妈反馈。可是过了几天，她妈妈给我发来了信息：谷老师，最近从我在家里对越越的观察，她变化好大。首先，作业能在 9 点半到 10 点间完成了，以前可是到 11 点多。因为能提前写完作业，开始阅读课外书了。另外，她开始锻炼身体了，虽然不是每天。

我信息里简单跟她说了我们两个聊天的过程，她又回了一条信息给我：我之前对孩子的管理上喜欢看别人的孩子，总是对她讲别人的孩子怎么怎么样，你也应该怎样怎样，不注意方式方法，也不知道怎么和孩子交流。越越这孩子，她也比较有主意，有想法，大多数情况下我说了，她也不听。遇上您，是我们的幸运。我也要加强自身的学习。

其实我没有命令和要求她，我就是看见了她的情绪，并把我看见的反馈给她了。被看见之后，她就发生了改变。越越让我坚定：看见本身，就有很好的教育功能。

很多时候看见孩子，不是这么容易的事情。电影《地球上的星星》的前半部分，表现了小男孩儿伊桑内心的挫折：他看到的所有的字母都在跳舞，他常常把字母搞反；他缺乏应变能力，对飞来球的大小、方位、速度没有太多概念；他听不懂“把课本翻到第几页第几行”这样简单的指令，功课从来不及格，他经常被罚跪在教室门外。父亲打他、骂他，觉得他很没用，同学也瞧不起他，只有妈妈爱他、保护他。伊桑最终被送往寄宿学校，伊桑很努力地拒绝，但也只能很伤心地接受，刚到寄宿学校的每个晚上都伤心到痛哭流涕。这时尼库巴老师来了，他发现了伊桑的与众不同，并通过种种努力让伊桑的绘画天赋得到大家的认可。现实中的情况往往比电影里还要复杂，要看见孩子，需要爸爸妈妈不断努力，清空自己的认知、体验和期待，以孩子的眼睛来观察，以孩子的心灵来体验。

因为当你总是莫名的焦虑和担心的时候，你看不到完整的孩子；当你不考虑孩子的需要，看着别人家孩子补课也去补课的时候，你看不到完整的孩子；当你急于改造孩子的时候，你看不到完整的孩子；当你认为孩子完全理解你的爱和付出是一种理所当然的时候，你看不到完整的孩子；当你认为你做到 A，孩子就该走到 B 的时候，你看不到完整的孩子。只有你不纠缠在自己的情绪里，不沉浸在自己的忙碌里，不笃信自己的观念就是真理时，你才可以看见一个完整的孩子。

你看见孩子，孩子就可以看见你的爱，你就可以看见他的成长和变化。

《请回答 1988》里的女主角德善在家排行老二，上面是聪明漂亮但脾气火爆的姐姐，下面是小她一岁的家里唯一的男孩儿，德善总是被忽略，连生日都被要求提前到姐姐生日那天跟姐姐一起过。终于，她压抑很久的情绪爆发了。爸爸看到了她的委屈，然后在她生日那天，买好一个蛋糕，一个专属于她的蛋糕，在小卖店门口的路灯下，长椅上，等她放学陪她来吃。

德善开心地享受着爸爸看到她的心愿后为她的生日准备的专属蛋糕，听爸爸充满歉意地对她说：爸爸妈妈对不住你。是因为不知道，不知道对老大，要好好教导；对老二，要好好关心；对老小，要教他好好做人。爸爸我，也不是一生下来就是爸爸，爸爸也是头一次当爸爸。所以，我们女儿，稍微，体谅一下。

是的，我们都不是一生下来就是爸爸妈妈，我们都是头一次当爸爸、当妈妈，至少是头一次给这个孩子当爸爸、当妈妈。我们都要好好学习如何放下自己的成见和情绪，慢慢成长为一个更好的爸爸和妈妈，孩子，是会体谅的。

学校是家庭最好的伙伴（一）

电视剧《外科风云》里的女主角陆晨曦是一位三十岁的年轻大夫，却是仁和医院胸外科能力最强的大夫，因为种种原因被排挤到了急诊科。

有一天，陆晨曦在急诊收治的一个一氧化碳中毒患者常大林，情况稳定后转到普外科。这个时候陆晨曦的妈妈因为车祸还处于昏迷状态，不知能不能醒过来。一天，陆妈妈突然心律失常，陆晨曦和自己的男朋友庄恕立即赶到妈妈的病房检查。与此同时，普外科的常大林术后突然剧烈咯血，血压急降。接到通知以后，陆晨曦虽十分担心妈妈，但她还是立即赶到普外科抢救常大林。

常大林的女儿不信任陆晨曦这样的年轻大夫，觉得医院是欺负他们家没人，才让一帮年轻医生给她父亲治病，觉得常大林的病情越来越严重是大夫的失职。陆晨曦放下自己的妈妈来抢救常大林，他女儿的无理取闹让陆晨曦十分无语、无奈和委屈。

陆晨曦处理完常大林的状况，又赶往胸外科另一名重症患者姜叔的病房，这位姜叔是医药公司姜总的父亲。

常大林的女儿觉得在医院受欺负了，便联系她哥哥赶到了医院。两人来到胸外科找到陆晨曦。常大林的儿子十分激动地指责陆晨曦不负责任，陆晨曦解释说自己是放下了一个对她很重要的病人来救治他父亲的。常大林的儿子认为，姜叔就是那位重要的病人，陆晨曦是因为势利只管老总的爸爸，不管他的爸爸，争执之下推倒了陆晨曦，撞伤了陆晨曦的额头。

争执的发生始于这样几个原因：第一，常大林病情恶化。第二，病情恶化以后，常大林的儿女不相信医生的医德，不相信医生专业的解释，按自己的成见推断医生太年轻医术一定不好，医院因为他们家没人才派年轻大夫来给他们的父亲治疗。第三，陆晨曦离开并不是因为问题处理完了，而是因为她要去解决老总父亲的问题，老总的父亲就是那个对陆晨曦非常重要的病人。

年轻大夫医术不好，医院没人，医生就不好好给看病，老总的爸爸一定会受到优待，常大林的儿女凭这些主观臆断，在他们心里重建了一套对爸爸病情恶化的解释并坚信不疑，所以才有了这场冲突。误会解除后，陆晨曦说：我知道你们不信任我们，我也不知道怎么能让你们更信任我们，但如果你昨天能信任我们，这样的事情就不会发生。

在救治病人这件事情上，医生最专业，病人家属和医院是最好的伙伴。在教育孩子这件事情上，老师最专业，家长和学校是最好的伙伴。可恰恰是这两个跟每个家庭息息相关的职业，被舆论妖魔化了，有很多的标签不知道什么时候也贴在了老师的头上：老师都办课外班，很多知识上课不讲，拿到课外班讲，不上老师的辅导班就听不到；老师只喜欢成绩好的学生，成绩不好的不被老师重视；老师排座位都是看人的……

哪些老师曾经被标签过？请举手！如果可以，我相信你一定可以看到全国各地手臂高举如森林。老师们不说话，因为老师自己没有办法“洗白”自己。

大家太担心自己的家人不能得到最好的治疗，也太担心自己的孩子不能得到关注，再加上一些极端事件发生后媒体的推波助澜，以至医生和老师这两个职业屡遭诟病，医患关系和家校关系也陷入尴尬之中。

我女儿上小学的时候，班上有一个男孩儿很淘气：说脏话、打人、破坏同桌文具……有一天，她的班主任付老师打电话犹犹豫豫地跟我说：垚垚妈妈，帅帅特别淘气，大家都不愿意让自己的孩子跟他一桌，我又不想让他单独坐，你看，让垚垚跟他坐一段时间行吗？

听得出来，付老师在这件事情上很为难，一方面我觉得我的孩子需要学习跟不同的人相处，另一方面作为老师我知道家长要支持老师的工作，于是我毫不犹豫地答应了。然后我女儿跟帅帅做同桌很长时间。

初中有一段时间，女儿同桌是班上成绩最弱的孩子。过了很久，那个孩子的妈妈见到我还在说：我儿子跟垚垚做同桌的时候收获可大了，垚垚给他讲题最清楚、最有耐心。

我很高兴女儿能给别人帮助，更重要的是，这两段时间，女儿都没有不愉快的表现，成绩也并没有下滑。我的观念里，孩子坐的位置、同伴，跟成绩没有直接联系。

生活中，一个人如果对某件事情、某个人有了主观的判断，就会用这个判断去解释所有发生过的事情，推断没有发生的事情，并笃信这就是事实。于是，事情就真的朝着他笃信的方向发展了。

父母对老师的评价和推测都会影响到孩子，也会传递给老师，一般情况倒不会影响老师的工作方式，可是如果你恰恰像常大林的儿女那么情绪激动、冲动易怒，老师工作起来一定就有了顾虑：因为老师都是普普通通的人，都有自我保护的本能；和医生不同的是，病人病好就会离开医院，而孩子要跟老师相处好几年。在这几年的时间里，老师看到这个孩子就会犹豫，聊天犹豫，提问犹豫，点评犹豫，安排座位犹豫，组织活动犹豫，于是老师只好少说话少提问少点评，以免言多语失。你的担心太多的时候，你的不信任太多的时候，只能由孩子来承担这个后果。

我同事班上有个叫方方的孩子，她成绩很优秀，妈妈特别要强又强势，一直接受不了孩子升入初中后不能在班里排名前三的事实。多次为这件事情暗示我的同事，是她没有关注方方。一天晚上方方的妈妈又给我同事打电话，用极其恶劣的态度说我同事有意忽略方方，还质问：以后这孩子中考考不好，你负得起这个责任吗？同事约她第二天到学校谈，她还以自己太忙拒绝了。

让方方妈妈这么激动的是白天发生了两件事情：第一件是数学课堂小测，老师收了小测本以后随机翻了两本，两个孩子的思路刚好不同，老师就把这两个孩子的思路都写在了黑板上。方方妈妈听方方说她也交了小测本，并且跟其中一个同学的思路相同。于是她认定这是老师故意不给方方展示的机会。第二件是年级的绘画比赛，方方得了第二名，可是方方并不高兴，课间坐在座位上撅着嘴跟同桌吐槽。同事刚好看到了就安慰她：绘画分数总是很主观的，很难根据分数分出绝对的高下。再说了，你是学霸中画画最漂亮的，你是画画的孩子里面最学霸的，多棒呀！但是，方方妈妈不这么认为，她说：你怎么就这么断定我家孩子不是学霸里成绩最棒的，画画的孩子里面画画最棒的？你就这样给方方贴了标签，她中考考不好你能负得起这责任吗？

我同事在办公室给我们讲这件事情的时候都哭了，她说：我实在不知道自己说错做错什么了。这以后，我怎么跟方方说话？

这种下意识里的自我保护是老师做人的局限；在专业领域里，老师也有自己的局限，有能力达不到的地方。确实，有课堂不讲课下讲的老师，也有对不同家庭的孩子区别对待的老师，但那只是个例，更多的老师都是在课堂上投入百分百的精力，在行动上对每个孩子力求公平，总体上说，这一定是一个专业的、有道德的、值得信任的群体！

大家都放下自己的担心和成见，老师才能踏踏实实而不是小心翼翼地做工作，老师才能坦坦荡荡而不是畏首畏尾地与孩子交流。从这种意义上说，支持学校、支持老师，就是支持自己的孩子。

我这里说的支持学校，不是把孩子完全地丢给老师，自己做甩手掌柜。学校教育只是孩子教育的一部分，在大多数孩子的成长过程中，家庭教育才是起决定性作用的那一部分。

每一个班都有家长这样跟老师说：我不会教育孩子，他就全交给您了，您就把他当成自己的孩子，该打就打该骂就骂。

这是绝对地信任老师吗？听上去是，但这更像是依赖，因为除了信任，它更多的传递出了对孩子教育责任的推卸。孩子教育是家庭、学校、社会共同参与的，任何一方的缺席都不能达到理想的效果。学校教育只是阶段性的，可替代可调换的，中途可以转学、转班甚至辍学；而父母是孩子跟这世界最早的联系，是孩子的第一任老师，并且永远不可终止，不管这关系发展得怎么样。

还有很多家长跟老师说过这样的话：

老师，如果他再不好好写字，你就给他把本撕了。

老师，如果他上课再走神，你就让他站一天。

老师，他上课不爱说话，你就使劲叫他。

老师，这个活动你就给他报了吧，我说他他不听，你的话他会听的。

老师，我家孩子毛病特别多，我不护短，他违反纪律你一定要告诉我，我回去收拾他。

这可够负责任、够支持老师吧？体罚的权利、替孩子做决定的权利、监控的权利全都交给了老师。这些看上去完全信任老师的话，我听着却总觉得哪里不对。想必这些家长在家就是这样对孩子的：作业写不好，撕！学习走神，罚！孩子上课不发言，唠叨！有些活动不参加，不行！孩子身上的缺点，必须一一指出并纠正！

妈妈是多么想塑造一个完美的孩子？又是多么想把孩子的每一刻都牢牢地控制在自己手里呢？在妈妈控制不了的地方、在孩子不由自己控制的时候，就希望通过控制老师来控制孩子。这也不是信任老师，只是在假老师之手控制孩子而已。如果老师真的用妈妈们提供的这些方法与孩子互动，多半并不奏效，因为这些方法已经被妈妈们在家屡次验证无效了，老师们可不要被妈妈们的话蒙蔽了。

学校教育是专业的领域，老师要不断学习和成长；家庭教育也是专业的领域，家长们要不断反思和成长。家庭和学校是最好的伙伴，家长们可以通过自己跟老师的互动方式，多多地自我省察。只要家长能自我成长得更好，能够更好地为自己的焦虑、恐惧、委屈负责，就不会用自己的爱去束缚孩子，孩子自身的力量才能释放出来。这个时候，家庭和学校的关系就是最健康和谐的伙伴关系了。

学校是家庭最好的伙伴（二）

老师，这孩子特别逆反，我什么都不能说、什么都不能问，一点办法都没有。

老师，好几天了，我半夜起来发现明明在玩手机，你跟他谈谈吧。

老师，飞飞在家写作业效率特别低，磨磨蹭蹭地，我没有办法，你说说他吧。

老师，康康玩游戏上瘾了，可是我不知道怎么说他，你跟他谈谈吧。

老师，岚岚这次又没有考好，其实她考试之前在家就不复习，你得批评她。

老师，晓晓总是读些没营养的网络小说，我拿他没办法，你得在班上搞个活动。

老师，小美要减肥，天天不吃早饭，你告诉她，早饭是一定要吃的。

…………

上面这些话听起来是不是很熟悉？你自己说过吗？在班主任办公室

里，基本上天天都能听到。跟我说这些话的家长，常常会在最后补上一句：老师，你千万别告诉他是我说的。

我要问：这些家里头发生的事情，你不说，他不告诉我，我是怎么知道的？怎么跟他谈呢？

他必答：老师你想个办法，反正你有的是办法，让他知道我跟你说了这些，回家就给我闹翻了。

看，爸爸妈妈没有办法的时候，常常以保护父母子女的关系为底线，在教育上过于依赖老师、依赖学校，而老师果真是万能的、果真能给每一个孩子开出一剂特效药吗？当然不是。爸爸妈妈的出发点似乎没错，但是办法太过单一，遇到矛盾退守讨好孩子的底线，然后让老师去“做恶人”，这似乎就有了问题。学校和家庭是伙伴，但是只有双方的力量大致均衡、对等，双方的作用都施展出来，才能形成真正的伙伴关系，如果其中一方力量过于薄弱或者功能不完善，就不能形成好的伙伴关系。

什么样的家庭容易在教育上依赖学校呢？最常见的是溺爱孩子、控制孩子和完全放任的家庭。

这是几年前的故事了：小赵是我的学生，有个弟弟，爸爸做生意，基本不管孩子的教育，妈妈是全职太太，特别溺爱孩子，孩子们的所有要求她都满足，而她的所有要求孩子都忽略。小赵上了初中，学习任务重了许多，小学的时候又没有培养出学习习惯和学习能力，学习的事情应付不来，妈妈没有任何办法，爸爸开始介入，夫妇二人几乎天天给我和任课老师打电话求助，说孩子在家又怎样怎样不学习不写作业，让老师在学校督促。初一第二学期的一天早晨，我接到一个电话，联系人显示是小赵的妈妈，但是电话里却是一个男声：老师，我是小赵的舅舅，孩子今天早晨拉肚子，他妈妈让我告诉您他今天不能上学了，给他请一天假。我觉得有点奇怪，因为小赵的舅舅声音特别年轻，但电话是用他妈妈的手机打过来的，我当时就没有多想。

等到晚上闲下来了，我还是觉得不放心，就给小赵的爸爸打了一个电话：小赵怎么样了？

小赵爸爸不好意思地说：哎呀，老师，这一天给忙的，也忘记跟您联系了。您怎么知道的？上午十点左右的时候，小赵回到家，一身的土，他在地下室遇到劫匪，被打晕了，半天才醒过来。他妈妈报了警，然后给我打电话让我赶紧回家。我看孩子倒没有什么大事，但是这太让人担心了。我这一天就在小区、公安局来回跑，把我所有社会关系都动用了，可是一天了，也没有个信儿，你说这小区保安都是干什么的，我今天跟他们急了，这是没出什么事，这要是出了事呢？

小赵爸爸一口气说了一堆的话，好不容易等他说完，我才插上嘴：早晨我接到了一个电话，是小赵妈妈的号码，打电话的人说是小赵的舅舅，给他请了一天假。

小赵爸爸说：还有这事？小赵妈妈的手机昨天丢了呀，还没有顾上去补一张卡呢。这更有问题。

到底是怎么回事呢？第二天，小赵爸爸说，他接完我电话觉得有问题，一直跟小赵交涉到凌晨两点，踹了两脚才终于盘问清楚，这只是小赵自己导演的一出戏而已：他先是偷偷拿走了妈妈的手机，然后跟弟弟说好，让弟弟早晨冒充舅舅给我打电话请假。上午上学的时候自己在地下室打了一个滚，待了一个多小时才回家，然后就有了后面的故事。小赵说：我偷了妈妈的电话，她就不用天天给老师打电话告状了；我不去上学不记作业，回来她也就不用催我写了。

这看上去是孩子的恶作剧，本质上却是妈妈不讲究原则地溺爱孩子，等到想管的时候又没有办法的结果。

安安是个初三的孩子，看上去学习追求完美，生怕漏掉什么；但是回家就想先睡觉，让妈妈定着点儿喊醒自己学习。妈妈有时候觉得他太累就让他多睡会儿，或者喊他两次看他不起也就不喊了。可是不行，安安第二天醒了以后就会跟妈妈吵：你怎么这么不负责任？你怎么能不喊我？就算喊不醒也要使劲喊，直到我起来为止。你就这么给我的学习拉后腿？有你这样的妈妈吗？安安妈妈怎么解释都不行，又怕孩子出事，天天看他的脸说话做事，但是家里也天天重复上面那一幕，妈妈有时候把安安的话悄悄录下来让我听，说：他学习压力那么大，我想帮忙他又不听，我是一点儿招儿都没有，安安就靠你了。

其实安安的妈妈对安安的学习要求很严格，从一年级开始每天陪他写作业，一道题一道题地检查作业，还跟他一起上课外班，回来一起做题，争取把安安学习中的所有问题解决掉。小学一直顺利，初一也还好，初二开始，安安不再听妈妈的话，但是他自己好像觉得不听又不对，于是总是挑妈妈的毛病跟她对抗，妈妈没有办法跟孩子调和关系，又担心他的学业又担心他的心理，只能依赖老师。先是妈妈控制孩子，然后孩子长大了慢慢要跟妈妈争夺权力，反过来控制妈妈。安安的妈妈觉得自己以前严格要求孩子是负责任的，不觉得控制过多是有问题的，不过我想，有一点她是知道的，老师只是可以抓住的一根草而已，又能起到多大的作用呢？

和安安不同，阳阳的家里没有人管他的学习，爸爸妈妈工作太忙了，应酬也多，饭都没有时间做，阳阳中午在学校吃食堂，晚饭很多时候都靠姑姑送，阳阳天天晃晃悠悠，对什么学科都没有兴趣，根本就不把学习当回事。他的爸爸妈妈总说：老师，孩子的教育就靠你，我们不懂教育，也管不了他的学习。初一暑假，阳阳终于找到感兴趣的事了：打游戏。爸爸妈妈没时间管他，但不在家里装宽带，那时候智能手机还不普及，于是他去网吧打。爸爸妈妈发现不对头，但是也控制不了，终于有一天，他打游戏打得一夜未归。他的爸爸妈妈给我打电话说：家里人手不够，老师你跟我们一起找找孩子吧。

我一听也很着急，就去了。等我们把阳阳找到以后，爸爸说：孩子姑姑说了“得问问他们老师，学校是怎么教的”。

一个只依赖学校和老师，对孩子教育从来不思考、不投入的家庭，在孩子出了状况以后，可以幻想着把责任推到学校和老师身上，但是除了图一时的安慰、缓解自责，其他什么作用都没有，苦果只能自己慢慢吞咽。

学校和家庭是孩子教育的两根支柱，特点不同、功能不同、方式不同、侧重点也不同。学校也讲究因材施教，但是更多的是以班级为单位，以教学和教育活动为主线，在集体当中培养人，在传授知识和培养学习习惯、学习能力的过程中，培养健全的人格和健康的心理。

而家庭教育更多是在浸染和熏陶的过程中完成的，关注习惯和性格，并随着孩子年龄的不同逐渐调整重心和方法。每一个孩子都是独特的，爸爸妈妈有责任根据孩子的特点不断学习改进，让孩子成长为一个完整独立的、有创造幸福生活能力的、对社会对国家有用的公民。

因为自己的懒惰，或者因为自己之前教育方法的错误而不得不依赖老师和学校，都不能很好地完成孩子的教育。因为学校和家庭是孩子教育中的伙伴，而伙伴当中任何一方的缺席和功能不完善，都不会有好的教育效果。如果一定要区分出主次的话，对于大多数孩子来说，家庭教育更加重要。

所以，在孩子的教育中，你必须动脑子做点什么，也一定是可以做点什么的。有很多在孩子身上不断付出也不断收获的例子：翻译家傅雷和他的夫人为了跟孩子傅聪（著名钢琴大师）、傅敏（英语特级教师）沟通，写过很多家信，已经成为中国父母培养孩子的楷模；龙应台离开欧洲，返回台湾就任台北市首任文化局长的时候，儿子安德烈十四岁，“当我结束台北市政府工作，重新有时间过日子的时候，他已是十八岁的青年，一百八十四公分高”“坐在桌子另一边，有一点冷地看着妈妈”。为了走近儿子，龙应台有意识地清空自己，从头学起，他们一个在台湾，一个在香港，用共写一个专栏的方式，完成了《亲爱的安德烈》。鲁迅、老舍、曾国藩、梁启超这些大家，也都有专门的教子心得流传于世，他们都告诉我们：在孩子的教育中，爸爸妈妈需要用心思考、积极行动。

电影《美丽人生》讲述了一个犹太家庭被送进了纳粹集中营的故事。在集中营里父亲欺骗儿子说他们身处一个游戏当中，他教给儿子各种方法躲避纳粹的折磨、保全性命，还告诉他这都是为了挣到足够的分数，挣到分数以后，他们就可以坐上坦克回家了，儿子深信爸爸的话，和爸爸一起“玩游戏”。最后一晚，爸爸被纳粹抓住之前，把儿子安顿在一个铁箱子里。当他被押解着路过那个铁箱子时，他知道他的儿子正注视着他，于是，他用最滑稽的表情和动作走过去，坚持着让儿子相信这一切都只是一个游戏。然后，枪声响起，他去了，而他的儿子也终于胜利地完成“游戏”，与妈妈一起坐上坦克回家了。在最惨烈最黑暗最看不见希望的日子里，这位爸爸用勇气和智慧为儿子营造了一个美好的世界。

我们都无须经历这些，只需要在做父母之初、在孩子的成长中遇到问题的时候，多观察孩子，多了解自己，多想不同的办法，做有智慧有方法的爸爸妈妈，那么老师就必须提高自己以适应您的高度，以建设最好的伙伴关系。

你看见他了吗

有一年九月，我中途接了一个班，给一群孩子当“后娘”。在我之前，这个班有两个男班主任。

接班没有几天，我就发现一个叫小凯的男生很是让人头疼，经常肆无忌惮地搞恶作剧，他同桌萱萱总是来告状。据老师们说，他见到老师也会问好，但常常是跟老师问好以后，转身就用让老师能听见的声音说“老师死了才好呢”；他还曾经在教室传黄色图片。前两任班主任没少操心，动之以情、晓之以理，都没啥效果，气急的时候还跟他有过“肢体接触”也没有效果，跟家长也有过沟通，但家庭教育并不给力。

我试图教育小凯，显然我也没有比前两任班主任口才更好；萱萱来告状的时候，我指导萱萱，建议她：下次小凯再找茬时不接招，但是萱萱做不到。一天下午自习课，萱萱哭着来找我，说小凯又在自习课上欺负她了。我让萱萱先去教室，通知他们组的同学先不要回家，随后就慢慢往教室走。我边走边想，每一个孩子都是有向善之心的，我就冒险选择相信他一次吧，因为毕竟比力气我也比不过他，要说教我也未必比前任说得更好。

到了教室，我让其他组的同学迅速离开。然后我请他们小组里另一名男同学描述自习课的场景。这名男生描述小凯上课时怎么戏弄萱萱的，说得眉飞色舞。我边听边观察小凯，他笑得很得意。

我：你想到这个场景很想笑吗？

小凯：是的。

我：那好，我们再来笑一次。

这一次我让小凯跟我一起坐在讲台上，请那名男生复盘当时的场景，让他坐在小凯的位子，把自己当成小凯，用小凯的坐姿、表情、动作和语言来对萱萱说话。

我对小凯说：请你再来看看小凯当时的表现。

那名男生表演很投入，动作语气确实就是小凯平时的样子。我在旁边观察，小凯还在笑，但是表情明显有了勉强和尴尬。

我又问小凯：你看见小凯了吗？

小凯：看见了，挺好玩儿。

我：你真的觉得好玩儿吗？那我们再来看一遍？

我请那名男生重复刚才的过程。这次，没等演完，小凯就看不下去了，那一丝勉强的笑容也没有了。

他用低低的声音说：老师，算了，算了，别再看了，我错了。

我成功了，后来萱萱再也没有来告过状。我自己反反复复地思考了很长时间：这是为什么呢？老师的信任真的有这么神奇的效果？我甚至都没有告诉他我相信他。

在处理这件事情的过程中，我没有关注事情的来龙去脉，复盘重点也不在于了解真相，而是让小凯观察自己。我平时观察小凯对自己敢于触犯纪律、挑战权威是很自得的，他只是觉得这些行为好像很与众不同、很勇敢、很潇洒，却不清楚自己这么做的时候到底是怎样的一种形象，也不清楚自己的行为给别人带来了怎样的伤害。我选择相信他也不喜欢自己那样不文明不友善的形象，帮他从事件中抽离出来，以观察者的身份看到自己的样子，他在心里重新对自己的行为进行了评估，教育目的就真的达到了。

他既然有自省能力，那为什么以前老师的教导都没有效果呢？对于这样一个以挑战权威为乐趣的孩子来说，如果老师或者妈妈以批评和指导者的身份去评价他、告诉他他错了，老师和妈妈就高高在上了，他本能地就会生出一种对抗和挑战的情绪，他的注意力就不在自我反思上，而是怎么和权威斗争，所以很难真正认识到自己的问题。当我选择相信他有自省和自我教育的能力时，我始终跟他站在一个角度，作为旁观者的身份观察他的行为，这时候，他不会把注意力放在跟老师斗争上，他自己蕴藏的积极向上的能力就显现出作用了。

所以你看，相信只是一种选择，一种无条件的选择，选择相信孩子，不因为他曾经做过什么，或者曾经做到过什么，有时候甚至只是各种办法都试过之后的无奈之举。选择信任孩子，对孩子的评价和控制自然就会变少，孩子自己的力量才得以释放。选择信任孩子，我们自己心里又会发生什么呢？当我们选择信任的时候，对孩子的指责和抱怨就会减少，我们会看见很多时候孩子做得不够好，只是因为他还“不能”，而不是“不为”，更不是故意对抗。这样，我们的指责和抱怨就会转化为理解和同情，就会主动想办法激发孩子内在的动力，而不是一味地评价和说教。

我同学的儿子中考之前曾经让我辅导，我一边跟孩子聊着学习的事情，朋友一边说：你赶紧记下来，要不然回去又忘了；你看你这握笔姿势都不对，怎么能把字写好；哎呀，跟你说多少回了，写字头要抬高一点，你看这个学期，眼镜又增加了 75 度……

大家可以想象孩子有多么不耐烦，可是在我面前又不好跟妈妈顶嘴。我们三个人就这么别别扭扭了一个多小时，辅导结束以后，儿子去跟我女儿聊天，我忍不住问朋友：说了多少回都没有用的话，你怎么还有耐心再说呢？

她说：我也知道说了没用，可是他错了不提醒他，不是更不好吗。

很多妈妈看到孩子的行为举止、学习习惯不好的时候，都跟我同学一样，第一反应就是要纠错。好像不说就不是一个负责任的好妈妈。可是那些“犯中二病的熊孩子”呢，好像自动屏蔽了这些话，半点作用都没有。妈妈的这些话，就是所说的“正确的废话”。《大话西游》里有个情节我记忆深刻，唐僧被绑在树上，唠唠叨叨给两个小妖讲道理，讲着讲着两个小妖就被他气得上吊了。这情节虽然夸张，却足以说明这些正确的废话负能量有多大。

确实，我们的孩子并不总是一副天使的模样，有时候一些毛病让妈妈恨得咬牙切齿。妈妈们要相信，只要不是原则性的问题，有些错误和缺点并不影响孩子人生发展的大局。当你没有更好的办法时，什么都不说、什么都不做才是最好的选择，因为这样，事情至少不会朝更糟糕的方向发展。

这两年，好几次在办公室听老师们说有爸爸妈妈在卧室里给孩子安装监控器，因为这些孩子或者爱玩游戏、或者会用手机看网络小说。但是大家有没有想过，监控器用在住宅、商场、银行、财务室这些地方是为了对付盗贼、维护治安的，卧室里安装的监控器让父母和孩子变成了监视和被监视的关系，反倒更容易激起孩子的逆反情绪，这种做法是万万不可取的。

特级教师、开滦一中校长张丽钧老师曾经讲过这样一个故事：

一所学校的图书馆无墙，无门，无岗。10 万册图书统统躺在完全开放的书架上，在没有任何监控设施的宽松环境里，任由师生自助借阅。一年过去后，图书馆原来的 10 万册书变成了 10 万 6000 册。多出来的书，是学生们给学校发的“被信任奖”。孩子们说：学校越是信任我们，我们就越是要对得起这份信任，我们习惯了把自己买的书看完后也放到学校的书架上，让它去漂流。

你看，当我们选择相信孩子身上的优点和长处的时候，这种信任就是对孩子最大的奖赏，也是对他优点和长处的最好培养，他会以更好的品质回报我们；当我们选择相信孩子的时候，也会静下心来等待那些某方面发展不好的孩子慢慢长大，这种等待也是一种积极的姿态。

我 20 世纪 90 年代初参加工作，带的第一届学生多数是 1981 年出生的。那时候报纸上流行一种说法：80 后是垮掉的一代；十年以后，90 后要上初中了，社会上流行的说法是：90 后是颓废的一代；00 后不能垮也不能颓了，于是大家说：00 后是非人类。

其实不光社会上流传这样的说法，学校也一样，不管中小学还是大学，老师们都在说：真是一届不如一届。

可事实上，中、高考题不断翻新，孩子们的成绩也不断创出新高。

很多家长的口头语则是：我们那个年代，像你们这个年龄，早就下地干活，早就学会帮爸爸妈妈做饭了……你们这些孩子真是什么都不会，什么苦都吃不了，以后你们可怎么办呀？

实际上，爸爸妈妈以前会的那些技能，在现在的生活中基本都是用不上的，这个时代需要的是一些新的技能，很多孩子可以无师自通，而爸爸妈妈可能怎么都学不好。

长辈的焦虑和不信任是广泛的，不只指向自己家的孩子，还指向整个下一代。当年那些被预测要垮掉的80后现在已经长大成人，他们到底垮得怎么样了呢？

2012年6月24日，“神舟九号”飞船与“天宫一号”目标飞行器成功对接的时候，每一个中国人都无比自豪。我注意到新闻里说，“神舟九号”飞船从入轨到返回舱落地，从太空中的航天员到大海上的测控船以及飞行器所做的每一次姿态调整，都听令于一群平均年龄30岁出头的青年人。我在网上查到了这样的资料：牟宇，1982年，火箭总体设计；柳宁，1980年，负责“天宫”总体设计；黄震，1982年，负责飞船总体设计……

80后在航天领域表现超一流，其他行业呢？

陈欧，1983年，聚美优品创始人。

李想，1981年，汽车之家网站创始人，现任汽车之家总裁。

郝景芳，1984年，凭借小说《北京折叠》入围美国第74届雨果奖最佳中短篇小说奖。

…………

这些不被长辈们看好的 80 后年轻人真是顽强，竟长成了如此昂扬的姿态，他们用优异的成绩证明自己是值得信任的一代。

所以，没有必要用过度的焦虑打碎今天的美好，透支明天的痛苦。相信只是一种选择，在孩子还没有做，或者总是做不好的时候，主动地选择相信他。相信孩子内心都有向善的愿望，相信人大心会开，相信儿孙会有儿孙福。

相信相信的力量，创造不焦虑的世界。

老谷说：过度培养，不如不养。

贰

让孩子长成他自己

孩子可以为他的人生负责

请假想一下，只是假想啊：你有一个女儿，17 岁，读高一，有一天她对你说：我不知道怎么说才好，但是你们不要揍我，我需要同情和怜悯……我怀孕了。

你会有什么反应？

接着，她说：我不会堕胎。

你怎样看待她这个决定？

她说：我已经找到了合适的领养夫妻，他们会付医药费。再过 30 几周，我们就可以假装这件事没有发生过。

你觉得，30 几周后，你可以假装什么都没有发生吗？

上面这个女孩儿的话是加拿大和美国合拍的电影《朱诺》里面的台词，朱诺就是那个怀孕的 17 岁女孩儿。高中女生怀孕，在宣扬尊重个体、讲究人权的美国，人们也是不能视而不见的。2017 年 5 月有一则新闻说，高三女生怀孕被禁止参加毕业典礼引发了争议；2016 年，一个 17 岁的成绩优秀很受欢迎的美国女孩宣布怀孕了，同学和老师们都开始鄙视她，6个月后她在全校大会上拆下自己的假肚子，告诉大家，她只是在做一个实验，因为很多女孩还没有成年就意外晋升为妈妈。她们得不到社会的祝福，反而受到歧视。

所以，朱诺的爸爸妈妈听到朱诺的话也很震惊，他们觉得和怀孕比起来，他们宁愿接受朱诺被退学、吸食毒品，或者开车撞到人。妈妈一句“天啊”，爸爸一句“我以为你是一个有分寸的女孩儿”，爸爸妈妈的表情，都在表明他们对朱诺怀孕这件事情的态度。

但是朱诺的爸爸妈妈马上就镇定下来，他们了解了朱诺自己的意见，并为她提供了处理怀孕这件事情的其他思路。

爸爸听到朱诺的决定后，确认了一下：你考虑让人领养？

朱诺确定说：嗯，有对夫妻结婚五年了，一直试图要小孩儿却没有成功。……他们有律师。我下周末和他们见面。

妈妈提醒她：朱诺，这件事情很辛苦，可能比你现在想象的更辛苦。

朱诺回答：我知道，我还没有做好当妈妈的心理准备。

妈妈再问：你考虑走另一条路吗？

朱诺肯定地回答：不！

爸爸妈妈给出了建议、了解了朱诺的决心以后，并没更多劝解地让她按照他们的建议去做，而是尊重了她的决定，并选择跟她一起面对她即将面对的难题。

妈妈说：好，我们一步一步来，我们要让你健康。你需要产前维他命，这对指甲也很好，一举两得。然后我们要跟医生预约，搞清楚你什么时候生。

爸爸说：朱诺，我跟你去见这对领养夫妇。你是小孩子，我不想你被求子心切的神经病欺负。

后面的故事就按照朱诺的决定发展了。

整个事情的处理过程中，朱诺的爸爸妈妈对于已经发生的事情，没有用教导和训斥来表达这是不可原谅、不被接受的，也没有表现得慌乱无比、束手无策，他们了解情况后不需要商量就很快做好了分工，一个负责怀孕到生产过程中朱诺和孩子的身体健康，一个负责帮朱诺处理和领养家庭之间的关系，这种接纳、包容和具体的帮助，让朱诺有勇气面对后面发生的意外。

对于这样一件棘手的、后果极其严重的事件，他们没有要求朱诺用他们认为快刀斩乱麻的、后患更小的方式去处理，他们像对待一个成年人一样了解并尊重了朱诺的想法，让她为自己怀孕的行为以及把孩子生下来的决定负责。爸爸妈妈没有对朱诺进行更多的劝解，因为他们天然认为，这是朱诺的事情，朱诺有权决定；朱诺应该为她自己的行为埋单；朱诺既然做了决定，就要接受跟这个决定一起打包而来的所有麻烦。是的，每个人都应该、也有能力为自己的人生做决定、负责任，其他人，即便是父母，也只能建议而非干预。这一点朱诺的父母是天然明白的，而我们是要学习的。

更难能可贵的是，他们在朱诺闯了祸的时候，没有嫌弃和抱怨，而是在第一时间为她提供了最具体的帮助和长时间的陪伴，直到最后。经过了一系列的波折，朱诺终于生下了宝宝，送给了领养的夫妇。朱诺的爸爸在朱诺的病床前对她说：你会在你真正准备好的时候，再回到这里的。

尊重每个孩子作为一个个体生命的选择，给予建议和支持而不干预，孩子才能自在地长成他自己。

但是，在我们的传统文化里，不干预就容易被认为是不负责任或者溺爱，因为我们认为亲人之间就应该不分彼此，如果彼此的生活空间和心理空间界限分明，就会被认为是疏远。以至于神话里的哪吒必须要剔骨还肉才能把自己彻底跟父母分离，而我们这些凡人就只好纠缠在家庭里无法抽离。现在，心理学的理念已经逐渐被大众接受，我们可以在各种媒体看到有关原生家庭的讨论，我们似乎懂得了，应该给孩子足够的空间，尊重他的意愿，可我们也只是在头脑里知道了而已，在潜意识里，在我们习惯性的行为里，我们还是我们。很多人还习惯性地用自己认知里的对错和好坏来判断孩子的言谈举止，用是否跟自己的观念一致来评价和指导孩子的人生。

我自己身上就发生过很多这样的事情，下面这段文字记录的是几年前我与女儿的对话。当时女儿十二岁，上初一。

饭后与女儿闲聊，不知怎么就说到了刘邦和项羽。她说："历史课本上是明显地扬刘抑项，刘邦豁达大度、胸怀宽广、善用贤才，统一汉民族，我很喜欢刘邦。"她还翻出历史课本上刘邦和项羽的言论为证：项羽临死前说，"天亡我也，非战之罪也！"但是刘邦在论治国之道时这么说，"公知其一，未知其二。夫运筹帷幄之中，决胜千里之外，吾不如子房；填国家，抚百姓，给饷馈，不绝粮道，吾不如萧何；连百万之众，战必胜，攻必取，吾不如韩信。三者皆人杰，吾能用之，此吾所以取天下者也。项羽有一范増而不能用，此其所以为我所擒也。"

我于历史并不通，脑子里却总记着刘邦的“请分一杯羹”和逃跑时把一双儿女踢到车下的故事，于是粗略地讲给了女儿。

女儿一脸单纯地问：妈妈，你想告诉我什么呢？

我说：我也没想告诉你什么，但是故事很简单，谁都能听出来吧。

女儿说：妈妈，我还小，我真的听不明白，你到底想说刘邦这个人有什么特点呢？

几个回合后，我终于妥协，说：我觉得刘邦这人挺残忍。

女儿一本正经地说：可是我觉得这个人很有计谋呀。你看，他一定是觉得父亲怎么也活不了了，孩子和自己一起跑谁都跑不掉，所以还不如自己跑掉。

我愕然！半晌才说：那要是我，我会把自己踹下去的。

女儿说：不是啊，刘邦可能觉得自己死了儿女怎么也逃不掉，并且自己比儿女更重要呀。这样的人都是非常了不起的。

我继续愕然！便走开了。

女儿也随我一起走。还说：妈妈，这样的人就是很有计谋，很有抱负。一般的人绝对做不到，他就是挺了不起。

随后补充：妈妈，你放心吧，我肯定不会爱上这样的人，这样的人太没有安全感；我更不会做一个这样的人。

我不知如何形容自己，愕然已不足以表达。

在这段对话里，我说：我没有想告诉你什么。我确实也没有直接说：孩子呀，你不能推崇刘邦这样的人，这个人道德上是有很多瑕疵的。但是，我讲“请分一杯羹”和逃跑途中把一双儿女踹下车两个故事的时候，就是要改变她的，我并不只是跟她分享我了解的刘邦故事，也不只是在表达我的观点，而是想用两个故事来影响女儿的判断。是女儿看出了我的意图，她用她的方式让我明白，我其实是要用自己对人的评判标准去影响她；潜意识里，我害怕她以这样标准来做人、交友甚至择偶。后来我开始思考，以道德标准评价人，很多时候是有很大局限的。

以后每次回忆这场对话，我都会想，我当时怎样回应才是更尊重、更包容的方式呢？其实，直到现在我都很好奇，她对刘邦的欣赏是自己的判断还是受了历史课本或者老师的影响，当时，我第一时间就应该表达这种好奇；同时，我可以跟她一起去读《史记·高祖本纪》和《史记·项羽本纪》，一起查阅关于这两个人的其他历史记载，在这个过程中更深入地了解历史人物，帮她建立历史观，也帮她更多地了解她自己，而不是等到几年后。

如果不是骨子里要改变和塑造孩子，我会对她保有更多的好奇心，这种好奇会引导她更多地自我探索、自我完善和自我成就。唉，有些时机错过了，就不可能再来。

有人可能会说，我们这些人不都是在父母和老师的教导下长大的？我们的成长也挺顺利，我们生活得也很幸福。确实，我们都在父母和老师教的规定动作完成以后平平安安长大了，但是我们并不知道自己的人生曾经有多少的可能性，我们也不知道在人生的画板上，有哪一笔是我们完全凭借自己的意志和喜好画上去的，如果我们能更早地操控自己的画笔，我们的生活该是一幅怎样的图画。想想，这总是一种遗憾。

再者，现在孩子的成长环境已经完全不同于爸爸妈妈当年的成长环境，信息爆炸时代会让我们这些大人有恐慌，但是对于孩子来说，他生来就受到了很多信息的刺激，父母和老师在知识上已经没有了绝对的权威。现代社会对孩子的要求也完全不同，整个世界都鼓励孩子独立、自主、创新，学校开始比以往更多地关注每一个孩子，这些都让孩子更多地发现了自我，也因此想要更多的自我表达的机会，更多的存在感，以及更多的对自己人生的掌控权，无论从社会的角度还是从孩子的角度看，这些都是进步。如果父母还想以全能的形象出现在孩子面前，以先知的身份来处理跟孩子的关系，就会产生很多冲突。

我们再来从爸爸妈妈的角度看，当你评价、指导甚至指责孩子的时候，你心中一定相信自己是正确的，自己的意见是有指导意义的，按照你的指导，孩子才能走向成功且幸福的人生。可事实上，人生哪里有那么多绝对的对错？我们的年代，很多女孩儿小的时候被教导要矜持，可是长大了看到那些洒脱不羁、充满活力的女孩儿，我们心里是羡慕的；我们小时候被教导，勤俭是传家宝，后来又听说，女孩儿是要富养的；我们刚做妈妈的时候总被提醒，对孩子的要求要延迟满足并且不能都满足，但是现在流行一种说法：孩子要八块巧克力的时候，妈妈要给十块，多出来的两块就叫爱……我之前听到的不对吗？我现在听说的是真理吗？都不是，因为说话者所处的情境不同，要解决的问题不同，每个人的个性特点不同，对问题就有了不同的解读和处理方式。所以，当爸爸妈妈想要求和限制孩子的时候，也许管住自己的嘴不说，才是最好的选择，因为你真的不能确定你说的就是最好的。

安徒生的《丑小鸭》里有一段写丑小鸭几经周折逃到老太婆的小木屋的经历，小木屋里住着母鸡和猫，他们一张口就说：“我们和这世界！”

他们以为他们就是半个世界，而且还是最好的那一半。

想到这一段，我总是会警醒一些：我不是世界的一半，更不是、也不可能是最好的那一半，我不能用我的认知限制孩子。为孩子的成长提供更广阔的平台和更多的机会，让孩子在不断的体验和学习中选择适合自己的生活方式，并为之负责，才是我的职责。

爱孩子就是爱自己

几年前，一个朋友开了家幼儿园，他让我给新招聘的幼教老师讲讲怎么爱孩子，我当时讲的主题是“爱孩子就是爱自己”。这是我做妈妈和做老师最深切的感受。

你是不是也听过这样的话：

我小时候从来没有穿过新衣服，都是捡哥哥姐姐剩的穿，所以我的孩子一定要多多地穿新衣服。

我小时候哪儿吃过这么多好吃的，孩子想吃什么我就给他什么。

我小时候条件不好，好多事情想干没有钱干，现在我有钱了，孩子想要干什么都行。

我小时候没有放过风筝，现在每年春天我都要带孩子去放风筝。

我小时候住在农村，没有见过世面，现在只要有机会我就带孩子出去旅行。

…………

最可爱的是我的一个朋友，她说：我小时候特别喜欢毛绒玩具和布娃娃，可是我爸爸妈妈没钱给我买，我现在碰上什么节日纪念日的就买给我孩子。其实她家是个男孩儿，特别喜欢枪。当然，枪她也没有少给儿子买。可是毛绒玩具和布娃娃到底是买给谁的呢？

这些都是物质方面的，上个世纪的很多家庭都不够富足，以至于很多人内心都有一个填不平的坑洞，有难以治愈的匮乏感，意识到这些的爸爸妈妈在养育子女的时候主动地做了调整，并收到了很好的教育效果。当然，过于追求物质上的满足也有它的弊端，我们这么说，并不是鼓励在物质上无休止地满足孩子的欲求。

我们再来看下面这一组关于教养方式的：

我小时候爱看小说，偶尔找到一本书看，爸爸妈妈就说是闲书，我都是躲在被窝偷偷看，现在我给孩子买好多书，鼓励孩子多看书。

我小时候家里穷，在村里没有地位，我妈总给我讲要好好学习，要争气，以至于我小时候一直觉得做任何跟学习无关的事情都有罪恶感，现在做任何跟工作跟家务无关的事情都有罪恶感。我一定要让孩子的生活丰富有趣，不能像我一样只有用没有趣。

我小时候爸爸妈妈教我要节俭，我每花一分钱都要向爸爸妈妈请示，不请示就感觉自己是偷了东西。直到现在我可以挣很多钱也可以支配很多钱了，我给自己花钱的时候还是很愧疚，我觉得我心里一直住着一个穷人，这个道理我明白，但是这种感觉我怎么也摆脱不了。所以我一定要给孩子更多的财务自由，让他觉得自己值得拥有很多更好的东西。

我小时候我爸对我特别严厉，我家规矩特别多，我在家在外面都是谨小慎微的，我现在一定给儿子宽松的环境，一定要跟我儿子做朋友。

我小时候爸爸妈妈总是让我让着弟弟妹妹，只要跟他们发生争执爸爸妈妈什么都不问，就先骂我打我，现在我一定不生二胎，我要让孩子独享我的爱。

…………

写到这儿的时候我心里突然很沉重：我们每个人都曾经是个小孩子，那个小孩子都曾经有过很多或喜或悲的情绪、或大或小的愿望、被看见被抚慰被尊重的需要，小时候，我们并不知道怎么表达这些愿望和情绪，其实直到现在我们可能也并没有跟爸爸妈妈讲过这一切；或者小时候我们并不知道这些情绪、愿望、需要是合理的，那些被灌输的要懂事、不能给别人添麻烦，要好好学习、做别的事情都会玩物丧志之类的价值标准和道德标准束缚了我们，我们会因为自己内心深处的某些情绪、愿望、需要而羞愧，所以我们不敢表达；再或者我们小时候因为某个表达的不准确、不得体、跟爸爸妈妈的认知和标准不统一被嘲笑、被责骂、被殴打产生了羞耻感，以至于每次遇到类似的情况，这种羞耻感还会来搅扰我们内心的平静。后来我们长大成人了，但是这些未被看见、未被满足的情绪、愿望和需要还像是一个坑洞，让小时候的我们深陷其中，难以逃脱。多年以后，我们无数次回到过去，看清了当时发生的一切，道理上也了解了当时的一切，我们理解了、同情了那个弱小的孩子。

幸亏我们有机会做了爸爸，做了妈妈，我们会把自己没有见过、吃过、玩过、去过的通通给孩子；我们愿意把自己没有享受过的自由和空间给孩子；我们愿意斩断来自原生家庭的代际轮回，给孩子最完整纯粹的爱……

我们是在爱孩子，我们更是在按照爱小时候的自己的方式爱孩子，我们爱孩子的同时，自己内心的伤痛也慢慢平复。所以成为父母以后，我们越来越完整、柔软而又有力量。从这个意义上讲，我们都应该感谢孩子，他们允许我们见证和参与他们的生命，他们给了我们爱自己的机会，让我们在怜惜、接纳、尊重、认同他们的同时，也一路拉着自己内心那个小孩子，慢慢长大。

我佩服我的另一个朋友，她每天都春光明媚，自己的小家庭经营得幸福美满。但我知道她的家族里很多家庭都离异了，包括她自己的父母，很多生活在这样家庭的人很难获得内心的平静和生活的幸福。我问她怎么做到的，她说：我从小没有安全感，所以我有一个信念，要好好经营自己的家庭，让我的女儿永远感觉温暖和安全。说这话的时候她流着眼泪，但是我知道她人格特别完整，内心特别强大。她在养育孩子的同时完成了自我救赎，治愈了自己。

并不是所有的爸爸妈妈都在用这样的方式思考和行动。我还常常听到一些爸爸妈妈这样说：

我小时候，我爸就是这样要求我的，怎么到他这儿就不行了？

我小时候，我妈的话我都听，这个孩子真不听话。

我小时候，我妈说我的时候我也不理解，长大就好了，小孩子就应该多敲打、多要求。

我小时候，家在农村，什么苦没有吃过，什么事不能干？十三四岁的年纪，早就应该懂事了。

…………

我想这些爸爸妈妈没有想到：时代发展了，你还用二十世纪七八十年代的方式教育眼前的孩子，是不是在刻舟求剑？你到底是在塑造一个“标准”还是在培养一个孩子？放下标准和要求，你还能跟孩子在哪个方面产生连接？当年你真的没有被伤害的感觉，还是你一直隔离了自己的情绪？如果可以，你想对小时候那个自己做点什么或者说点什么？

考虑小时候的那个自己对爱眼前的孩子有用吗？是的，要想真的爱到孩子，尤其是用孩子可以接受的方式爱到孩子，有时候可以从爱自己做起。也许我们长久以来所受到的教育不大鼓励我们这么做，在很多人的认知里，爱自己就等于自私。其实我们现在讨论的爱自己，并不是在日常生活中时时处处以自我为中心，不容人、不让人、不考虑别人的感受，而是从容自己、让自己、允许自己的感受开始，去真正爱孩子，爱他人。

世间的每一个生命都值得爱，当然包括我们自己，可是对于很多人来说，爱自己是需要学习的。我们可以试着从爱小时候的自己开始：请你清空你头脑里的各种准则，蹲下身，放下成人的傲慢，放下理智的分析和所有的“应该”，看一看小时候的自己，那个被无数“对错”“标准”“应该”悬在头顶的孩子，去了解一下他的感受和需要，不劝解、不要求、不评判、不说教，和他在一起待一会儿，允许他所有的情绪和最真实的感受自由地呈现出来，也许看到他的情绪和感受你有点手足无措，那也没有关系，和那个小时候的自己在一起，告诉他这些情绪和感受都是合理的，是可以被接受的，这样就已经很好。

只有你能感受到自己的感受，你才有可能感受到孩子的感受，并允许这些感受存在，哪怕这些感受里有愤怒和仇恨。看到愤怒和仇恨你不必紧张，千万不要认为愤怒和仇恨一定会产生罪恶和痛苦，除非你看到孩子的愤怒和仇恨以敌意去回应。因为有些黑暗的情绪只有在被看到、被感受到并被接纳的时候，才能化解。如果孩子因为恐惧而压抑了自己的黑暗情绪，那些被压抑下去的黑暗情绪就会变成一座座活火山，压抑得越久、积累得越多，爆发的时候对自己对别人的伤害就越巨大。就这样，去看看你内心的小孩子，允许他的各种情绪出现，去陪陪他，把他养大，你才有可能更好地爱自己的孩子。

那么，是不是像爱自己一样爱孩子就够了呢？

前一段时间，阿米尔·汗主演的电影《摔跤吧！爸爸》好评如潮，但是也有一些人发出了质疑的声音，原因就是电影中的爸爸态度强硬地要女儿去完成他自己的愿望，去实现他的人生，电影最终看上去争取了女性的权利和地位，其实根本上还是父权的胜利。抛开电影的各种制度、伦理、文化背景来看，我对这个观点是认可的。我前面所提到的每个爸爸妈妈内心的小孩子的愿望，并不是指“成为摔跤冠军”这样具体的事件或者具体的人生目标，而是每个孩子的存在感和自我实现的愿望。

作为独立的个体，很多孩子在十二三岁的时候特别渴望刷到存在感和实现自我超越。冉冉是一个女生，曾经跟我有过一段对话。

冉冉：老师，哪里才是世界的中心？

我想了一会儿说：在藏族人民心里，圣城拉萨的大昭寺是世界的中心；在一个妈妈的心里，孩子就是世界的中心。

冉冉又问：为什么我这么强烈地想成为中心呢？可是，为什么我又不能成为全世界的中心？

她能这么清晰大胆地表达自己，让我特别吃惊。

我：是啊，每个人都要刷到存在感。婴儿时期，我们会用哭来表达这最原始也最本真的愿望；长大一些，刷存在感也许会成为很多人努力学习、勤奋工作的原动力。你渴望被关注的愿望很强烈，而你好像对自己的这些想法有些不满。

冉冉：是的，老师。

我：其实，世界上真的不只是你有这样的想法。你不记得宝玉也曾想得到所有姐姐妹妹的眼泪吗？

不只冉冉，不只女孩儿，男孩子也一样。有一天放学以后，奇奇在办公室里一边哭一边问我：老师，人要怎样才能实现涅槃？我要怎样才能实现超越？

所以我想，父母之爱，还可以追求一种更高的境界，就是把孩子作为一个独立的、独特的个体去呵护培养，尊重孩子内心的感受和愿望，让每一个孩子都自在地长成他自己，并具有超越自我的能力。

这是一个漫长的过程，小的时候让孩子独立吃饭、让孩子根据自己的口味选择食品、让孩子独立睡觉、让孩子管理好自己的零食、让孩子管理好自己的零花钱、让孩子收拾自己的玩具，是把他的人生选择权交给他自己的开始。升入初中以后，爸爸妈妈可以更多地让孩子参与家庭事务的决策，比如买车、买房、家庭装修都可以听听孩子的建议，还可以让他规划假期旅行的线路，让他在家里有更多的话语权。同时，爸爸妈妈必须把怎么选择兴趣班和文化辅导班的权利交还给孩子，是“交还”，因为这本来就是孩子的权利。你可以问孩子：今天学校有什么新鲜事跟爸妈分享吗？

你还可以在每个周末和假期问问孩子：这个周末、这个假期你打算怎么安排？需要爸爸妈妈帮忙吗？总之，要让他感觉到他是作为一个独立的值得被关注的个体存在的，他对自己的学习和生活有选择的权利，人只有在自己有选择权的事情上才会表现出兴趣，并且积极和进取。想想看，你是不是这样呢？

有些妈妈会说：我也经常问他学校的事情呀，他自己的安排呀，但是他并不肯说呀。

这样的妈妈就需要反思一下：你询问的时候当真是对孩子这个人感兴趣、对他的生活好奇、希望提供帮助，还是对他不放心，想监控、评价和指导？如果孩子分享的过程你过多评价和指导，而不是对他表达好奇和赞赏，你不能得到孩子的回应就是理所当然的了。因为孩子感受到的是监控，而不是个人的存在感。

我们还可以回到“爱自己”这件事情上来想一想，当你指导、评价孩子的时候他心里会发生什么。让我们假想，如果你在家里做饭，旁边有一个人说：今天你打算做什么饭？你说：我打算包饺子。然后他告诉你：今天还是适合吃炒菜和米饭。于是按照他的指导你开始炒菜，他又不时地提醒你：锅热了放油吧！来来，葱花！盐，盐少了，再放点！熟了熟了，你赶紧关火！这个时候你自己内心的感受怎样？是感觉被关心还是被指手画脚？我想，你对做饭的乐趣会被这位“专家”的“指导”消耗干净的，孩子对学习的乐趣，对成长的乐趣是不是也会被你的“指导”消耗干净呢？回到自己的身上，我们再次体会孩子的感受，就能帮我们更好地关注孩子这个独立的个体，把他的生活和学习交给他自己，他才能学会对自己的人生负责。

对于孩子的学习和生活，父母当然可以有指导、有建议，但是父母不能替代孩子做出选择和决定，就像上一篇里面朱诺的父母，建议而不干预。这个过程里孩子会走弯路，会摔跟头，但是这些弯路和跟头会让孩子朝哪个方向发展，取决于父母赋予它们什么样的意义：如果我们能以积极的心态来看待，引导孩子学会反省，孩子就可以从弯路和跟头中学习，汲取成长的能量。就好比他在婴儿期，每生一次病，都会长大一点，因为这个过程中他们会跟细菌、医生、药物、疼痛打交道，积累不同的身体和心理体验，调动和培养他自己的免疫系统，这些都是孩子成长的阶梯。

如果真的可以像爱护自己一样爱护孩子，像尊重自己的感受、尊重自己的权利一样去尊重孩子的感受、尊重孩子对生活的选择权，孩子一定可以自在、自然地长成他自己，并且不断积累自我超越的力量。

让别人家的孩子回到别人家

你家住过“别人家的孩子”吗？他们什么时候住在你家里的？他们什么情况下会出现在你自己家孩子的面前呢？

孩子数学成绩落后了，你羡慕地说：“看人家红红，数学学得多好。”

孩子学游泳慢了，你酸酸地说：“看人家蓝蓝，游得真快，你用心点呀。”

孩子作业写得晚了，你忍着气说：“我听说人家青青每天八点多就已经把学校的作业写完了呀。”

孩子房间没有整理，你埋怨说：“咱俩昨天去小紫家，你看她的被子和书桌了吧，多整齐。”

孩子古筝过级成绩单是合格，你不甘地说：“为啥人家小白就是个良？你下次也一定要争取呀。”

孩子家长会上，老师表扬了十个孩子，每一个孩子的名字你都记得清清楚楚，回家就对孩子讲：“下次家长会一定要让老师表扬到你啊。”

类似的情况太多，孩子能用英文对话了，你会说隔壁老王家孩子都开始读英文原著了；孩子学会滑冰了，你会说同事的女儿艺术体操在省里获奖了；孩子刷了碗等你夸奖一下，你会说你表妹都会做饭了呢，继续加油呀……

你看，一群五颜六色的“别人家的孩子”被你请到家里，明晃晃地闪耀着，他们在不同的时刻，不同的情况下适时地被你请出来，用以教育和警醒自己的孩子，他做得不好或者还不够好，或者是他这一点做好了，但是另一点还没有做好。你总是希望或者认定：自己生的孩子就应该成为那个“别人家的孩子”，甚至“别人家孩子”的结晶。

有趣的是，你在夸赞着、羡慕着别人家的孩子，或者嫉妒着别人家的妈妈的时候，你自己的孩子说不定也正住在别人家，被别的妈妈夸奖着：你看人家……

“别人家的孩子”何其多呀！我的班上就有这样一群孩子，有着被人羡慕的习惯和能力，被人嫉妒的成绩和特长。假期的时候我们约定，小组活动定期发在班级的微信公众号里。有一个组的孩子们就写了这样一段话：“努力赶作业也就算了，最让人不能忍受的是自己的妈妈刚夸完人家的作业，转身就说，看看人家作业写得多好，再看看你的作业！顿时感觉没爱了！此时心理阴影面积一万平方千米。我一定是遇到了假爹妈。”

“别人家的孩子”这个概念被提出来并且得到广泛关注和讨论大概是六七年前的事情了，长久以来无论是父母还是孩子，大家一致认为“别人家的孩子”这种生物不应该存在，但是“别人家的孩子”生命力竟然如此顽强，历久不衰，依然在亿万个中国家庭里茁壮成长着，以至于制造了自己家孩子头上的阴影，遮挡了你照向自己家孩子的爱的阳光。

既然“别人家的孩子”是被你请进来的，那让我们来看看你请他们来的原因是什么。

有一些爸爸妈妈请“别人家的孩子”来就是一种策略。他们单纯地希望别人家的孩子能够成为激励自己孩子的榜样，他们希望在与别人家的孩子的比较中，自己的孩子能够知耻而后勇，然后奋起直追，也成为“别人家的孩子”。

有一些爸爸妈妈是因为面子。我们在前一章讨论过，有的妈妈在某些时刻爱自己的面子胜过爱孩子。只是很多爸爸妈妈都不愿意承认，在有些时候，孩子只是让他在场面上更好看的工具，孩子的成绩、特长、颜值、性格、修养都只是自己可以在同事面前更有尊严、在同学聚会上更风光、在家长会上不丢脸的一件展品而已。

有一些爸爸妈妈只是因为焦虑。在孩子发展不够好而自己又无计可施的时候，他想不到逼自己去学习和提高，而又不懂得体谅孩子，只是为了发泄不满，随口就请来了那些“别人家的孩子”。

以上这几种情况，还不足以构成爸爸妈妈们请来“别人家的孩子”的全部原因，还有一个重要的原因就是距离产生美，因为他们不必承担别人家爸爸妈妈的责任，不必烦恼别人家爸爸妈妈的烦恼，不必在“别人家的孩子”身上付出努力和心血，所以“别人家的孩子”看上去都是可以餐风食露的，别人家的爸爸妈妈对他们的成长是不用费一点心思的，“别人家的孩子”天生完美无缺。他们看不到别人家孩子的臭袜子、看不到别人家孩子经历的小挫折、看不到别人家孩子的小脾气、看不到别人家孩子的坏毛病，他们以为上帝特别眷顾“别人家的孩子”的爸爸妈妈，给了他们一个永远可爱、永远勤奋、永远体贴的天使。

请来“别人家的孩子”长久地住在自己家里，拿他们和自己的孩子比较，到底会有什么结果？能不能解决你的问题呢？

我们先来看看你行为的对象——自己家孩子身上会发生什么。

也许他真的在比较之后一往无前，终于成了“别人家的孩子”中的佼佼者。也许碰巧你的孩子心理强大，他心里没有任何阴影。我说的只是碰巧，这个碰巧里面很重要的因素就是他有心理能量强大的家长，潜移默化地给予他强大的基因和支持。可不幸的是，如果你是那个常常请来“别人家的孩子”的爸爸妈妈，那么你通常没有这样的运气。

更不幸的是，你的孩子也许只是为了讨好自己的爸爸妈妈、为了博得爸爸妈妈的爱而努力让自己长成了“别人家的孩子”，而不是他自己本来的样子，以至于他自己根本不知道自己本来是什么样子。

更大的不幸是，多年以后，你不再拿他和“别人家的孩子”比较了，可他已经把这种方式内化成自己的行为模式，他以为：在家里，只有超过了别人，获得了足够好的成绩，才能得到父母的爱，才配得到父母的爱；在工作中和生活里，只有超过了别人，只有足够优秀，才能博得大家的认同。于是，他会经常请一个同学、同事、公众人物、甚至影视剧文学作品中虚构的人物住在自己的心里，拿自己的种种短处去比他们的长处，以至于他在努力地成为“别人家的孩子”的路上，离“自己”越来越远，离内心的快乐和幸福越来越远。

还有更多的爸爸妈妈，用这样的方式并没有得到一个期待中的“别人家的孩子”，只是让自己的孩子学会了自我怀疑，越来越焦虑，不能享受学习和成长的乐趣，并且跟爸爸妈妈的关系越来越差。因为当被人比较的时候，很多人本能地就会排斥，爸爸妈妈们也可以想想自己工作中是不是也是这样。曾经有一个孩子跟我说：小时候唱歌都唱“有妈的孩子像块宝”，可是我有时候觉得自己是块破铜烂铁。我妈老拿我跟别人比，我都不知道到底我真的是块破铜烂铁，还是只有在我妈眼里我才是一块破铜烂铁。

如果孩子内心的感受你不能体会，那我们可以拿你身边的事情类比一下。

你的孩子周末去同学家，回来跟你说：你看人家彤彤的妈妈，有那么好的工作，还会写毛笔字，会画画，人长得好看，还温柔。你多半会说：那你住在彤彤家不要回来了。你的儿子看了新闻对你说：爸爸，你看人家王思聪的爸爸给王思聪那么高的起点，你也学着点儿。你多半会说：臭小子，还教训起老子了，看我不抽你。

如果你的丈夫说：看人家吴征的老婆杨澜，漂亮、能干，在北京申奥的时候可以为中国人代言。你多半会说：她好你跟她过去。

如果你做饭的时候妻子说：看人家孙莉的老公黄磊，那么帅气那么顾家，做饭做得那么好吃，你看你做的。你多半对做饭再无乐趣，即便做也是堵得慌。或者干脆说：你怎么不长人家孙莉那么漂亮。

想必这些结果都不是你的初衷。那么，请来“别人家的孩子”以后，爸爸妈妈自己心里会发生什么呢？

按照“缺什么补什么”的原则：求策略的爸爸妈妈需要学习的是教育方法；要面子的爸爸妈妈需要填补的是内心的坑洞；太焦虑的爸爸妈妈需要处理的是自己的情绪。这些都是“别人家的孩子”不能替你做到的，而自己家孩子的身上又没有看到你期待的东西，你只能在种种比较中看自己的孩子越来越不顺眼，越来越远离为人父母的天然的情感——“孩子是自己的好”。

而实际上，很多孩子身上的毛病和缺点，恰恰是爸爸妈妈自己造成的，即便抛开你的教养方式不当，你的孩子天然就有一堆的问题和毛病，你也要接受这个孩子，你带他到世界上来，他无条件地信任你依赖你，你必须无条件地接纳他、包容他，尽自己的最大努力成就他。

我们再来看看第三方——别人家的孩子。当一个孩子反复被拉到别人家以后，当他反复在人前人后被当作榜样以后，他身上就被贴满了诸如勤奋、懂事、性格温和、成绩优秀的标签，他常常自觉不自觉地按照大家给他贴的标签去活着，慢慢就活成了一张张标签，他不敢懈怠、不敢抱怨、不敢拒绝、不敢任性、不敢成绩下滑，因为他怕别人对自己失望。

曾经有这样一个“别人家的孩子”，一入学她爸爸就自豪地对我说：我家这孩子从小特别懂事，从来不用操心，小学的时候老师就天天表扬她，你有什么事情交给她，她一定能做好。

确实，她有着初中阶段的孩子少有的自律和自制，从不撒娇，从不偷懒，老师交代的学习和工作绝对不打折扣地完成。我很佩服这个孩子，家长们也天天羡慕她的爸爸妈妈。可是从初二开始，她出现了一系列的情绪问题，一旦成绩达不到自己制定的目标就要崩溃，常常让她爸爸束手无策。我开始提醒其他的家长，不要当着她的面把自己的孩子比下去，也提醒任课老师不要总是表扬她。可是，没有用，她总是把最高的标准当作自己的追求，初三为了体育中考满分，练到一冬天咳嗽发烧从没有痊愈，而她也从不间断练习，从不间断学习，中午输液下午上课，边输液边做练习册，看着就让人心疼不已。

让“别人家的孩子”回到别人家，让他自在地生活，也让你的孩子自在地活成他自己。因为，人生来不是用来比较的。想想看，如果孩子出生之前我们告诉他：你可以选择是不是来到这个世界上。因为你生下来就要跟别人比，比身高、比颜值、比成绩、比工作、比收入、比婚姻，你不能输在起跑线，更不能输在终点线。孩子，你要来到这个世界吗？孩子会做出怎样的选择？如果是你自己被问起，你又将做出怎样的选择呢？

也许你会说，这个社会本来就是有竞争的。的确，学习和工作中的竞争是客观存在的，是逃不掉的，我们也不主张逃避，适度的竞争有利于孩子和整个社会的进步。但是在家庭里，爸爸妈妈盲目地拿一个心智不够成熟、心理不够强大的孩子反复和别人比较，尤其是带着焦虑和嫌弃比较的时候，会在孩子心里造成巨大的伤害，我们不能无视。

在中学阶段，爸爸妈妈比的最多的就是分数，因为中考高考就在那儿等着，而实际上，我们不能被看不见的洪流裹挟着丢失了方向，我们必须尊重生命的多样性，用一把尺子量这些多姿多彩的生命既不科学也不人性。“不要让孩子输在起跑线”之说也早已遭到很多人的质疑，而这所谓“起跑线”范围窄得很，不过就是“智商的起跑线”“答题技能、琴棋书画技能训练的起跑线”，甚至只是“分数和名次的起跑线”。这些决不能和人生划等号，80 分也好，90 分也罢，都不过是暂时的，阶段性的，甚至是偶然的，而人生的路还很长。

为人父母的快乐和幸福不在于比较，而在于我们养育生命并见证孩子的成长。你曾经在孩子喊第一声妈妈的时候、迈出第一步的时候、在他第一次学会爬的时候、长出第一颗乳牙的时候，由衷地为他快乐。这种满足感就是来自他自己的成长，而不是他比邻居的孩子早一天学会说话、早一天学会走路、早一天会爬，早一天长牙。

可是当你把“别人家的孩子”请到自己家后，你开始越来越多地关注自己孩子的缺点和弱点。所以只有让“别人家的孩子”回到别人家，自己的孩子才可以成长得更好，你才能更多地体会为人父母的幸福和快乐。

我相信，孩子的成长不需要盲目比较，你关注什么孩子就会回应什么：你可以赞赏孩子作业的字迹工整、复习的踏实投入；你也可以在孩子向你讲述自己学到的新知识时，单纯地做沉醉状，而不是沉醉完了再追加一句“你要是能天天这样学习，那还不得考到多少多少名吗”；你还可以在孩子获得进步时，恭喜他超越了自己；你更可以在孩子凭自己的努力克服了困难的时候，赞扬他有毅力、能坚持、有智慧。

就算这些在平时都没有看到，你还可以赞美他的书包整齐有序，也可以在他主动听英文时略微夸张得故作惊喜。总之，只要你表达的更多的是欣赏，你的欣赏更多的是指向孩子的具体行为，并不断地在这些点上强化，孩子的注意力也就会自然慢慢转移到自己的行为，自己的成长，并不自觉地用更大的成长来回应你，唤起你的再次鼓励。

让“别人家的孩子”回到别人家，让你的孩子活成他自己，并积累超越自己的勇气和力量。

老谷说：相信相信的力量，创造不焦虑的世界。

老师告状怎么办

这大概是十年前的事情了，事情不大，但是对我的触动和影响却特别大。初一入学两三个月吧，学生和老师、家长和老师还都处于相互了解和磨合的阶段。小董是个男孩儿，课堂上的表现欲望很强，但是作业完成却不好，交流了几次都没有效果。我想了解一下小董是一直作业习惯不好，还是不适应新的学校、新的班级、初中阶段新的学习要求，就给他妈妈打了电话。当时他妈妈正在广州出差，接到电话说，孩子小学时候也有不完成作业的情况，她会继续给孩子做工作。我说，我们一起培养他的好习惯。

没有想到的是，下周收随笔的时候，小董意外地按时交了作业，并且洋洋洒洒写了一两千字。随笔里反反复复出现着“吃人”两个字。大意是：当妈妈远在几千公里之外出差的时候，“她”却开始了“吃人”计划，不顾妈妈的辛苦和劳累，用作业这么点小事去麻烦妈妈，给妈妈增加烦恼和痛苦。正当自己和妈妈痛苦不堪的时候，“她”却因“吃人”成功而心花怒放。看着小董情真意切、满是愤怒和讥讽的文字，我一下子火冒三丈，委屈、不平、气愤让我恨不得把他揪过来训斥一顿。但是我知道真要那样做，就会让他坚定“吃人”这一看法，我们的关系会更加恶化，对小董的发展和我的工作并没有任何益处，这并不是我跟他妈妈交流的初衷。

我一点点平复自己的情绪，我觉得不能跟小董的妈妈再联系，通过这一件事情就可以看出来她不能给我支持，只能在我和她儿子之间制造麻烦。我只能慢慢从小董的字里行间去理头绪。

冷静下来我发现，小董的妈妈是一个特别善于演苦情戏的妈妈，苦情是她教育儿子的手段，她善于用自己的辛苦不易去绑架孩子，让孩子心疼她，这种手段最大的效果就是把儿子紧紧地绑在她身边，跟她“同仇敌忾”，以至于小董感受到任何来自外界对他妈妈的打扰，就会立即起来反击，对他的习惯培养和能力提升并没有效果。因为小董只是站在心疼妈妈的角度去仇视给妈妈带来“麻烦”的人，他没有省察自己，能量从错误的方向释放出来，并没有实现自我发展。

考虑清楚以后，我在小董的随笔本上写了一句话：我不知道你和妈妈之间发生了什么，我确实给你妈妈打电话了解了你的情况，但是，就是了解而已。

之后，我用了很长时间才修复了和小董的关系。这让我意识到，如果家长不能很好地处理老师反映的问题，会把小事件变成大麻烦。再后来，我每接一个新班都会在第一次家长会上跟家长讲：不管哪一个老师给你打电话，目的都是解决问题，而不是恶化师生关系和亲子关系。所以接到老师电话的时候，一定谨慎处理。

小董妈妈的苦情只是家长面对老师“告状”的一种应对方式。其实，我特别不喜欢用“告状”这个词，因为老师和家长联系的时候，目的往往不是“告状”，而是为了了解孩子在家的情况、家庭教育的方式、家长对问题的看法、亲子互动的模式，在此基础上争得家长的认同和支持，或者是对家长的家庭教育给予指导。（当然，不排除有的老师在这一点的表达上不清楚不明确，造成了自己和学生和家长之间的误会。这是另一个领域的问题，不是我们这一本书要解决的）“告状”这个词，就把老师主动跟家长沟通，简单化为给家长说不是、出难题、诉苦水、推责任，这实在不是老师跟家长沟通的目的。在前一章里我们已经谈过，在孩子的教育问题上，家长和学校和老师是最好的伙伴，而一些错误的认知和沟通方式，妨碍了伙伴关系的建立和发展。

比如，有些家长会认为：老师打电话就是为了让我骂孩子、打孩子（或许有些家长在孩子出现问题的时候只会用这一种方式应对）。

还有的家长认为孩子只有怕老师才能发展好，只有有个强权的形象孩子才能有所敬畏，于是为了树立老师的强权形象，在上学之前就跟孩子说：你不好好听话，早晚老师会批评你；你这么做，早晚老师会管着你；我说你你不改，总有一天老师会收拾你……大家看，这样的语言里面，老师是什么样的存在？到底是在孩子心里树立了权威，还是树立了敌人和靶子？

这些极容易灌输给孩子一种认识：老师跟妈妈联系或者妈妈跟老师联系都是联合起来收拾我。

这样的爸爸妈妈，遇到老师告状，多半会训斥和责骂，我们经常会在办公室里看到家长声嘶力竭骂孩子甚至拳打脚踢，于是，沟通就变成了劝架，这常常让老师感觉尴尬。有些爸爸妈妈确实是因为孩子做得不好而怒火中烧，有些爸爸妈妈只是为了打骂给老师看，以此来表达：老师，我是支持你的。

但是，这样真的能帮到老师、帮到孩子吗？孩子的发展的原动力在他自我发展的强烈愿望，而不是训斥和打骂，简单粗暴的训斥打骂即便在短期内收到效果，也不能从根本上解决孩子成长中的问题。另外，这样的处理方式除了让老师感觉尴尬，也会让孩子和老师的关系处于尴尬之中。大家换位思考一下，如果老师的沟通在爸爸妈妈那里条件反射地引起训斥和打骂，孩子想到老师也必然条件反射地想到训斥和打骂，这样不愉快的情绪体验和老师联系起来，孩子怎么能喜欢老师、喜欢学校、喜欢学习呢？这必然导致他跟老师、跟学习处于不良的关系中。再者，即便亲情是稳固的，父母也不能毫无顾忌使用这样的方式，因为你遇到问题的情绪反应，往往会影响孩子遇到问题的情绪反应；你解决问题的策略，往往会影响孩子解决问题的策略；你跟孩子建立连接的方式，直接影响了你跟孩子的关系的质量，也决定着孩子跟他人跟世界建立连接的方式。孙云晓老师说：好的关系胜过许多教育。而好的关系，一定是共同解决问题的时候建立起来的。

其实不光小董，对相当一部分孩子来说，按时完成作业都是个难题。寒假开学，东东的作业非常差，开学状态又是假期状态的延续，他的听讲状态和作业情况依然不好。我跟他妈妈联系：孩子寒假作业完成不太好，最近学习积极性也不够，咱俩沟通一下吧，看看他假期是怎么安排时间的。后面怎么调整他的状态。东东妈妈的语气里充满了不情愿：啊？这点儿事还要见个面呀？必须吗？那我安排好时间呀。见了面之后，我问她：电话里听上去你不太愿意安排这次沟通呀。东东妈妈说：是啊，孩子犯了错误，被老师叫到学校，你不批我我也觉得丢人呀。

东东妈妈代表的是另外一种被告状时候的反应：丢脸、没面子。这样的妈妈多半会在跟孩子交流的时候流露出抱怨和嫌弃：

你看看你，不好好写作业，让妈妈去见老师多丢人呀。

你看看你，真不争气，这个问题说了多少遍了，还不改！这是最后一次了，以后你再不改我就不管你了，老师再叫我我也就不去了！

妈妈天天这么辛苦，什么都不让你干，你连自己都管不好，你到底想怎么着呀你？

我跟你爸爸都不是这样的人，我们小时候上学可听话了，总是被表扬，也不知道你这是像谁！

…………

请你对号入座一下，这些话你说过吗？请你自己冷静下来看看哪一句话是指向孩子发展的、是具体解决问题的？也许你会说：具体的方法我都教过他很多遍了，他不听呀，我真是没有办法！

好的，那么我们看看没有办法的时候怎么办。确实，孩子不是永远可爱的天使，他们身上总会有各种各样的缺点，我们用尽办法都不见起色。这时候，最好的办法是：闭上嘴、不唠叨、不抱怨，更不嫌弃。因为你的这些情绪只能给孩子贴上标签，让他也对自己越来越失望，在孩子心里反复制造愧疚，或者一点点把孩子推向你的对立面。很多问题我们暂时没有更好的解决办法，唠叨抱怨不过是为了发泄情绪，如果单纯发泄情绪，是不是还有更好的方式呢？所以，省察自己，是要解决问题还是要发泄情绪，如果你的话只是发泄情绪，那么闭上嘴才不会让问题朝着更坏的方向发展。

当你嘴巴闭上的时候，你的脑子往往就开始思考孩子习惯的背后是什么问题，解决问题的方法也往往就会自动呈现出来。

如果上面这些处理问题的方式都不能帮到孩子也不能帮到老师，那么，面对老师“告状”，到底该采取怎样的态度和方法呢？

我们先来看怎样面对老师。

很多家长跟我交流时说过这样的话：“在家里我应该怎么做呢？”“你需要我怎样配合你的工作？”“你觉得我回家怎么跟孩子谈效果会好？”这样诚恳地寻求具体的指导，比一味地说“老师，我回家收拾他”更让我感觉到支持。如果孩子的问题很严重，老师很激动，或者您遇到了一个容易激动的老师，那么除了“灭火”还要“加油”，让老师感觉到你的支持，还要让老师感受到你是有办法、有力量的，要让老师相信，孩子是会越来越好的，你是有能力帮助孩子的。

当然，还有一种方法，就是平时多观察孩子的行为，定期跟老师联系，向老师汇报孩子在家的表现，并诚恳地询问孩子在校的情况和需要调整的问题。但是有些家长要求老师事无巨细都向自己汇报，那就是走向了另一个极端，对孩子的控制欲望太强，也是不可取的。

其实很多时候，处理不好老师“告状”这一事件的原因不是孩子的问题有多么严重，而是家长的负面情绪影响了自己的思考和判断，所以处理好自己的情绪是跟孩子沟通的前提。那么怎样可以不带情绪地跟孩子交流老师提出的问题呢？

第一，以我的经验，如果真的犯了错误，孩子多半会对自己的行为表现出不满和懊悔，只是不知道怎么去改正错误和矫正行为，或者即便知道，也因为意志力不够导致问题反反复复。你要做的是，在情感上坚定地站到孩子一方，理解他的愧疚和无助，和他一起面对困难，让孩子的注意力集中到发现自己的问题和寻找解决问题的方法上，而不是集中在处理妈妈的情绪或者纠结在跟老师的关系上。

第二，就事论事，不上纲上线，不做道德评价，也不用情感绑架孩子。上纲上线容易把问题扩大化；急于给孩子定性也就容易给孩子贴上某种标签，孩子一旦认同这个标签，并不断用自己的行为验证这个标签，撕下来就会很难；情感绑架，我们第一章已经谈过，这里不再多说。当老师“告状”，爸爸妈妈要尽量做到：不管孩子的问题反复了多少遍，你曾经给过他多少建议，每次交流也只限于眼前这一件具体的事情。

第三，如果你实在没有控制住情绪，在孩子面前暴跳如雷了，那么事后也一定要跟孩子表达，情绪失控是爸爸妈妈面对问题太过焦虑，最终大家还是要集中到解决问题的具体方法和行动上。不过我相信，爸爸妈妈只要对孩子有足够的信任，就能更好地调控自己的情绪，至少不在语言和语气里流露对孩子的嫌弃。

第四，我们前面说过，很有可能老师反映的问题你暂时没有解决的办法，那么如果孩子对老师告状不知情，你就可以选择不跟他透露。如果孩子知情，那么你就可以直接说：老师跟我说的问题是……但妈妈暂时不知道怎么帮你解决，我需要再想一想。总之，不能以解决问题的方式制造新的问题。

第五，如果你控制情绪的能力比较差，你可以选择给孩子写信的方式来沟通，用书信的形式把老师提出的问题以及自己的建议或者困惑写给孩子。书面文字的表达更理性，可以反复修改，这样就可以让你的表达更深入、更周密，也可以避免越说越生气、越说越偏题的情况。

很多爸爸妈妈面对问题都不知道该做什么，但是我们必须知道自己不该做什么，不该说什么。我们总结一下在老师“告状”的时候绝对不能跟孩子说的话：

有你这样的孩子真丢人。（嫌弃）

你真不争气，我不想管你了。（嫌弃、放弃）

我上学的时候从来不让爸爸妈妈操心，你怎么一点都不像我！（不认同、不接纳）

我每天这么辛苦还不是为了你，你能不能不给我找麻烦？（抱怨）

回到开头我们讨论的老师跟家长沟通（或者所谓“告状”）的目的，和你跟老师交流之后要采取的行动，所有的都应该指向一个点，那就是——孩子的发展。而孩子的发展，需要爸爸妈妈引导和帮助孩子进行自我探索，去发现问题背后的原因，帮孩子找到解决问题的具体办法，并落实到行动上，让孩子在不断解决问题的过程中成长。

妈妈，你的眼里要能揉沙子

几米有一部绘本叫《我不是完美小孩》。绘本的主人公叫郝完美。

大家好，我叫“郝完美”，现在读小学三年级。这个名字是爸妈为我取的。他们说，我小时候，不管正面看背面看，醒着睡着，或笑或哭，我看起来都好完美。可是，随着我慢慢长大，事情就变了……爸妈的要求愈来愈多，学校的要求愈来愈严。我觉得很累，真想大叫：我不是完美小孩啦！我想知道，世界上有多少人跟我一样觉得自己不完美。所以我鼓起勇气站上台，讲出我对于这件事的想法。所有放弃追求完美的小孩和大人，欢迎来听讲。

在养育孩子的过程中，你有过“完美”爸爸妈妈的心路历程吗？孩子刚刚出生的时候，不管他肤色黑与白、哭声大或小、身长 56 厘米还是 59 厘米、体重 5 斤还是 8 斤，你总是认为自己的孩子就是完美小孩儿。那个时候你对他无所求，你爱着他生命本来的样子，你接受他比别的小宝贝瘦那么一点点、黑那么一点点，也不嫌弃他比别的孩子矮那么一点点，你欢喜他的每一个细微的成长，你怜惜他每一点小痛苦，那时候他的小错误、小尴尬都让你觉得可爱。即便是在梦里，妈妈和孩子之间也常常可以互相感应到对方已经醒来，这是人世间最美妙的感觉。

可是有一天，跟郝完美的爸爸妈妈一样，你开始不再满足于孩子生命本来的样子，你开始描画一个你期待的样子，你越来越希望他长成你期待的样子；性子慢的妈妈希望他快一点，性子急的妈妈希望他稳一点，爱展示的妈妈说他需要收敛，腼腆的妈妈又觉得他需要多开放自己。于是你像郝完美的爸爸妈妈一样要求愈来愈多；于是他的过失、缺点不再可爱，甚至面目可憎，终于变成了你眼里那粒不除不快的细沙；于是你用越来越多的提醒和纠正给孩子贴上一张又一张撕不掉的标签；而孩子身上的缺点慢慢变成顽疾，就像“春草”“更行更远还生”，没有除尽的时候。你已经感受不到刀劈斧凿地去矫正孩子的缺点、目不转睛地盯着他的错误的时候，他是多么紧张、焦虑、自我怀疑和无所适从，他为了躲避这些情绪又产生了自我封闭和对你的抗拒，而你往往把这封闭和抗拒简单地归结于一个概念——青春期。

当你期待太多的时候，你和孩子往往就不能集中于发掘他自身的能力，发展他自己的优势和长处，以至于跌入焦虑和愤怒的情绪旋涡。所以有人说：通往地狱的路，都是由期待铺成的。

平时，我们常常用“眼里揉不得沙子”来形容一个人追求理想的境界，容不得半点瑕疵。不论做人还是做事，这似乎都该是一种值得称颂的追求。因为有了这样的渴望就会不断进取，不断超越。但是作为妈妈，我们的眼里一定得能揉沙子，能容得下孩子的缺点和过失，不能让一粒细沙，折磨得自己痛苦不堪，以至于忽略了孩子身上美好的东西，只忙于除掉这细沙而后快。容不得孩子的缺点和过失结果如何呢？

贾宝玉，本是一个“行为乖张”的“孽根祸胎”，是一个不管“他人诽谤”的“混世魔王”，可是在严厉的父亲贾政面前就换了一副模样，我们拣几处来看看：

第九回，宝玉要去家塾读书，去见贾政，贾政冷笑道：“你如果再提‘上学’两个字，连我也羞死了。依我的话，你竟顽你的去是正理。仔细站脏了我这地，靠脏了我的门！”……待宝玉出去，贾政又把跟着他的人叫回来嘱咐，宝玉呢——此时宝玉独站在院外屏声静候，待他们出来，便忙忙的走了。

整整一部《红楼梦》中，宝玉有几时“屏声静候”？

第十七回，大观园新落成，宝玉正在新园子里玩耍。遇见贾珍，贾珍和他笑道：“你还不快出去呢，一会子老爷就来了。”宝玉听了，带着奶娘小厮们，一溜烟跑出园来。方转过弯，顶头看见贾政引着众客来了，躲之不及，只得一旁站住。

整整一部《红楼梦》中，宝玉听见谁的名字还会“一溜烟跑出园来”？

第三十三回，宝玉刚刚听见了金钏儿含羞自尽，被王夫人数说教训之后，一面感叹，一面慢慢的信步走至厅上。没想到跟一个人撞了个满怀。那人把他喝住：“站住！”宝玉唬了一跳，抬头看时，不是别人，却是他父亲。早不觉倒抽了一口凉气，只得垂手一旁站着。

宝玉见到北静王也不过规矩有礼，收了礼物喜不自胜，哪里还有人猛然间撞见可以让他“早不觉倒抽了一口凉气，只得垂手一旁站着”？

如果宝玉这样一个地位尊贵，有贾母和王夫人百般庇护的纨绔子弟，在三观不合、天天盯着他的缺点错误的贾政面前都如此谨言慎行、战战兢兢，我们没有贾母撑腰、没有众人追捧的普通孩子又会怎样呢？一旦形成了习惯，日后，他在长辈、领导甚至同事面前可能都这样战战兢兢，这是不是跟你理想中的完美孩子相距甚远呢？

这只是凡错必纠的第一种结果。还有的时候，你凡错必纠，孩子就会创造更多的机会让你来纠错。

我女儿一岁左右的时候每天睡觉之前都乐此不疲地做一件事情，把她可以抓到的东西都扔到地上，甚至扔到床头跟墙的缝隙里。我一遍一遍地捡起来，那些用手够不到的地方只能找一个钩子钩出来，然后一遍一遍地对她说：孩子呀，东西拿着玩儿是最好的，不能扔到地上呀。后来我慢慢发现，她每次扔完东西都会扭过头看着我笑，等着我去捡去钩，尤其是等着我说那句话。我慢慢改变了方式，每次她扔完东西我都假装不在意，继续自己手头的事情，慢慢地，她不再用这样的方式唤起我的注意。孩子从小就会尝试各种方式来吸引你，反过来，妈妈的目光就是对她行为的最好滋养，很多时候，你一味地关注缺点和过失，孩子就会用更多的缺点和过失来反馈。

很多孩子都有“报喜不报忧”的习惯，就是不自觉地希望妈妈给他的优点和长处更多的关注，也是他自己对自己的缺点过失有耻感的表现，这种省察本身就是进步的开端。如果爸爸妈妈没有意识到这一点，对于孩子凡错必纠，有些孩子可能就会本能地在你面前掩饰自己的缺点过失，以至于又生出说谎的新缺点。然后，你们就在犯错、掩盖、唠叨、训斥、升级新错误之间轮回，最终导致孩子的错误没有得到纠正，亲子关系却越来越恶劣。

可是为什么我们看见孩子的问题第一反应常常是要纠正他呢？为什么我们要执着于培养一个完美小孩呢？或许是作为爸爸妈妈，我们太爱自己的孩子，认为孩子应该有更好的成绩、性格和未来；或许是作为爸爸妈妈，我们觉得培养一个完美小孩儿是自己的责任，没有做好就是没有尽到责任；或许是我们认为只有一个完美的小孩儿，才配得上我们完美的爱；或许是我们从小就被挑剔被纠正惯了，我们没有学会其他教育孩子的方法；也或许是因为我们自己的不完美或者有大缺憾，所以我们才希望孩子是我们最完美的作品……

实际上，大多数天才并不完美，《我不是完美小孩》的最后列举了达·芬奇、伽利略、莫扎特、贝多芬等十八个不完美但伟大的人。只有我们不再执着于纠正和否定孩子，才有时间有精力去发现并培养他的优势。

我曾经教过一个非常不完美的孩子，他跑操的时候很难跟别人节奏一致，只能让他自己跑在最后一排；他书写差到大家经常难以辨认他的字迹；所有的书本和试卷在他手里不到一周看上去就像是出土文物了。我用了无数个大大小小不同类型的夹子也没有教会他整理书包。三年里，差不多每一节课他都在那一堆“文物”里翻找需要的作业和课本。其实不光书包，刚入班的时候，他座位方圆一点五米的垃圾都是他制造的；上了初二，他还不大会用 2B 铅笔涂机读卡，我只好找来一沓机读卡让他每天练习；填写入团申请书的时候，他用红、蓝、绿三种色笔把申请书和团员证写得花红柳绿、参差不齐，我只好到团委去找另一套让他一点点重新填写。

就是这样一个不完美的孩子，在初三的时候，就已经以优异的成绩被某大学少年班录取。如果他的爸爸妈妈执着于纠正他的问题，必须要培养他良好的生活习惯和写字姿势，他必然没有时间投入到自己爱好的数学和物理，也必然不会有这么优异的学习成绩。

我还教过一个不完美的孩子，初中的时候，他数学计算题总是出错，说话声音很小，极不自信。但是他喜欢画画，虽然当时他画得并不是那么出色，但我找各种机会让他去画，找各种机会展示他的作品，还把自己珍藏的画轴给他，让他为全班七十多个师生画全家福。毕业的时候他数学依然不是那么好、人依然不是那么自信。他后来上大学读的设计专业，即将毕业的时候回来找我，给我送来他的第一部漫画作品《来一斤母爱》。他告诉我：老师，如果不是你当年发现我鼓励我，我不会是现在这个样子。这个孩子有了自己的作品，但他依然腼腆，依然不大自信，他依然不是那么完美。

其实，我教过的所有孩子都不完美，我自己不完美，我见过的所有家长、所有家庭都不完美，我们的学校、我们的教育、我们的社会、我们现在所过的生活也不完美。但是我们不够完美的孩子，可以拥有、也值得拥有不够完美却足够完整幸福的人生。

妈妈的眼里揉得了沙子，并不是要大家满足于现状或者撒手不管，有些错误还是必须指出的，只是你在表达的时候一定要就事论事，不要带上嫌弃、抱怨的情绪，更不要上纲上线地评价人品，断言未来。如果有能力，你可以用轻松、柔和甚至调侃的语气来指出孩子的问题，以化解孩子的尴尬，切忌反复唠叨以消耗自己和孩子的能量。

眼里揉得了沙子，是指在适当的时候、适当地忽略孩子身上的缺点。那些看得见的缺点，有些可能只是跟你的性格或审美甚至内心的假设不一致，不一定真的是缺点；有些则只是你的期待太高，孩子暂时达不到；有些可能是与生俱来，任你怎样都难以改变的；还有一些缺点、过失或者看似更严重的错误都是孩子成长必须经历的，甚至是孩子成长和成功的垫脚石。宽容这些缺点和过失，冷静地思考、发自内心地理解、默默地关怀和最真诚地信任，远远比盯着他的问题不放松有更积极的作用。只要爸爸妈妈在原则性的问题上绝不让步，孩子不会因为我们在某些时候的宽容而放纵自己，放弃成长。

其实这些你都曾经做到过，孩子学吃饭打翻了碗，孩子学喊爸爸妈妈喊出了奇怪的声音的时候，你都是一笑而过，那时候你从不给他贴“我家孩子吃饭就碰翻碗”“我家孩子走路就摔跟头”“我家孩子喊爸爸只能喊成‘dede’”的标签，那时候你坚定地相信孩子，集中注意力教他怎样才是正确的，并让他自己探索怎样才是正确的。我相信，科学的理念和方法，一定能让孩子明白，宽容和等待不是纵容，我们允许他犯错误，而他也必将主动承担提高自己的认识、规范自己行为的责任。

对于孩子的缺点和短处，比起反复纠正和提醒，还有一个更好的办法，就是要善于借势，借学校的活动把自己的指导渗透进去：比如学校的运动会、艺术节、朗读比赛、元旦联欢……再比如亲子活动、校园开放日，你都可以积极地参与并给孩子具体的方法指导，把你和孩子的注意力集中在自身的长处和优势的发展上，在解决具体问题的过程里培养孩子的进取心，激发孩子的正能量，那些缺点和错误，自然就慢慢软化，不再是你眼中的沙。

《我不是完美小孩》里面，几米引用了几句关于“完美”的名言，读来很受启发，摘录下来跟大家共享：

不要害怕完美，因为你永远达不到它。（达利）

为了追求更好，我们毁损了原已够好的。（莎士比亚）

我们活在一个由混乱形成的彩虹之中。（塞尚）

如果这世界完好，一点问题都没有，我们不就无事可做了。（萧伯纳）

完美有一个重大缺陷，它往往是无趣的。（毛姆）

到底是富养还是穷养

我们学校是私立学校，学费比较高，大多数孩子的家庭收入也是比较高的。

十几年前，我教过一个女孩儿，他父母和祖父母都是业内高管，家庭条件相当好。她有一个习惯，一到大课间就会到走廊里把开着的灯一一关掉；体育课后大家一起到洗手间洗手，她会等在同学旁边，在她们梳理头发的时候及时帮她们关掉水龙头。她说：天亮了开着灯太浪费；不用的水龙头滴着水太浪费。

再后来，我观察过我任课的另外一个班上的两名班长和他们的爸爸妈妈，非常有趣：男生班长阳光帅气率真热情，总是穿名牌，用名牌，他妈妈坦然地说：在我经济条件允许的情况下，给孩子穿得舒适一点、体面一点，没有什么不好。班上一个同学重病需要筹集巨款，这位男生悉数拿出自己的压岁钱，他的妈妈也几次慷慨解囊。女生班长朴素大方、周全得体，手表、衣服、鞋子都是妈妈从批发市场或者早市上买来的便宜货，同学们有时候会跟女孩儿开玩笑：你家条件挺好的，但好像你有个后母呀。女孩儿总是自在地说：没啥呀，我不一样穿戴吗？有什么区别吗？同样，在为同学筹款的时候，她毫不吝啬，她爸爸还专门为我们的公益活动写了一首诗《期待四十三天》。

他们分明是穷养男富养女的反例，他们的父母甚至没有太过考虑孩子成长中物质条件有着怎样的作用，至于“穷”着生活还是“富”着生活，只是他们的一种习惯，自自然然，也自自在在。

坚持富养女儿的人，认为富养了的女儿就不会被一块蛋糕哄走，这个逻辑显然是说不通的：如果富养是为了不被一块蛋糕哄走，那几块蛋糕哄走就算富养成功呢？两块大蛋糕是不是可以呢？两块大蛋糕还不行，一个蛋糕房是不是可以呢？那听上去我们不过是想用富养的女儿去交换一个等价的“物质男”而已，而我们的“物质男”又偏偏是被穷养出来，很难舍得在物质生活上投资的呀，好不矛盾！尤其是那些把自己的生活水平降低到温饱线去为女儿创造公主式的生活条件的爸爸妈妈，最后究竟换来了女儿的高贵气质还是匮乏虚荣，都极不确定，能否钓到“金龟婿”更是未知数。

那么穷养男呢？是不是穷了生活就可以砥砺精神和心智呢？想想也觉得哪里不通：难道一个家庭里要执行两套生活标准？穷孩子富大人？这样的话孩子心里不会有疑惑不解吗？穷养以砥砺精神有没有一个时间节点，也就是穷养到几岁就可以了呢？再者，既然孩子都要穷养以砥砺精神，大人的精神是不是也需要穷养来砥砺一下呢？那大人孩子执行一套标准，大家一起穷怎么样？这似乎更不通，难道提升家人的生活品质不是父母努力工作赚钱的重要原因吗？所以穷养男孩儿，这样的家庭想想就尴尬。那么所有穷养的孩子就都品格坚毅了吗？当然没有，要不然“面币吃面”的“赵德汗”们又是怎么产生的呢？要不然这几年为什么又开始出现“寒门再难出贵子”的讨论。也有人说穷养是为了给孩子挫折教育，这个更奇怪，难道孩子日常的考试、种种辅导班和兴趣班的奔波忙碌、亲子关系、同学关系、师生关系就都是一帆风顺的，就没有挫折以资学习，非得要人为地制造一些挫折给孩子才是好的教育吗？

经济上的贫乏或富有不能从根本上决定家庭教育的质量，而父母对于财富的执着或者对贫穷的恐惧和耻感则会直接影响孩子的心理发展。

古训穷养男富养女的“穷”和“富”显然不能单纯理解为经济上的贫富，在现实生活里，也不能按照性别做明确区分，因为社会进步到今天，女性对社会生活的参与，男性在家庭里所承担的工作已经大体一致。所以对男孩儿女孩儿的培养目标也是大体一致的。我们再来看看前面讲到的三个性别不同、性格各异的孩子，他们身上有着相似的东西：精神富足、个性独立、品格坚毅。穿名牌的不为炫富，极节俭的也不觉匮乏。我观察到的那些和他们具备一样特点的孩子，他们的家庭在很多地方也有相似之处，大致可以总结为这样几个方面：

保持良好的夫妻关系

良好稳固的夫妻关系，是孩子安全感的主要来源，是孩子形成稳定有序的内心世界的重要土壤。

央视播放的纪录片《镜子》曾在朋友圈刷屏，看几个孩子声嘶力竭、面容扭曲、充满仇恨，看几个家庭剑拔弩张、硝烟弥漫、充满隔膜，实在太沉重。片子比较短，对每个家庭的讲述都是只言片语。就是在这只言片语里，我们也看到了夫妻关系的不和谐，家庭成员之间的隔膜。

在 18 岁的高三孩子张钊的记忆中，爸爸笑的时候很少，“他跟我妈在一起的时候，除了吵架就是吵架，跟我在一起的时候，除了看电视就是看电视”。在和父母的冲突中，张钊几次想自杀。他对记者说：“他们（指父母）平时就说，什么事儿你让他干吧，他不敢干。其实他只要每一次说这句话，就是说，‘你跳下去，你让他跳，你看他敢吗’，他每次说完这句话，我就想，我要是再回家，我就是孙子。”

14 岁的初二男生泽清，母亲是医务工作者，大学本科。父亲是事业单位职工，大学本科。夫妻关系不和睦，他们经常跟泽清说家里没钱、很穷，泽清如果不上学，就赚不到钱，爸爸妈妈试图以此来激励泽清好好学习（看上去也是坚持要穷养男的）。泽清说：“我妈那一块，就是比较暴躁，然后有一些家暴的行为，讲到最后，她一定都说自己是对的。我爸跟她解决不了的时候，一般就会用暴力。”

我们当然愿意所有的家庭都稳定和谐，但是很多家庭都像张钊和泽清的家庭，夫妻关系并不是那么理想，或者在某些时候不理想。如果是这样，建议夫妻双方尽量不争吵、不冷战，一旦发生争吵、冷战，事后也尽量用积极的方式去解决。要让孩子明白：这是爸爸妈妈之间的事情，爸爸妈妈遇到了相处的难题，这并不影响爸爸妈妈爱孩子，爸爸妈妈的恶劣关系跟孩子无关，不需要他承担责任。切不可把孩子变成自己要挟对方的筹码，或者把孩子拉过来做自己的同盟，无论何时，夫妻双方都要表达出对彼此的尊重。

一个足够有力量的家庭，一对能够积极解决问题的父母，才可以真正给孩子支持和力量。孩子会从父母相处的模式里习得与自己、与他人、与困境相处的模式。当他遇到困难，比如同学矛盾、情感困惑、被老师批评、学习不顺利，他会主动向父母倾诉和求助，他也往往能够在父母那里获得支持，并因此而内心富足坚定。

给孩子无条件的爱、欣赏和信任

我们前面讨论过孩子刚刚出生的时候，我们爱他生命本来的样子，可是后来，父母的爱常常会附加一些条件，并用语言明确地表达给孩子，我们的爱是有条件的："你不回家我就不喜欢你了。""你再哭，妈妈就不要你了。""你看你脏的，谁喜欢这样的孩子。""你怎么才考这么点分，真丢人。""你不能像小北一样听话吗？真让我不省心。"我们不是爱着孩子的独特和唯一，我们总是需要他做到什么或者长成什么样子，达到这样的标准，才会爱他，孩子怎么能建立安全感、获得自我价值感？

有次家长会时安排家长发言，一位妈妈的发言稿里有这样一段话：

学校里的考试总是不断，孩子的分数也会起起伏伏，我从来没有因为孩子成绩不理想而责备过她，更没有因为孩子的成绩高与低而更亲近或者冷落她，尤其不因为孩子成绩不理想给她脸色看，我希望自己传递给孩子的是这样的信息：妈妈爱你，就因为你是妈妈的女儿，没有任何的附加条件。这样一种无条件的接纳，还体现在生活的方方面面，包括孩子的肤色、容貌、身材、性格、待人处世的方式。我会告诉孩子，我爱的就是现在的她，也许她在人群中不是最漂亮的、不是最受欢迎的、不是成绩最优秀的，但是这些都不妨碍我爱此刻的她，因为她是上天赐予我的最好的最珍贵的礼物。我感觉，这样表达自己的爱，除了让孩子了解她在我心中的地位，也在很大程度上决定了孩子的自我认同，因为孩子小时候常常是通过妈妈的眼睛来观察自己的，只有她感觉到妈妈眼里的自己是可爱的，她才会认同自己、爱自己。

的确，一个生活在这样充足的母爱里的孩子，内心世界会充盈饱满，柔软而有力量，投射到外界的，也必然是丰富和美好。

致力于打开孩子的眼界

这几年有句话很流行：生活不只是眼前的苟且，还有诗和远方。以至于衍生出了很多：你眼中的苟且，或者正是别人的诗和远方；苏轼把别人眼中的苟且，活成了诗歌……

这是高晓松记录妈妈教育他和妹妹的话：我妈说，生活不只是眼前的苟且，还有诗和远方。我和我妹妹深受这教育。谁要觉得你眼前这点儿苟且就是你的人生，那你这一生就完了。生活就是诗和远方，能走多远走多远；走不远，一分钱没有，那么就读诗，诗就是你坐在这，它就是远方。

高晓松的妈妈、高晓松还有他妹妹，一直在世界各地流浪。我们听到这句话，当然不会都选择这样的生活方式，但是爸爸妈妈可以在“诗和远方”里，让孩子看见他人生发展的边界，看到人生的各种可能性。

我们每个人的生活范围和经历都是有限的，这必然限制孩子的发展，见过越多不一样的生活、越多不一样的人生的孩子，给自己的人生设限也就越少，他人生的可能性就越多。有着开阔胸襟和包容态度的爸爸妈妈，才会允许各种可能性存在。从这个意义上说，爸爸妈妈应该在经济条件许可的情况下，尽可能地带孩子去看世界的多样性，尽可能地用各种书打开孩子的眼界，让他在书中与不同的人对话，在对话中更多地发现自己、发展自己。

把孩子生活的主动权和选择权交给孩子

我们带孩子看了那么多别人的生活，绝不是为了让他复制别人的人生或者父母的人生，而是让他看到自己发展的可能性，最大化自己人生的边界。在信息泛滥的自媒体时代，信息传播的成本低到几乎为零，信息传播的速度又快得惊人。常常是上一个小时你看到一条信息，下一个小时你就会看到人们对信息数据、发布动机的种种质疑，一会儿你又会看到有人对前两类人的评判，让人觉得好像在看一档是真是假的节目。

手机被刷屏的时候，我们可以屏蔽、删除、清空、取消关注，可是，如果孩子的大脑也被刷屏呢？他们那么年轻，有很强的可塑性，一旦被不知真假优劣的信息理念刷屏，失掉了自己的判断，这会是一件多么可怕的事情！二十年后，他们将是中国各个领域的掌门人，如果用被刷过屏的大脑与美国日本较量，这又是一件多么危险的事情！所以父母有责任培养孩子独立思考的能力，给孩子的大脑建起一道防火墙。

哥白尼坚持日心说，没有被旧的观念刷屏，于是这个世界不再天圆地方；艾伦·麦席森·图灵坚持机器可以思考，没有被人们的怀疑刷屏，于是有了计算机的雏形；莫言坚持捍卫长篇小说的尊严，没有被把长篇写短的言论刷屏，于是有了让中国骄傲的史诗般的巨著；斯蒂芬·霍金坚持探索，没有被自己曾经的观点刷屏，于是一步一步走到了这个宇宙的最深处……

他们因为有着丰富的学识、冷静的观察、深入的思考以及为科学和人类发展而勇于担当的责任感，才能坚定自己的认识与判断，不被人言与权威刷屏，成为推动人类发展的引擎。

没有人能够穷尽所有的知识，但是在追求知识和提升能力的过程中，孩子可以形成独立思考的能力和完整的人格，这样才能在选择的时候，减少甚至杜绝大脑被刷屏。

稳固的关系、流动的爱、独立的思考、开阔的视野所培养出来的孩子，不论性别，必定精神富足、个性独立、品格坚毅。这样的孩子才能在繁华和喧嚣之中听到自己心灵的声音，知道自己的需要，也有能力达到自己的目标。即便一时不能达到，也可以承担这个后果，并继续为之努力或者选择调整方向。至于经济上，我主张量力而行和顺其自然，坚毅的品质不必在严苛的物质条件里去培养，因为良好的物质条件本身就可以提供丰富的教育资源，不用岂不可惜？不溺爱、不过度保护、陪孩子共渡难关，一定可以更好地培养出坚毅且柔软的特点来。

我们很难保证孩子一生富有，“穷养”“富养”不过是为了孩子有一天能够独立面对世间的一切，包括艰难的抉择和困顿的境界。所以，愿每一个孩子都心灵富足，如果有一天真的困窘到只能推着破旧的自行车在市场上和一些老妇人挤在一起挑选未烂掉的菜叶，也希望他们依然能保有骄傲的灵魂，依然能把自己的心高高举起。

让我们来谈谈爱情

朋友的女儿小惠是我看着长大的，就像我自己的女儿。初三第二学期开学，她们母女突然遇到了难题。

朋友来找我说：小惠早恋了，怎么办呀？唉，这种事儿终于发生在自己身上了。

我俩早就一起聊过这个话题，说起过不知道我们的女儿从什么时候开始恋爱，说的时候心理很复杂：我们确定孩子会恋爱，因为她们都是情感发展正常的孩子；我们担心她们会恋爱，因为我们不知道她们能不能处理好感情问题，不知道这份感情会在哪个年龄段发生，不知道她们会不会受到伤害，也不知道我们自己能不能帮孩子处理好感情问题；我们有时候也会憧憬孩子恋爱，因为我们会想象孩子在美好的恋爱中变成更美好的自己……我们当初没有想过，孩子恋爱，会疏远和爸爸妈妈的关系，因为我们觉得自己可以理解孩子的情感，允许这情感发生，我们约定一定不要因此跟孩子发生冲突。

可是，谁知这件事情发生在关键的初三。

朋友继续说：剩几个月就该中考了，这孩子还断不了跟男生的交往，我跟她的班主任都要急死了。

我问：你确定这一定让小惠中考考不好吗？

小惠成绩优异，在年级里排名一直挺靠前的，而她妈妈的担心里有一个假设：这个时候恋爱了，一定会导致中考考砸。

朋友说：难道不会吗？小惠班主任上学期就发现他俩交往过密了，把我跟小惠她爸叫到学校一起跟小惠谈的。假期我们又做了她的工作，小惠也答应不跟那个男生来往了。谁知道今年一开学，他俩正在教室说话，老师在班上点名批评了他们，又把我们跟男孩儿的爸爸妈妈还有两个孩子叫到一起，批评教育他们，让他们写保证，要求他们保证中考之前没有任何来往。回来我又骂了她一顿，可是我也不敢保证他们真的不来往。

听到这儿，我心里特别难过，妈妈说着自己的担心和焦虑的时候，丝毫没有考虑小惠的感受，我说：小惠现在多可怜呀！老师因为这样的事情在班上点名批评，孩子一定觉得特别难堪，心里得多难过呀，你不但没有支持她安慰她，反倒还训她，不是把她往男孩儿身边推吗？

朋友这时候掉了眼泪：是，小惠也说，“我没有想到，因为这件事情，还能影响我们之间的感情，我们以前那么好，现在你们看我哪儿哪儿都不对。”唉，我不是不知道该怎么办么，一着急就没有控制住。

我：我觉得现在最重要的事，不是想着怎么控制她，而是向她表达你的心疼、你的关心，告诉她你因为焦虑说了一些过头的话，其实你心里一直是跟她在一起的，是支持她的。你要是说不出来就给她写个纸条，千万不要再对孩子训斥或者跟她冷战。

朋友还担心：老师那儿怎么办？老师让我盯着她，有什么问题赶紧跟老师汇报。

我：老师那里，态度上一定坚定地支持，行动上可以自己把握；小惠这里，情感上一定要坚定地支持，行为上也要指导。

朋友：其实我觉得小惠跟这个男生交往有一半是喜欢，还有一半是学习压力比较大，跟这个男孩儿一起能有个人倾诉一下，缓解压力。

我：你看，你其实是可以清醒地看待这个问题的。既然你觉得小惠跟男孩儿交往是这样两个原因，那就可以从这两个方面来指导她呀。一是怎么处理自己对男生的好感，才可以让两个人都有更好的发展，而不是两个人都因为这段感情受到伤害；二是学习上的压力，中考的焦虑又该怎么化解。这两个问题都不是用训斥可以解决的。

很多时候，尽管我们事前有过种种学习，也在脑子中假设了事情发生时自己的种种反应，可是真的处在情境中的时候，之前的一切心理准备就都没有了作用。成人都是这样，更何况孩子呢？

在最初对异性产生好感的时候，多数孩子心理是很复杂的。他们会感觉到美好和向往，会觉得神秘，想跟人分享又迟疑、犹豫，甚至带着一点点愧疚和担忧。因为从我们的整体的文化环境来看，虽然我们没有把早恋视作洪水猛兽，但是对初、高中阶段男女生之间的交往并不是一种鼓励的态度，我们做不到像西方人那样去教孩子甚至鼓励他去恋爱。孩子们自己内心对这一点也是认同的，或者至少是部分认同的。他们很需要学习平衡自己和对方、向往和恐惧、感情和学业的关系，对于孩子来说，这并不是生而知之的，那么谁来承担这方面的指导呢？实际上，孩子也从他接收到的种种信息里猜测和辨别，多数孩子心里认为父母和老师是会阻止甚至训斥的，所以父母和老师往往并不是他们这些感情和情绪的第一倾诉者。

老师的消息来源，常常是过密的交往、同学的八卦、发现小纸条。老师们一般都会先观察，只要孩子们没有不正常的举动，不彼此伤害，绝大多数老师在发现的时候不会采取全班点名批评、把孩子和家长喊到一起写保证这样极端的方式处理。如果你刚好遇到了这样的老师，要尽量在老师采取这样的方式之前，先跟老师交流：诚恳地说出自己的顾虑，表明支持老师的态度，并保证自己可以跟孩子一起处理好这个问题。如果跟我朋友遇到的情况一样，老师已经在班上公开处理了，那你一定要第一时间在感情上表达对孩子的同情、理解和支持。很多家长会担心，这样是不是不支持老师，会不会让孩子跟老师产生隔阂。其实，只要你表达得合适，是不会有这样的后果的，这个我们后面再讨论。

孩子上了初中以后，开始有了自己的小秘密，很多妈妈会偷偷翻看孩子的聊天记录、日记本、书包，发现点蛛丝马迹就特别担心。首先你最好不要偷偷去看孩子私密的东西，因为一旦看到一些你认为不好的情绪、矛头和事情，就会面临说与不说的难题，而孩子写下来的和实际做的事情之间还是会有一些差距的。你看到孩子写的内容，常常会担心害怕。有的家长会不讲方法地直接跟孩子摊牌，这会让孩子感觉到被冒犯而气愤。也有的家长会把这个难题转交给老师，我就经常收到这样的电话：老师，我看他的书包里有个纸条，是……内容，我不知道怎么办，你侧面帮我处理一下吧。这样的妈妈最后总会加一句话：你别跟他说是我告诉你的。除非我刚刚好也发现同样的问题，并且我觉得需要干预一下，否则我只好说：这个忙我帮不了，你不让我说怎么发现的，还要让我处理这件事情，让我做恶人，这么不划算的事情你不干我也不干。

可是，总有一些妈妈不了解孩子的情况就不踏实，总是忍不住偷看孩子的聊天记录和日记，或者听其他家长八卦，或者被老师通知而知道孩子早恋了，这个时候千万不要忙着去阻止，因为不管你是讲人生大道理还是粗暴干涉，于孩子来说都是不接纳。从你这里得不到情感的认同和支持，他自然就会想方设法隐瞒和欺骗。所以最好的处理方法还是先观察，不处理，确实需要指导的时候再想办法干预。

其实很多家长在孩子早恋的时候没能控制住情绪、调整好言行，是因为大家心里有着和我朋友一样的假设：早恋了成绩必然会下滑。有这样的认识，难免会对孩子批评、指责、说教，甚至限制孩子的出行、通讯，也有些家长害怕孩子们在上下学的路上单独相处，以天天接送来控制。一旦这样，孩子势必会从学习处理情感问题转移并复杂化为处理怎么躲避你的跟踪，怎么应对你的盘问和审查，这样他自然就站在了你的对立面。所以，爸爸妈妈本来是要控制孩子早恋，反倒对孩子的情感推波助澜，因为你的严苛恰恰会让孩子体会到对方无条件的信任和支持，与之更亲密了。当这么多复杂的事情和感情袭来的时候，以孩子的能力很难处理好，成绩常常真的就滑下来了，而爸爸妈妈必然又会把这种下滑解释为早恋的结果。实际上，我见过一些有早恋倾向的孩子，相互鼓励，相互促进，最终都收获了很好的中考成绩；我也知道我自己的学生，有高中恋爱相约考入清华、北大，并一直保持关系到现在的。

的确，很多孩子和家长在处理早恋问题的时候，更好地发掘了其中的资源。既促进了亲子关系，也让孩子学习了怎么处理情感问题，怎么平衡多方面的关系，让孩子获得了成长。

比如，有个妈妈在中考前给我发来一条信息说，“谷老师，我给您QQ发了一封邮件，请查收一下”。我节选部分内容跟大家分享。

谷老师，我好紧张呀。昨天晚上我跟女儿一起出去吃饭，她突然跟我说“妈妈，我有喜欢的人了”，妈呀，这都要中考了呢，我担心死了，但是我还是控制住了，我是这么说的：真的？我女儿也有喜欢的人了呀。是谁呀？我认识吗？他知道吗？

老师，你猜她怎么说，她竟然说“是××，他知道，其实是他先喜欢我的”，我赶紧讨好女儿，那说明他眼光不错嘛，我女儿这么优秀的孩子。说完我才补了一句：你觉得你俩现在的交往影响到你们学习了吗？

女儿说：其实我们也没啥，就是偶尔聊聊天，谁情绪不好了鼓励一下对方，不过好像也会分心的。不过妈妈，你放心吧，我会处理好的。

我这才有点底，对女儿说：好的，我相信你，你是第一次学习处理这样的感情问题，有什么需要妈妈帮忙的跟我说呀。

谷老师，你看我这样说行吗？

我回复：我给你点一百个赞！

这个妈妈就很好地认同了孩子，赞赏了孩子，表达了对孩子的好奇，她没有急于阻止或者指导，而是巧妙地用“这是第一次学习”，暗示给了孩子这不是她的全部感情，还在最后表达了对孩子的支持。真的是一个智慧的妈妈。

其实很多孩子在遭遇早恋的同时会遇到另一个问题，就是八卦，如果孩子没有很好地保护自己的隐私，周围同学的八卦给孩子的干扰就会超过早恋本身，尤其是女生。所以妈妈还有必要告诉孩子，只有远离八卦，才能纯净美好。让孩子明白最好不要让自己成为八卦的中心。如果她欣赏某个同学，把这个想法放到心里是最好的，当她放在心里，日后回忆的时候，永远是美好的！如果他没有把感情放到心里，找了一个关系不错的同学，分享了秘密，然后这个关系不错的同学还有一个关系不错的同学，然后关系不错的同学还有另一个关系不错的同学，“关系不错的同学”会以几何倍数递增。于是她就变成了八卦的中心。在不断传播的过程中，孩子们的好奇甚至猎奇心理，就会让本来美好的感情变味甚至变质。孩子愿意让别人把自己那么美好的情感去嚼耳根子吗？

也许你觉得自己没有机会跟孩子谈爱情的话题，确实，我们的文化里，很少有家庭可以在孩子十三四岁的时候就跟孩子坦诚地谈爱情的问题。其实我们还是有很多机会的，比如，看《哈利·波特》可以讨论一下哈利·波特和张秋的关系，读《草房子》可以讨论一下桑桑对纸月的感情……翻下我们的语文课本，有中国最早的爱情诗《蒹葭》《关雎》，还有《致女儿的信》，这些作品里都有对爱情最美好的描绘，和孩子讨论的过程中，你既能了解到孩子的看法，也可以适当地对他加以引导。

《致女儿的信》是苏联教育家苏霍姆林斯基的作品，女儿十四岁的时候问他“什么是爱情”，于是他给女儿写了一封信，用一个动人的故事讲了自己对爱情的理解。我在讲这一课的时候经常会留一个“大胆的作业”——回家问一问爸爸妈妈“什么是爱情”。毕竟在紧张的初三，叛逆的青春期，懵懂的少年时，如此冒昧、如此放肆、如此不含蓄、不内敛的问题，很多家长都会忽略的，所以每次我都做好了收不到答案的准备。在过去的两轮教学里，我曾经两次留了这项作业，每一次都有百分之五十左右的孩子敢于向爸爸妈妈问出这个问题，问出问题的又有百分之五十左右的孩子能收到答复，收到答复的孩子中又会有百分之五十左右对答案表示满意。

希望可以坦诚地跟孩子谈谈爱情的爸爸妈妈越来越多，这样，爸爸妈妈和孩子对于早恋的困惑就会越来越少。

为人父母要讲点说话之道

昨天在超市里看见一个年轻的妈妈声嘶力竭地训斥一个三四岁的小女孩儿：

你答应过妈妈，要做个好孩子，现在你还一直哭，你怎么这么不听话！

小女孩儿使劲儿仰着头看着妈妈，一边哭一边说：你也答应过我做个好妈妈，可是你现在还发脾气。

妈妈：我是答应过你，可是你不听话我就不能生气吗？

小女孩儿拉着妈妈的衣服继续哭：可是你这样我真的很害怕，你说过要做个好妈妈。

妈妈继续：你必须先闭上嘴，不能再哭，不哭了我们再讨论这个问题。

…………

妈妈的训斥显然没有什么作用，因为孩子哭的原因除了愿望没有被满足，还有妈妈的态度，小女孩儿依旧拉着妈妈的衣服大声地哭，大声哀求。旁边的顾客倒是被吓到了，都悄悄地绕着走，不敢大声说话。

作为父母，我们对孩子有教育和指导的责任，但是一定要用孩子听得懂的语言，对于一个三四岁的孩子来说，“好孩子”“好妈妈”的概念看似听懂了，其实并没有完全明白，尤其是在情绪激动的时候，孩子根本考虑不了这么多。这个孩子虽然小，但是表达得很清楚：妈妈的态度让她很害怕。可是这位妈妈始终纠缠在自己的道理和自己的情绪里面，根本就照顾不到孩子的情绪，也就没有办法回应孩子的情绪，所以孩子始终处于不安全的感觉里，不能缓解。

我们对孩子的说话方式里，藏着我们对孩子的接纳、理解和尊重程度，藏着我们对孩子的期待，也藏着我们自己的情绪和心胸。在孩子无理取闹或者发牢骚的时候，妈妈的第一反应常常是：他这么想不利于他的成长，他这么做会影响他和同学的关系，他这么想就是不尊重老师，他这么想就会不快乐，他这样想就是厌学……所以不能让他这样想这样做。有了这样的认识，妈妈常常顾不上接纳孩子的感受，而是陷入劝阻、解释和教育的怪圈，交谈常常会以争执收场，或者看似和孩子进行了交流，也只是从道理层面上对孩子进行了单方面的教育，并没有解决孩子感受层面的问题。实际上对于很多道理，我们在理性上都可以接受，就是感情上总觉得疙疙瘩瘩别别扭扭。

我们还是再来看一下电影《朱诺》里面，朱诺的爸爸是怎么应对朱诺吐槽的。有一天，朱诺发现领养家庭的丈夫有问题，回到家对爸爸说：我对人性失去了信心。

当时爸爸正在操作台上修理什么东西，他并没有急于回应这一点，而是问：

朱诺，你去哪里了？

朱诺：我在外面处理“大人”的事，我只是对人性失去了信心。

这时候爸爸说：能具体说说吗？

朱诺：我只是在想，两个人能不能永远在一起。

爸爸帮她澄清：是说伴侣吗？

朱诺：对，相爱的两个人。

爸爸继续问：你有感情问题吗？你现在这种状况我不赞成你约会，这样有点混乱。

朱诺：我只是想知道，两个人能永远幸福地在一起么。

爸爸：这当然不容易，我知道我的记录不怎么样，不过我跟你后母在一起十年了，我可以很骄傲地说我们很幸福，我觉得最好的事情是，找个能爱你原本样子的人，好坏美丑随便，这种人就值得在一起。

朱诺：对，我想我找到那个人了。

爸爸调侃：当然，那就是你老爸，你知道我永远会爱你支持你，不管你碰到什么烂摊子。

如果你听到孩子“对人性失去了信心”这么悲观的话，会怎么回应呢？

在朱诺与爸爸的对话里，爸爸没有急于劝解朱诺，而是用“能具体说说吗”让朱诺把问题说得更清楚；之后，他依然不去教育朱诺，而是用自己的经历，用“我觉得”来谈自己的看法；最后，爸爸用调侃表达了对朱诺永远的爱和支持。在这个过程里，爸爸表明了自己的原则：不赞成朱诺在怀孕的情况下跟男生约会。

让我们来总结一下孩子表达负面情绪的时候，跟他交流的原则和步骤。

原则：一是，装着这个孩子这个年龄段的认知特点、接受能力和当下的感受。二是，就事论事，不要上纲上线，讲道德呀、人品呀、孝道呀，我们都是为你好之类的。

步骤：一是，第一时间认可、接纳孩子说的事件，尤其是认同他的感受和情绪。二是，用开放式的回应，打开孩子的心扉，让孩子能够把他遇到的麻烦和困惑说清楚。三是，帮孩子分析他遇到的问题，引领他自己探索和思考。尽量用“我觉得”“我认为”的句式来表达意见，而不是“你应该”。

比如，期末复习阶段，孩子学习压力比较大，感觉很辛苦，他有可能会说：哎呀，累死了，我都不想上学了。这个时候妈妈不要慌，多数情况孩子只是在发泄情绪，说说而已，他不会真的不去上学，妈妈最好不要说：大家都一样，不是只有你自己累等等。按照上面说到的步骤，我们就可以先认可他的情绪：就是，妈妈也看你最近挺辛苦的。然后问他有没有缓解压力的办法：你打算怎么放松一下呢？如果孩子有想法，那么我们需要评估一下他的要求是不是合理，然后决定是不是支持。如果孩子没有具体的想法，那我们也可以帮他想办法放松：要不这个周末我们一起去看一场电影吧？孩子得到了认同和理解之后，也会评估妈妈的建议是不是合理，也就是说看一场电影时间是不是太长，或者是不是他喜欢的放松方式。这样说话，我们和孩子的交流就比较容易集中在如何放松情绪上。

有的时候，孩子的抱怨可能会更广泛，如考试制度和教育制度。有些爸爸妈妈一是担心孩子会因此而厌学，二是觉得作为家长有责任教育孩子理解政府理解社会，于是第一时间就会说：哪里有那么完美的教育制度，我们国家人口这么多，考试还是相对公平的选拔机制……于是，就又陷入了说服教育的模式。有些家庭认为，不让孩子接触这些信息孩子就不会有负面情绪，于是在家里闭口不谈社会的负面消息，但是我们并不能完全切断孩子接收信息的渠道，所以我们可以在孩子面前有选择地谈论负面新闻，也可以引导孩子跟我们一起来探讨对这些负面事件的看法。父母在讨论这些事件时的态度，比这些事件本身给孩子的影响还要大。如果我们日常讨论的时候可以不批评不抱怨，用接纳的、包容的心态来看待社会的不完美之处，孩子也就会对社会对人生有更多的包容。

作为父母，我们有必要引导孩子客观公正地认识社会，认识世界，辨证地看问题，而孩子们也需要培养思辨能力。如果有能力，我们还可以给孩子提供一些介绍不同国家的教育理念和教育方法的文章，让孩子自己阅读，然后再跟他进行讨论。

其实爸爸妈妈最头疼的还不是孩子抱怨考试、抱怨教育制度，而是抱怨老师。因为爸爸妈妈大都是认同“亲其师信其道”的，担心孩子会因此而不喜欢学习、不喜欢老师。也会有一小部分爸爸妈妈总是通过孩子的牢骚来评价老师，从而判断老师对孩子不够关注。老师需要从班级整体的角度来考虑问题，确实不可能像家长一样只考虑某一个孩子，但是绝不会故意忽略某一个孩子，或者对某个孩子单独使用一种标准。所以，先不要被孩子一时的抱怨影响，想象出老师跟孩子的关系或者老师对待孩子的方式，然后被自己想象的世界所折磨。

不管是上面的两种心态中的哪一种，我们都可以想想看，自己平时是不是抱怨也有很多呢？如果是，那么调整自己的心态是第一位的。当孩子抱怨老师的时候该怎么认同孩子的感受呢？如果可以的话，幽默地回应孩子的情绪，又能轻松地化解孩子心中的疙瘩就是最智慧的。

如果做不到幽默，那么在孩子抱怨的时候，你可以做个捧哏，只需要用“嗯”“啊”“是吗”“这样呀”回应他就好，既不评价也不指导。等孩子自己过了这段情绪，再找合适的时机委婉地跟他交流，帮他澄清认识；或者委婉地表达自己的担心：其实那天听你那样评价老师我挺担心的，你真的不认可老师的做法吗？注意要用“老师的做法”，而不是这个“老师”，因为当你用“做法”的时候是在事情的层面跟孩子讨论，就已经用语言帮孩子澄清，他当时可能只是对老师的某个做法不满，而不是对老师整个人都不满。这样讨论既避免了孩子对老师不满情绪的升级，也让孩子容易接受，讨论就比较容易进行。在上一篇里面，我们谈到如果老师对孩子的早恋行为采取了极端的方式处理，孩子情绪不好，用这样的方法处理就可以在老师和孩子之间起到很好的调节作用。

爸爸妈妈们经常说：我知道学校早该出成绩了，可是他就是不告诉我们，想问又不敢问，只能问老师了。孩子不主动说的大多是不理想的成绩，如果在孩子的经验里，成绩不理想的时候没有在爸爸妈妈那里得到鼓励和支持，他就会选择不说。

孩子成绩不理想或者犯错误的时候跟爸爸妈妈吐槽，我们第一要回应他的失落的情绪，“考不好挺伤心的呀。”“被老师批评是不是怪尴尬的？”“事情没做好有点失望吧。”这种回应也不一定都用语言表达，还可以是抱一抱，摸摸头，以此来表达对他的接纳和同情，之后再跟孩子去分析具体的学习环节，聚焦在具体的工作上，交流就会比较顺利。当然，聚焦在问题上讨论的时候，爸爸妈妈最好用启发性的语言而不是把自己的观点灌输给孩子，你可以这样问：你感觉自己没有做好的原因是什么呢？你想怎么调整自己呢？你需要我们怎么帮你？同样，如果你容易情绪失控，经常把交流和指导变成自己的情绪发泄，选择写信的方式会更好一些。

也有一些爸爸妈妈可以处理好孩子考试受挫，却总是在孩子获得成功的时候给孩子泼冷水，常见的说话方式就是：你这次确实考得还不错，但是千万不要骄傲呀；就这么一点点进步，千万不要得意忘形呀；你这次确实做得挺好，要是能天天这样不就能考进你们班前三了……天，听着我都觉得累得慌，这些句子的核心都在后半部分，孩子从中感受到的不是鼓励和赞赏，而是：不要骄傲，不要得意，你应该更好。我主张，孩子不管在哪个方面获得成功，都要用语言直接地、不遗余力地赞赏。只要我们的赞赏是指向孩子行为的，他往往就会用更多这样的行为来反馈。我们之前就说过，我们关注什么，就是在培养什么。

生活里还有很多随机事件，我们一不留神就把说话变成了发泄情绪，比如：

早晨起床，孩子慢了：你还不快点，是要让我迟到呀？

孩子书包随处乱丢：书包就扔到这儿，你是要把我绊倒呀？

孩子看电视：都看这么长时间了，你能不能把电视关了呀？

…………

看看上面这几句话，如果孩子回应是不是特别容易集中到后半部分？而后半部分已经脱离了事件本身，只是妈妈的情绪发泄，孩子针对你话语的后半部分做回应的时候，特别容易引发没有意义的争执，因为你们会纠缠在是不是故意让你迟到、是不是故意要把你绊倒，而这并不是事情的本来面目。所以，去掉说话时的情绪，不用反问句，用“我”做主语来陈述事实，用祈使句提要求，会让爸爸妈妈和孩子之间的沟通更顺畅。上面的三句话可以变成这样：

我快要迟到了，你动作要快一点儿。

把书包拿起来放好。

把电视关掉吧。

去掉自己的情绪和是非评价，装着孩子当下的感受，指向具体问题，是和孩子说话最重要的三点。

《琅琊榜》里面有个情节，我印象很深刻，靖王对静妃说自己要参与夺嫡，而那时候的靖王，不管从哪个角度看都没有跟太子和誉王竞争的实力，但是静妃听了之后，镇定地说：“那好，从今后，我们母子生死共担。”

能用这样的话回应，需要的不是技巧，是气度、胸襟以及对儿子无条件的信任和支持。这些，是每一个妈妈需要用一生来修炼的。

女儿教会我的

我女儿垚垚，1998 年出生。她让我体验到做母亲的幸福与不易，也像镜子一样照出我的不足。我常常以为自己是她的母亲，年龄比她大那么多，自然有很多地方可以教导她，可实际上，经常是她在教育我。

我也是个人

垚垚三岁左右的时候，经常跟爸爸斗嘴。有一天我在厨房做饭，听见两个人又斗了起来。爸爸批评垚垚看电视时间太长，要她关掉电视，垚垚说还没有看完正在看的节目，说啥也不想关，还说爸爸自己也经常看电视。爸爸说自己是大人，上班累了需要看电视放松一会儿，垚垚还小，看电视时间长了对眼睛不好。我一般不参与他们的争吵，但是一会儿垚垚就跑来跟我告状了，她气鼓鼓地说：妈妈，爸爸不让我看电视，可是他也是个人，我也是个人，为什么他就可以看电视我就不可以看电视？

我跟她爸爸交流过好多次：我们是爸爸妈妈，我们总认为自己做的事情都是有道理的，我们却用完全不同的行为标准去要求孩子，孩子往往是按照我们做的做，并不是按照我们教的做。家里不需要讲太多道理，想要让孩子做到什么，自己先做到就是了，问题是我们要求孩子做到的常常正是自己就做不到的。比如，少看电视，不玩手机。

其实这个道理很多人都讲过，而垚垚，用她清晰的表达让我深刻地理解这一点的同时，还让我明白了另一个道理：一个三岁的孩子就意识到自己作为一个独立的个体存在，她有自己的意志和判断，具备基本的逻辑推理能力，要求跟成人一样的权利和自由，不喜欢来自外界的控制。如果我们简单地使用“你应该”和“你不应该”给他下命令，简单地以家长的身份来要求他听话，我们有可能会培养一个听话的孩子，我们跟他的互动会省力很多，但代价是那个有着鲜明个性的“人”就消失了。

爸爸妈妈必须先做到希望孩子做到的事情，不去做不希望他做的事情，用自己的行为影响孩子，并且真正尊重孩子的权利，让他选择自己的生活，并且让他在被尊重的过程中学会尊重规则、尊重他人。

比如，看电视、玩手机之前先商量好玩的时间，在约定的时间到了之后坚决按照要求关闭手机和电视；在到公共场所之前约定不能大声吵闹，否则就要坚决带他离开；写作业之前让他初步判断需要完成的时间，因为不专注而拖延了时间，那么到了时间也就不能再写……

在这个方面西方国家做得更好一些。他们尊重个体的自由，但是他们又极其有序，坚决反对打扰到旁人的行为。同事给我讲过她带学生到美国参加夏令营时，发生在寄宿家庭的一件小事：晚餐的时候，她和女主人以及女主人的两个儿子一起吃饭，中间，七岁的小儿子给妈妈沙拉酱，从我同事的头上递了过去，然后小儿子坐下接着吃饭，这显然是不礼貌的。这时候寄宿家庭的妈妈和大儿子都放下手里的刀叉，看着他反复说：Say sorry! Say sorry! Say sorry! 同事有点不好意思，说：没事的，没事的。但是妈妈和大儿子一直坚持，直到小儿子说：I' m sorry。

事后，同事跟这位妈妈聊起这件事情，妈妈说：不能妨碍到别人，这是基本的素养。没有必要讲那么多道理，道理孩子都明白，要求他做到就行了，只需要在行为上坚持。

那是表扬我吗

垚垚幼儿园大班的时候，老师就开始留周记的作业。我确定自己的孩子不是张爱玲、方仲永那样的神童，我也没有对她进行过早教，她几乎还没有认字；虽然老师在幼儿园教孩子们写拼音，但那时候她在幼儿园每天有接近四个小时的幼儿基本体操训练，拼音课上得很少，所以用拼音写都是不可能的。另外，孩子的肌肉和骨骼的发育还不完善，长时间写字对于这样的小手来说是负担。

为了保护垚垚对语言学习、对书面表达的兴趣，在征得老师同意的前提下，我们开始了垚垚口述、我代写周记的历程，这样一写就是四年多，开始是用拼音，后来是文字加拼音，最后是文字。直到她识字量增加，手部的骨骼和肌肉也已经发达，我才把写的工作还给了她自己。

那些年，我不单是代替她写周记，每次周记我都会先记录在周记本上，写完后把她口述的内容再读给她听，看是否把她想表达的内容表达清楚了，直到她满意，我才替她再誊写一遍在周记本上。然后，我会根据孩子写的内容，或者根据孩子一周来的成长写出感受跟她交流，这才是一篇完整的周记。

那时候写周记的时间很长，因为边说边写，边写边改，那个过程我和垚垚都是非常快乐的。

有一次家长会，班主任付老师特意表扬到垚垚的周记本。周末，我跟垚垚还有她的同学和妈妈一起去游乐场玩，同学的妈妈见到垚垚特意说：垚垚，老师表扬你的周记写得好了。

垚垚：是吗?

同学妈妈接着说：付老师说你的周记本都是你写一篇你妈妈帮你修改一篇，然后妈妈还会再写一篇。

垚垚：那不是表扬我，那是表扬我妈呢。

垚垚说完就和同学去玩了，同学妈妈有点尴尬。

其实我在夸垚垚的时候也遇到过尴尬。垚垚小学成绩一直十几名，有一次她数学竞赛竟然超过了经常考第一名的熙熙，我想激励她一下，就说：哇，我就知道你比熙熙还聪明。

没想到，她不高兴地看了我一眼说：你别这么说，熙熙只是这次发挥不好而已，你明明知道我并没有熙熙成绩好的。

马屁没拍好，我好不尴尬！垚垚用她的冷静告诉我：孩子年龄虽小，但他们对自己的行为有基本的判断，知道自己什么地方做好了，什么地方做得还不够，他们需要真实具体的赞赏，我们不要用虚假的赞美去催眠他（她）。不当的赞赏和带着情绪的指责一样，会干扰孩子对自己的认识，甚至会慢慢拉低孩子的自省能力。而自省能力，是孩子不断自我完善的前提。

她妈妈才厉害

垚垚上小学的时候，我们家离学校比较近，自行车十分钟以内肯定能到，但是要穿三次马路，所以我总是亲自接送她。

跟她同年级的女孩儿帆帆跟我们住一个单元，二年级就开始自己上下学了。有一天放学，我老远看见帆帆自己搬着一辆自行车，吃力地打开单元门，并用自行车头抵住，然后再吃力地把自行车搬进去，听见单元门在她后面“咣”的一声关上，我惊叹不已：这孩子真厉害。

垚垚在我旁边说：她妈妈才厉害。

我一时没有回过神来，问：什么意思？

垚垚看着我说：我是说她妈妈才厉害，她妈妈敢让她自己骑自行车上学，不是很厉害吗？

我一时无语，垚垚的这句话让我回味了很多年。

学习上我总是相信她可以安排好，所以我把她的事情都交给她自己处理，只是在她需要的时候才帮一下，事实证明她做得越来越好。生活上的事情，我总是包办，我用自己的担心，限制了她的发展。我允许垚垚独立上下学是六年级的时候了，直到现在，我还是常常不相信她自己能照顾好自己，不断提醒她该增减衣服。有一天她发给我一个帖子：有一种冷，叫作你妈觉得你该穿秋裤。理论和事实都告诉我，我可以对她的自我照顾能力放心，但我总是控制不了自己。在我的干预下，垚垚就变成了一个生活能力和学习能力极不平衡的学霸。我的干预，限制了她生活能力的提升。

垚垚在小学就教给我的东西，我到现在都没有学会。

学习是快乐的事情

除了周记这件事情，垚垚的学习过程我基本没有插手过，五年级第二学期期末，老师每天给家长留作业，要求检查孩子的作业并纠错。

我自己每天忙完工作，带上垚垚回家就七点半以后了，然后做饭吃饭，再加上期末作业多，我俩每天都要工作到十点多，很辛苦。她却总是异常高兴，嘴里唱着自己编的小曲。我问：你怎么学习能学到这么高兴？垚垚说：妈妈好不容易陪我写作业，我能不高兴吗？再说，我看电视看到十点半就可以高兴，写作业到十点半就不能高兴吗？

就是啊，孩子最初来到这个世界的时候，他眼里的事情本质上是没有区分的，学习跟看电视、做游戏一样是快乐的事情。小时候学习走路、学习吃饭、学习滑板、学习轮滑、学习骑自行车时不管遇到什么状况，都是充满快乐的，挫折本身大多数时候并不会让孩子退缩，反倒会激发孩子的热情，因为那时候学习总是跟自己的成就感和爸爸妈妈的赞赏鼓励相关的。

知识的学习本来也可以是一样的过程，只是因为成人看待成绩的紧张、焦虑，以及因为成绩而给孩子的训斥、指责，增加了孩子的挫败感和恐惧感，让本来充满快乐的知识学习和一些不美好的情绪体验联系了起来，孩子天生的好奇心、探索欲就慢慢被挤走了。可是我们用带着感情色彩的行动和语言抹杀了孩子学习的热情之后，还反过来批评孩子不热爱学习，我们不相信孩子天生有探索世界和自我成长的能力，这是我们的问题。

电影《怦然心动》的主人公朱莉参加学校的科学实验，选的是养鸡的项目，他的爸爸妈妈陪她把一枚枚正在孵化的鸡蛋放在灯光下观察，和她一起惊叹生命的神奇，朱莉的实验最后在学校获得了第一名，她还饶有兴致地在后院继续喂养那些孵出来的小鸡，她的爸爸妈妈并不干涉，这个过程中朱莉天天为这群小鸡打扫卫生，给它们喂食，它们开始生蛋的时候，朱莉欣喜若狂。爸爸妈妈的赞赏和鼓励，让朱莉学习养鸡的过程充满快乐。

我可以坚持

幼儿园大班的时候，垚垚通过选拔进入幼儿园体操队。

六一儿童节的时候，体操队的十二个小朋友要到广州去参加一场全国性的比赛，为了准备这次比赛，老师说整个五一假期都要训练。假期里每次接送，她都坐在我自行车的后座上唠唠叨叨一路：幼儿园其他小朋友都放假了，大人们也放假了，只有我们体操班的小朋友，还有武术班的小朋友不能放假，训练很疼很累的，你们知道吗？我们也想休息，也想玩儿。

为了练习各种旋转动作，垚垚的下巴、胳膊肘、膝盖都滴着血，我心疼得掉了眼泪。听着她唠叨我就会问：你需要妈妈帮你请假吗？

垚垚很坚强，每次都说：不行啊妈妈，要请假的话我的伴很多动作就练不了了。我只能坚持练。

六月份的广州天气闷热，比赛的时候好几个孩子都中暑了，垚垚高烧到了 39℃，但是她没有哭也没有闹，坚持完成了比赛，整个比赛过程表现得沉着大气，让我特别自豪。比赛结束返程的火车上，垚垚一直高烧不退，看着我焦急的样子，她认真地跟我说：妈妈，我已经坚持到比赛结束了，我现在也可以坚持到回家的，不要着急。

短短几天，垚垚让我看到，孩子天生具足了与疼痛和困难相处的能力，并且在与之相处的过程中习得了与担忧、恐惧、退缩相处的能力。垚垚用她的成长让我看到，所有出现的困难，其本原是为孩子的成长搭建的阶梯。

吃饭、睡觉、打豆豆

垚垚上初二的时候，学校布置作业让家长写自己的教育故事，我郑重其事地问她：你觉得妈妈该从哪些方面写这个稿子呢？

垚垚回答我：吃饭、睡觉、打豆豆。

这是什么答案？我换了一个问题：你觉得妈妈什么地方做得挺好呀？

她依然半认真半玩笑地说：吃饭、睡觉、打豆豆。

难道只能是这个答案？我不甘心，又问：如果可以，你觉得妈妈应该多做一些什么？

垚垚：就这样吧，挺好的。

我：如果可以，你希望妈妈坚持做的是什么？

垚垚：坚持别太管我就行了。

我：如果可以，你希望妈妈千万不要做的是什么？

垚垚：千万不要管我学习。

我：你认为妈妈和你相处时做的最好的是哪件事或者哪一点？

垚垚：一直不管我学习。

在这些不是答案的答案里，我似乎也看到了一点，在孩子的心里，我更多的是一个关注孩子生活和娱乐的“妈妈”角色。其实，哪一个妈妈能完全不关心孩子的成绩呢？只是垚垚刚上小学的时候我就发现，老师做久了，指导她学习的时候我在她面前就变成了老师，而不是妈妈，并且我对垚垚难以做到像对学生一样耐心，在我一针见血地指出她的问题时，在我急躁地纠正她的错误时，她就变得谨小慎微、战战兢兢。她忍着眼泪写作业的样子，像镜子一样让我照见了自己的丑陋。于是我就从她的学习中撤了出来。

我坚定一点，在培养孩子的时候，做不好的事情就不去做，这样至少保证不在孩子身上制造问题。抽身出来以后，我和孩子相处时就又找到了轻松愉快的感觉，我有更多的精力去关注她的兴趣爱好和内心感受，而当我致力于打开她的视野，培养她健康的身心时，分数和成绩也就成了自然而然的结果。

只要妈妈少干扰、少破坏，孩子就可以长成他自己的、更好的样子——这是我女儿教给我的。我相信，它适用于所有的孩子。

孩子今天不想上学

初三的时候考试总是比较多，孩子们的情绪起伏也比较大，家长的焦虑则更多，一方面焦虑孩子起起伏伏的成绩，另一方面焦虑孩子的情绪，同时焦虑着自己的焦虑，真是家有考生，如履薄冰。

区模拟考试的第二天，上午考试结束还没有走到家，我就接到了小伟妈妈的电话，她压低的声音里有藏不住的无奈和无助：老师，小伟中午回来不高兴，把我做的饭都倒掉了，还说下午不去考试了，现在他自己去睡觉了，我该怎么办呀？我说：把你家地址发给我，我一会儿去家访。

小伟是个男孩儿，从小学开始，妈妈对他的学习要求就特别高，管得特别细，小伟成绩也一直挺优秀。但越是临近中考，小伟就越是焦虑，在学校有时间就找老师来倾诉，在家有点儿小事儿就跟妈妈吵架，妈妈束手无策。

我赶到小伟家的时候他在蒙头大睡，妈妈小心翼翼地把他叫醒，看见我在，小伟立马显得精神了很多。还希望在老师面前保持良好的形象，说明问题可以解决，我心里就踏实了下来。

我问他：上午发生了什么？

小伟说：考数学的时候我头疼，有一道大题没有做对。

我：上午的考试有失误，最好的选择是什么？

小伟：该干嘛干嘛，按部就班地去考下一科。

这是我经常跟孩子们讲的：当你在一件事情上失误，一科考试失利的时候，过度地“哀悼”没有任何益处，收拾好自己的情绪，“该干嘛干嘛”，按部就班做好后面的事情才是最好的选择。

我继续问：然后呢？中午回到家又发生什么了？

小伟：中午回来我跟我妈说数学没有考好，她说考不好没事儿，可是考不好怎么能没事呢？我一生气就……

我：你就倒掉了妈妈做的饭？你还跟她说不去上学了？妈妈担心你不敢批评你，但是我现在过来不是来表达同情的。因为考试失误是再正常不过的事情了，你完全有能力面对，所以我来是想告诉你，今天下午你必须正常出勤，参加考试。这是学校的纪律。

我了解小伟，我们之间彼此信任，所以我对他说话态度很坚决。他虽然支支吾吾，但也没有再说不去考试的话，说话期间妈妈已经又端上了重新做好的饭，他一边吃，我一边又跟他聊了一些自己遇到困难和心魔时候的纠结和选择。他没有再提什么不考试的事情，吃完就去上学了。

他走了以后，我跟他妈妈说：很多时候我们需要表达对孩子的同情，但是同情不等于妥协，该坚持的事情必须坚持。要让孩子知道你的底线。

像小伟这样考试失利不想上学的孩子我还遇到过两个，那两个都是女孩儿，她们共同的特点是比较在意别人的看法，害怕大家因为考试成绩不理想而看轻自己。他们的家长都是在第一时间通知我，我也是第一时间去家访的。我告诉她们：一次分数不能和自己整个学习过程划等号，更不能因此而否定整个人。你有能力面对考试失利这件事情，至于那些还没有出现的别人的议论，只是你自己的假想而已，不要让假想的状况干扰了眼前的生活。即便这些真的会发生，只要你自己不打算受伤，别人的议论根本不能把你怎么样。

如果导致孩子不上学的原因是某个突发事件，比如像上面这几个孩子是某次考试失利，只要家庭和老师这两个支持系统可以给孩子足够的帮助，孩子们遇到挫折产生退缩和逃避的想法时，既给他充足的力量，又坚持原则，孩子大都可以回到学校。

除了家长和老师的支持，孩子对班级的信任程度也决定了孩子能否顺利地渡过难关。

孩子升入初中以后，会面对很多挑战，不单单是考试成绩。首先要让孩子在班级里找到存在感，让孩子感觉自己对班级是重要的，始终对班级对学校有向往，这样他就能主动从班级里汲取力量。我们不能保证孩子个个都是成绩优异的，单纯地靠成绩刷存在感对于多数的孩子来说是不现实的，对于所有的孩子，我们都应该鼓励他多参与班级活动，让孩子在活动中更多地跟老师和同学们发展良好的关系，找到自己的位置，并不断地体验到在集体中成长的快乐。有句俗语叫“出力长力”，就是说我们在付出力量的时候也会不断地收获成长，青少年阶段尤其如此。相反，如果孩子在班级里总是充当旁观者的角色，不为集体付出，他既得不到锻炼，也不能感觉到来自班级的支持。

还有些孩子看上去是因为某个挫折事件引发了厌学情绪，没有办法继续学习，但深入了解就会发现挫折事件只是一个诱因而已。这些孩子的家长在最初遇到孩子不想上学的问题时，并没有重视，觉得很快就过去了；也有部分家长则认为这是秘密、是家丑，不愿意让别人知道。这些爸爸妈妈随随便便编个理由就跟老师请假，没有在第一时间向老师寻求帮助，而他们自己跟孩子沟通的方法又太简单，最后导致孩子再难走出家门，走进教室。

鑫鑫小学的时候光彩夺目，文化课、体育、文艺样样出类拔萃，上初中的时候分到了一个特别优秀的班级，他的成绩开始倒数，连续三次大考倒数以后，妈妈就开始频繁地给他请假，班主任老师觉得有问题，跟他妈妈联系，他妈妈说鑫鑫只是不舒服。直到后来，他连续一周都没有到学校来，妈妈再也没有办法隐瞒，才跟班主任讲：鑫鑫不想上学很久了，我一点办法都没有。鑫鑫的妈妈很强势，她承认自己没有办法让孩子上学，太难了，但也太晚了。鑫鑫的班主任和任课老师做了很多工作，都没能让鑫鑫回到学校。班主任和任课老师经常在办公室里讨论该怎样帮鑫鑫。

我好奇地问：为什么从来没有听你们说起过鑫鑫的爸爸？

鑫鑫的班主任说：鑫鑫的爸爸很内向，不大爱说话，每次都是鑫鑫妈妈跟我联系，鑫鑫的学习都是他妈妈负责，鑫鑫也总是说妈妈怎样怎样盯着他学习，考不好又是怎样怎样不愿意接受，确实从来没有听说他爸爸参与他的学习，我们去家访的时候，鑫鑫爸爸跟我们打完招呼也就坐在一边，不说话了。至少在老师们看到的时候，爸爸和儿子没有互动，爸爸和妈妈也没有互动，只有妈妈和儿子的相互控诉。

我不完全了解情况，根据大家说到的信息可以猜测，这个家庭妈妈太强势，掌控欲望太强，爸爸为了避免冲突或者根本就没有办法跟妻子抗衡，主动或者被动地缺席了孩子的成长过程，也缺席了家庭的其他工作，他作为爸爸和作为丈夫的功能始终没有发挥出来。爸爸的懦弱和沉默让妈妈没有对手，于是妈妈工作之外的全部精力都用在了培养或者说控制鑫鑫上。我想象不出鑫鑫怎么看待他和妈妈的关系，他和爸爸的关系，还有爸爸和妈妈的关系。

想到鑫鑫的家庭我脑子里就会出现一个画面：一个巨大的妈妈，还有她巨大的黑色影子，几乎占满了整个画面，爸爸和儿子像两个小小的影子蹲在妈妈的阴影里。爸爸双手抱着头沉默着，什么都不看，什么都不说。儿子则不时地仰起头，他的眼睛里时而是惊恐、时而是愤怒、时而是冷漠，他的脚不时调整着，看上去想转过身，背对着爸爸妈妈，又像是要走出妈妈的阴影。

当鑫鑫在学业上遇到困难的时候，这个画面上谁可以给他支持和力量？在鑫鑫的心里，学业到底是自己的事情还是妈妈的事情？鑫鑫的不上学，是在表达对妈妈的愤怒，还是在诉说家庭的问题？我可以感觉到，鑫鑫是有力量的，但是他的力量没有集中于自己的成长，而是集中在了与妈妈的对峙上。

这个孩子和家庭都需要更专业的心理指导，鑫鑫的老师帮不了他们。

有的妈妈可能会觉得：孩子会用不上学来表达跟家长的对抗吗？这么说有点危言耸听吧？在很多家庭里，孩子的对抗就真实地发生着。

我有一个同学在孩子五六岁的时候就离婚了，离婚以后她自己带着女儿青青，日子过得艰苦，但是母女俩彼此依恋也挺温馨。青青小学的时候，她曾经重新组建了一个家庭，但不幸的是，没有多久就又分开了。这一次再婚和离婚之后，青青跟妈妈的关系开始出现变化。我们同学带孩子聚会的时候，青青经常当着大家的面跟妈妈顶嘴。我们都提醒同学多关注孩子的心理变化，我同学却说：快到青春期的孩子都这样吧，慢慢会好的。

青青上初一时我同学又结婚了，青青开始就不同意，我同学说男方承诺会对她们母女好的，并且也真的很关心她们，她又说：青青慢慢就会接受的。但是青青一直拒绝跟他们住在一起，一个人住在原来的家里，开始上网聊天、见网友。我同学曾经搬回去跟她一起住也无济于事。有一天，青青宣布再也不去上学了，我同学说劝也劝了，打也打了，但是青青说：我不同意你结婚，你不听我的，我就不上学给你看。

我同学哭着对我们说：难道我追求自己的新生活是错的吗？当初你们劝我关注孩子的心理，我没有在意。我觉得孩子大一点就会理解，没有想到青青不光不理解我，还这样报复我，她知道自暴自弃、伤害自己给我的打击是最大的。

我们谁都不愿意看到这样的结局，在母女的斗争里，没有赢家，因为打击对方的最好的方式是伤害自己。我们都知道她可以追求自己的新生活，但孩子的情绪并不都是等一等就会自动调整的，妈妈要主动帮助孩子渡过这个难关。

做心理咨询的朋友跟我说，在他处理的案例中，孩子不上学的最主要原因就是家庭教育方法不当和家庭关系失衡，然后才是师生关系、同学关系和挫折事件。并且如果家庭关系和谐，父母能够给孩子足够的支持，其他的问题也都会比较容易处理。

心理学专家孟馥老师给过我一个不同的视角来看待孩子不上学的问题。

几年前，我上过一期孟老师、刘丹老师和陈向一老师的家庭治疗课，课堂上处理了一个家庭的个案，这个家庭来到工作组的原因就是孩子不上学。我们小组一起讨论的时候，我的发言一直围绕着孩子不上学的原因和怎样让孩子回到学校，孟老师说：你真是一个负责任的好老师，可是，谁说孩子必须要待在学校呢？我说：难道十几岁的孩子可以不上学吗？他们不上学去干什么呢？孟老师看着我笑了笑说：你觉得呢？

确实，谁说孩子必须要待在学校呢？我家是农村的，我上学的时候很多孩子初中没有毕业就辍学了，甚至有的孩子小学都没有上完就回家帮家长干农活或者外出打工了。那个时候，还没有颁布《中华人民共和国义务教育法》，也确有“读书无用论”的观点，但大家认为这只是一种不同的选择而已。《中华人民共和国义务教育法》颁布后，大家开始普遍认为接受教育是每个孩子的权利，保证孩子接受教育是每个家庭的责任；时代的发展让没有知识的人寸步难行，大家越来越不能接受孩子辍学在家。

但还是有些主动选择退学的孩子和家庭，在孩子辍学的时候并没有辍学习。著名的童话作家郑渊洁在儿子郑亚旗小学毕业后，就决定自己教他，给他编撰了有趣的教材，在家里用三年的时间让他学完了中学六年的课程；著名的赛车手、作家韩寒在高一的时候选择退学在家专门从事写作，后来他又成为一名职业车手。

所以，当孩子说不去学校的时候，我们需要好好听取孩子的心声，判断他到底是逃避、对抗还是选择。如果是逃避，那就给他支持；如果是对抗，那就调整自己；如果是主动的选择，那就需要我们重新审视自己给孩子的人生预设：我们一直认为孩子应该按部就班地读书就业，因为中考还是相对便捷的、可控因素更多的道路，它容易通往一种大家比较认可的人生模式，上个好高中、考个好大学，找个好工作，然后有相对稳定的收入。但我们不能否认，在读书升学之外，确实还有多条路可走，只不过少有人行。孩子一旦有了这样的想法，我们需要重新认识自己的孩子，并且跟他一起评估他的选择，帮他分析这个选择所面临的问题。如果他真的确定要做出这样的选择，那么我们就要给他支持。

跟我们内心的稳定相比，我们更应该鼓励孩子了解自己心灵的需求，尊重自己内心的选择。

把自己变成一块海绵

老人们常说，孩子长个儿就是从长一双大脚开始的。初一入学的时候，多数男孩子还没有开始蹿个儿，但是有些一米五多的小男孩儿竟然穿着三十九或者四十码的大鞋，像是踩着两只大船，看上去很是滑稽；也有刚入学就身高一米九的孩子不敢进行大量的运动，医生说是因为身体长得太快了，心脏还没有发育好；我还见过一个孩子，明明十三岁了，却还是豁着一颗门牙……

青春期的孩子，除了身体发育不平衡，心理发展也经历着各种不平衡。这种种的不平衡，让孩子内心常常有冲突而变得急躁易怒，尤其是面对家长的时候。日本人对青春期的种种表现有个形象的叫法——中二病，这个叫法这些年甚是流行，有些孩子甚至会以自己有中二病而自豪，因为很多孩子会觉得他敢于跟家长和老师对抗，是很英雄的。还有很多人干脆管青春期叫叛逆期，个中无奈，可见一斑。

更无奈的是，当“青春期叛逆”的说法越来越多的时候，孩子们青春期的症状就越来越多了，他们越是认同这样的一种说法，也就越要用自己的行动去证明它。很多孩子跟妈妈吵嘴时会说：我现在青春期了。好像这样说，他的自责就会减轻。妈妈们也是一样，很多妈妈发现孩子有情绪的时候就会说：孩子现在青春期，不好惹。“青春期”这个筐，可以把所有问题都装进去。

小胖就是个典型的中二病患者，有一天他声泪俱下地跟我历数了爸爸妈妈的五大罪状：

第一，他们跟我说话特别霸道，从来不把我当人看。我都青春期了，他们还天天命令我：“去去去，赶紧把碗刷了去！”“你干不干呀？不干以后就别吃饭了。”“去去去，赶紧睡觉去！”

第二，他们干什么事都不征求我的意见，一点都不尊重我。比如说报个什么课外班呀，晚上出去跟别人聚个餐呀，从来不问我需不需要，有没有时间。

第三，他们总是认为我应该怎样怎样，可是我偏不认为自己应该怎样怎样。我天天都纠结：按照他们说的去做，我自己心里过不去，不按照他们说的做，他们跟我过不去。

第四，在家里不管发生什么事，他们永远是对的，我永远都不对，他们两个总是能找到理由证明我错了。

第五，他们从来不让我闲着，一会儿都不让我放松。我的同学到家里来，他们表现得特别和蔼可亲，也会让我跟同学一起玩儿，可是同学一走，他们立马就会说：赶紧做题去吧。他们看得见的时候我就得时时刻刻学习，想玩儿了就只能偷偷玩儿。

他说着说着，我忍不住笑了：听上去你好像有一对儿后父后母。

他继续控诉：真的，老师。我身上的毛病都是因为他们才有的。我不爱学习，不愿意锻炼，都是因为他们，他们就不会教育我！

小胖确实有不少毛病：整天丢三落四，十天有八天作业写不完，半夜偷偷爬起来玩游戏，上课犯困注意力不集中……他小学的时候凭聪明成绩没有落后过，但是升入初中没多久小学的老本吃完了，成绩明显没有了优势。其实他的爸爸妈妈特别舍得在他身上花精力，也特别舍得在经济上投入，是实实在在的亲爸亲妈。

我跟他的爸爸妈妈沟通过，小学时候他们对小胖百般溺爱，生活上面什么都不让他自己动手，凡是他想要的都想办法满足；因为学习成绩挺好，他们对小胖学习习惯和生活习惯的培养就没有过多关注。升入初中发现问题以后，他们意识到培养习惯的重要性，就导致了小胖控诉的种种罪状。

他们自己也很困惑：要纠正他，要跟他讲原则，不就得严格要求吗？不就得让他听我们的吗？他连爸爸妈妈的话都不听，那还得了？这青春期的孩子真是叛逆，真难交流！

当我们用青春期的概念解释亲子互动中的冲突时，就少了很多对自己教育方式的反思，也少了对孩子行为背后的心理原因的探索。

我反问他们：你们觉得现在的问题都是青春期造成的吗？青春期的孩子是会有些自以为是，也会有些冲动和易怒，但青春期最突出的特点还是自我觉醒，自我觉醒的孩子其实不一定都跟父母逆反，除非他遇到了控制。其实小胖有句话说的是对的，就是你们从来没有把他当人看。小学时的小胖，在你们眼里是个无能的婴幼儿，什么都需要照顾，只要他有需求爸爸妈妈立刻就会出现；现在，你们又把他当块原料，不符合规格和标准的部分都想砍掉。你们真正冷静地观察过他吗？

其实很多父母都与小胖的爸妈一样困惑：家长不就该有家长的样子吗？即便多年接受现代教育的爸爸妈妈，他们思想里固有的观念，致使他们秉持着独断专行的家长作风。当孩子拼命要做自己，而爸爸妈妈拼命以家长的身份要求他或者改造他的时候，孩子便会产生叛逆心理。叛逆心理和叛逆精神从来都不是青春期独有的特点，也从来都不是一个贬义词，不管是五四时期新文化运动的先驱，还是文学作品中的孙悟空、林黛玉、简·爱，他们的叛逆精神都是值得歌颂的。我这么说，并不是鼓励孩子们跟父母对抗，而是觉得孩子争取独立和自由，实在是一种值得鼓励的追求。

爸爸妈妈们可能会觉得委屈：我们哪里有独断专行，我们只是想把自己的人生经验和缺憾告诉孩子，我们不过是想让孩子少受伤害少走弯路而已。但是一千次的告诫也抵不上一次痛彻心扉的经历，你认为是在告诫和警示，孩子感受到的却是你不信任他的能力，要干预和控制他的生活。

我们不太愿意承认，当孩子表现出强烈的独立自主的意识、极力地要按照自己的愿望做事情的时候，我们会感觉自己作为家长的尊严被冒犯，强烈的挫败感会让我们立马“左手盾牌以示防御”“右手刀枪以示进攻”，而盾牌和刀枪的对面一定是拒绝被征服的敌人或者懦弱的失败者。战争从来都是双方的，只要其中一方可以改变姿态，战火就可以熄灭。既然我们是更理性的成人，那么我们不妨放下防御的盾牌和攻击的刀枪，把自己变成一块海绵，我相信没有了攻击的对象，战争就不会发生，孩子自然就会慢慢柔软下来。

有一次班会课，我带孩子们在教室玩一个叫身体拷贝的游戏，这个游戏的目的就是体验沟通在人际交往中的重要作用。大家看上去玩得都很高兴，但是活动结束各自回到座位时传出一个不大不小的声音：“真无聊！”大家都能听出来，是皓皓，并且这个声音显然是要让大家都听到的。而我，也需要对此有所表示。

等大家都回到座位后，是游戏的最后一个环节——分享。

我说：今天，我想先听听皓皓的想法。皓皓，能跟大家说说你为什么觉得这个游戏无聊吗？

皓皓一脸纯真的样子，说：我没说呀！我说的是“真好玩”。

周围同学笑了，纷纷表示“不是”。

皓皓：哦，那我是跟然然学的。

然然和她的同桌都表示然然当时说的是“很好玩”。

显然，皓皓不是有意见，而是有情绪，并且他不想和我交流。怎么办？继续问下去就是僵局，我急中生智，转而面向大家：同学们，大家有没有感觉到，刚才老师在表达什么？

同学们：老师想要和皓皓交流。

我：那么，同学们觉得皓皓刚才对我表达的交流的愿望，是一种什么态度呢？

同学们：他拒绝和老师交流！

我：那你们觉得老师现在感受怎样？

大家有些迷茫。

我：那你们在和同学交往的时候，有过被拒绝的经历吗？你们当时的感受如何？

这时候很多同学表示被拒绝过，他们说被拒绝的时候心里很难过、尴尬、不舒服、伤心。

我：唉，在这么多人面前被拒绝，我现在就是非常难过、尴尬和伤心的。那么你们在和老师交往的过程中，有过拒绝老师的经历吗？你当时的感受如何？

有几个同学表示曾经或者用沉默、或者直接用顶嘴拒绝过跟老师交流，他们都说：开始的时候觉得自己拒绝老师挺牛的，但是过后还是挺后悔。

我：那你们和家长的交流中呢，拒绝过他们吗？

这时候，大多数孩子都表示自己曾经拒绝过家长。

我：大家能想象到家长被你拒绝后的心情吗？

经过上面的一番讨论，孩子们已经可以用同理心来体会家长被自己拒绝后的心情了。

问题到这里，我觉得应该到火候了。接下去，我说：我们的游戏目的就是要讨论沟通的问题，刚刚这个插曲已经交流得很充分了，大家分享得很好，相信你们的体会也很多。

在我跟大家交流的过程中，皓皓始终把头埋在手里，偶尔不好意思地抬一抬。整个过程，我都没有对他的行为做任何评价。

其实在课堂上，我也感觉到自己作为老师的权威和尊严受到挑战了，心里很不舒服，但是心底的那个声音告诉我，皓皓的挑战不是针对我个人的，而是针对班主任这个身份的，所以我在处理的过程就没有把皓皓的言行解读为他对我个人的冒犯，如果我当时把皓皓的行为解读为对我个人的冒犯，针对这个冒犯去做工作的话，我们之间必然会引起冲突。当我把自己变成一块海绵，以海绵的柔软应对皓皓的挑衅，不接招、不较劲的时候，他自然就没有地方去施展火力了。但我还是需要就这个问题对所有同学进行交代和解释，我选择不把问题聚焦到他开始说的“真无聊”，而是聚焦到我想要了解他的想法而他拒绝跟我交流这个点上，跟孩子们一起讨论沟通的问题，引导孩子们思考人际交往中正确理解别人的困难与重要性。

父母、老师始终被孩子作为权威信服和膜拜，这种感觉确实挺舒服，但是却不现实，对孩子的成长也不利。一个妈妈曾经问我：现在孩子问我好多问题，我都回答不了，孩子笑话我懂得少，我怎么能在孩子面前成为权威呢？

乍一听这担忧好像还很有道理，但是一个博学多识的爸爸或妈妈，一个总是能解答孩子知识方面的问题的爸爸或妈妈就一定能成为权威吗？那请“度娘”来岂不是比我们更合适？并且，权威型的爸爸妈妈就是最好的爸爸妈妈吗？其实，问题的关键并不在于知识的多寡。我们的孩子获取知识的渠道那么多，知识面那么广，我们总有些方面比不上孩子。而孩子，也是要通过超越父母来证明自己的成长的。所以，不断补充新知识来证明自己永远高于孩子，既不符合父母的实际，也不符合孩子成长的心理需要，更不符合我们要孩子成长得比我们好、过得比我们好的愿望。

其实普通如我们，既难成为孩子一生的知识导师，也难成为孩子一生的心灵导师，但是我们可以做到当孩子需要独立的时候，放下武装，把自己变成一块海绵。为人父母，我们要用自己的最柔软也最有力量的爱，成为孩子最温暖、最安全的港湾。

老谷说：只有外在安静、内心平静才能心境澄明。

你对自己的孩子不好奇吗

这是一场艰难的对话。

对话的核心是一个叫小凡的女孩儿。小凡升初二了，但是同学们的游戏她很少能参与进去，别人玩儿她就垂着手在一旁看着，但是，她垂手站在一旁的时候，眼睛里还是有渴望，她并不是那么自在地独处；别人上课讨论问题，她就坐得端端正正地听着；老师讲课她两只手平放在桌子，很规矩地坐在那儿，但老师们都不觉得她听得投入；她也写作业，但她的作业总有一种“事不关己”的随意。同组的同学一起学习一年了，孩子们都说不了解她，但我觉得这个孩子不冷漠，并不是有意疏远大家，因为她打扫卫生从来不惜力气，同学少了什么文具她也一定热情地借给他们，有什么需要力气的活儿她总是把自己当男生使，年级歌咏比赛，她悄悄把喜欢的歌发给老师，说：让大家听听这一首吧。数学课她老走神，老师生气了，她主动去找老师认错，说不想让老师生气。英语考试成绩太低，她就走到讲桌前跟老师说对不起。

她在班里，但是又游离在班级之外。我跟她谈过很多次，围绕各种内容，她有时会有短暂的变化，但没多久就又恢复原来的样子了。又是一个周一，她好几科作业都完成得不好，我说：小凡呀，我怎么觉得你对大家都很好，唯独对自己不好呢？你把别人的事都当事，就是拿自己的学习不当回事，我对你很好奇，就是不知道怎么才能了解你。

她说：老师，其实我也不知道自己是怎么回事。

能感觉出来，她说的是实话。

我曾经在微信里跟她妈妈有过一些互动，主要是围绕学习习惯的事情，有时候是班级活动里她的表现，但总是觉得有些东西没有说明白。一定要跟她妈妈谈一谈，当面的。

谈话开始就有点吃力，我简单地谈了我对小凡学习情况和性格方面的观察。

凡妈：是，她成绩不太好，我觉得她需要上个课外班补一补，又问了问别人，就又给她报了一个语文、一个物理的课外班，现在她周末是四个课外班，还比较分散，也挺累。她上个学期特别不想上课外班，这次给她报她倒没有反对，还有就是以前她回家总是把门关起来还插上，现在回来门都是开着的，我觉得还是比以前好了。

我：嗯，看来真是有变化，老师们也感觉她有些进步。学习成绩倒是其次，就是她这种游离的状态，让我有点担心。我不知道怎样让她能跟大家一起游戏、一起讨论。你平时观察她跟孩子们一起玩儿是什么状态呢？

凡妈：是呢，这个孩子个性太强了，我都不知道怎么跟她说话，每次跟她说话之前都跟她小学同学的妈妈演练一遍呢。就这，回家一说也达不到效果，她还是不高兴，不愿意跟我说她在想什么。她小时候跟大家一起玩儿得也挺好呢。不过她都是跟男孩儿玩儿，她从小不喜欢跟女孩儿玩儿，就喜欢跟男孩子玩儿弹玻璃球什么的。她现在这性格我也着急得很。

我：小学一起玩儿的男孩子现在都不在一个班了，所以她就没有玩儿到一起的朋友，还是那些男孩子现在都跟男孩子一起玩儿了？

凡妈：我也说不好，我就是觉得她小时候还是挺喜欢跟别人说话的。我觉得她是小升初的时候最后才确定能进咱们学校，而其他同学得到通知都比她早，她挺着急，这件事情对她打击太大了。

我：也许会有一些。不过，你说是你觉得因为这件事情对她打击大，她是这么认为的吗？

凡妈：我觉得是。我们同事也说，六年级的后半学期，小凡的性格有了变化。

我：你刚才说她需要上课外班是你觉得她需要，现在你说你觉得她性格发生变化是因为小升初，这些都是你觉得。真的是小升初对她有打击，还是她随着年龄增长，自然而然性格发生了变化？

这句话我反复问了几遍，妈妈才说：确实都是我觉得，我没有跟她谈过这个事情，不过大家都这样说。

我：好吧，不过我还是建议以后你有了猜想，要跟孩子求证一下。还有就是你可以在周末或者节假日约上一个同学一起出去玩儿。开始一个就好，这样只有他们两个人，也就只能是他们一起聊天，要不然小凡又落单，你的目的就达不到了。你多给孩子创造一些机会，从一个人开始，如果交流顺畅，慢慢试试多约几个同学，看看会不会发生一些变化。

凡妈：老师，你以前就说过，给孩子创造机会一起玩儿，也可以多向孩子询问，可是询问什么呢？

我：我不记得自己什么时候说的了，不过我觉得如果我说了要多询问，意思应该是多跟她互动，多表达对她的好奇。

凡妈：我们家好像不怎么聊天，他爸爸是理工男，不爱说话，小凡在家话也不多，一般就是我会唠叨几句鸡毛蒜皮的事。然后他爸爸忙他的，我干我的家务。

我：那你们吃饭的时候不聊天吗？不说说各自看见的好玩的、新鲜的事情？

凡妈：不。

我：吃饭只谈学习？

凡妈：好像真的是只谈学习。其实我小的时候家里也不怎么聊天的，就是每个人做自己的事情。所以我好像就不会聊天。

我：怪不得呢，没有聊天所以你也就对孩子了解不多。不过有些人就是不大爱聊天，也没什么。那么她喜欢什么？围绕她喜欢的东西聊，不是像问答题一样说“你喜欢什么”“你有什么愿望”，平时发现她感兴趣的东西，自然就会问了。那么，她对什么感兴趣呢？

凡妈：她喜欢的事情我也不感兴趣呀。她最近都喜欢听歌，天天戴着耳机，我也不知道她在听什么。平时呢她就喜欢摆弄一些小瓶子，厨房卫生间都有，倒来倒去，隔几天鼓捣鼓捣，我也不知道她在干什么，反正不是我感兴趣的东西。

我掩饰不住的吃惊：你可以对她喜欢的东西不感兴趣，但是你对她这个人不感兴趣吗？你对她感兴趣不就去问了吗？你不关心她正在干什么吗？看她听歌，你不会问她听的什么歌，中文还是英文或者韩语歌？你不会问她喜欢哪个歌手、哪个乐队？看着她鼓捣来鼓捣去，你都不会好奇地问一句“你瓶子里装的什么”吗？

凡妈：不会，我从来没有问过。难道——别人不是这样吗？

我：我不知道别人家怎么样，但是我对自己的孩子很好奇，我好奇她喜欢什么样的生活，我想知道她会变成一个什么样的人。我对她感兴趣的事情不一定感兴趣，但是我对她这个人感兴趣，所以，我会关心她正在做什么。如果我只关注分数和成绩，孩子从学校毕业以后，不再有分数和成绩，我们母女之间还用什么连结呢？我就是对她这个人感兴趣。就是小凡，我也知道她是喜欢电器类的东西呢，因为她有一次随笔写过，我专门叫她过来跟她聊过这一点呢。

大概是我太激动了，小凡的妈妈有点被惊到：哦，是这样呀，那我以后知道跟她聊什么了，我可以问问她瓶子里装的是什么。

我：我现在其实不是在说聊天的话题，不喜欢聊天的人和家庭是有的，我是说我们应该对眼前这个孩子、这个生命感兴趣，我们关注她，除了分数和成绩，我们对她的各个方面也都感兴趣，不是怎么找话题聊天。我们对她好奇了，自然就会有话题要聊，有问题要问的。

凡妈：嗯嗯，对她感兴趣。

我不知道，小凡在所有的课堂上、活动里表现出的游离状态，是不是爸爸妈妈跟她的互动模式有关系，从来没有一个人试图走进她的世界，了解她内心的色彩，所以她也没有学会怎么走进别人的世界、怎么让别人走进自己的世界。每一个人生活在这个世界上，都是立体的，不只有学习和工作，作为一个完整的人，都是值得大家关注和探究的。我们的关注和探究，鼓励他发展自己的不同的面，让他觉得自己的每一面都有价值；也鼓励他关注和探究他人，关注和探究这个世界。我把自己的想法分享给了小凡的妈妈。

但是我不确定，我所说的妈妈有了猜想要跟孩子求证，妈妈应该对孩子这个人感兴趣，而不只是关注分数和成绩，小凡妈妈听明白没有。我也需要求证一下，于是我又重复了一遍自己的意思，问小凡妈妈：我表达清楚了吗？

小凡妈妈说：是，老师，你表达清楚了。我以前没有想过她的性格形成跟什么有关系，今天我挺受触动的，可是我觉得我自己好像更乱了。我需要回去好好想想。

这真的是一次艰难的对话，对我是，对小凡妈妈更是。我的问题、我看问题的方式、我的激动情绪，让小凡妈妈重新观察自己，思考自己对孩子的不了解，到底源于孩子的个性太强，还是源于她与孩子的互动方式。我觉得她对自己一直以来的行为和理念有了一点点怀疑，至少已经由“我生了一个太有个性的女儿”，转移到“女儿的个性跟我有关吗”。我想，这种乱也许是好的，这一点点怀疑或许也是好的吧。

老谷说：跟我们内心的稳定相比，我们更应该鼓励孩子了解自己心灵的需求，尊重自己内心的选择。

叁

孩子可以越学越聪明

爱阅读的孩子不会差

刚刚下班的时候，洋洋来找我交流他要演讲的话题。他一开口说话，我就被吓到了，他说：老师，我想讲讲《红楼梦》，您看我怎么讲更好呢？

对于十三岁的孩子来说，《红楼梦》可是一个难以驾驭的话题。洋洋是班长，开朗活泼，做事周到，数学成绩很好，在班上号称“数学小王子”。他写作时特别善于抓住人和物的特征，能极其生动地描写，他从小练习书法，写一手漂亮的毛笔字和钢笔字，这些都让大家很是羡慕。但是我俩从来没有交流过《红楼梦》，我没有想到这个刚刚升入初二的小男生竟然读过《红楼梦》！他说：《红楼梦》我不只读过一遍了，也不是从初中才开始读的。开始的时候我读的是一百二十回，后来就只读前八十回了，因为后四十回高鹗续得不好。

我这才知道洋洋生动活泼的语言并不是天生的，他跟大多数的孩子一样生来并没有苏轼、李白那样的语言天分，熟练地运用语言对他们来说需要大量的学习。我们不妨看看孩子学习口头语言的过程：一个婴儿从出生到基本听懂旁人的话，至少需要八九个月；开始能发出简单的有意义的声音，又需要三四个月；到完整地自如地和别人交流，也许还需要一年多的时间。一个孩子从出生到基本听懂再到流利表达的这两三年时间里，曾经有多少人无意地给过他语言信息，又有多少人有意识地、反反复复地教过他发出有意义的音节，实在无法统计。对于多数孩子来说，书面语言的学习也是一个漫长的过程，需要大量语言信息的刺激。

我相信《红楼梦》对开启孩子心智的作用是无法估量的，在曹雪芹的文字里浸泡过的心灵，看世界的时候一定会有不一样的思考和感悟。

洋洋让我再次坚定：爱阅读的孩子不会差，并且是越来越好。

康康是我多年前教过的一个男生，注意到他是入学军训的时候，那时候他总是手不释卷。每次我去男生宿舍巡查，都看见他坐在小马扎上读书，或者历史或者生物。印象最深的是晚饭后，孩子们大都边洗漱边玩闹，康康却永远都是一个姿势：端坐在床上，两只脚泡在盆里，双手捧着书安安静静地读。我看看他，再看看其他孩子，想象他们头脑中有一个完全不同的世界。当大多数孩子还懵懂简单的时候，康康的脑子里已经有了一个纵横万里、上下千年的庞大而又精致的世界了。我总是好奇，在那些普通的不爱读书又没有专业知识的人看来没有任何色彩的事物，在康康的眼睛里又该是怎样的呢？

我后来还教过一个特别爱读书的孩子，他说：一个人对世界的认识程度取决于他掌握的知识。我想，康康们眼睛里的世界，必是浩瀚无垠的，这浩瀚中的点，也必无限深远。

据说有一些孩子文学作品读得很多，形象思维很好，但是理科成绩很弱。我自己并没有见到过。我觉得这可以作为课题来研究一下，那些文章写得很好而理科成绩很弱的孩子，到底是因为理科思维真的不好，还是因为不喜欢而无法投入地学，主动抑制了这方面的发展。

周周是一个女孩儿，聪明细腻，成绩优异。她喜欢读文学作品，尤其喜欢萧红和张爱玲，她们也是我极其喜欢的作家，我俩经常一起讨论。初二的时候，她父母离婚了，她在随笔里写：我最近心情不好，我要躲到书里去。很长一段时间，她都跟姥姥住，姥姥说她回到家除了写作业就是读书。记不清过了多久，她的脸上和文字里开始有阳光。她在一篇作文里写：书治愈了我的悲伤。

书，真的有疗愈心灵创伤的作用吗？

席慕容有一首诗叫《戏子》，里面有这样两句“永远在别人的故事里，流着自己的泪”。年轻的时候读它，总觉得无奈和悲哀，后来再读，慢慢觉得其实我们都是“戏子”，读书的时候谁都免不了会在别人的故事里，流下自己的泪。

我们每个人都经历过创伤，创伤发生时引发了很多情绪和情感，也许因为当时我们必须集中注意力去处理具体的事务，也许因为当时我们被告知要坚强不能流泪，我们总是自觉不自觉地压抑或者隔离了这些情绪和情感，那些心灵的创伤没有得到及时的关注和处理，被深埋在心底。读书的时候，我们总是不自觉地与作品中的人物或情境互动，当书中有与我们的创伤经历类似的情境出现时，那些久远的、被压抑或者隔离的情感往往会被触发，然后化作泪水悄悄流出，那一刻，我们以为自己只是为故事中的人物流泪，神奇的是，我们内心曾经的创伤竟得到了疗愈，心灵得以升华，而这个过程，是在一个极度安全和隐秘、甚至连我们自己都没有察觉的情况下完成的，我们不会因为自己的失态而懊恼，也不会因为自己的软弱而羞愧。所以，我愿意所有的孩子都能像周周一样，在别人的故事里，流自己的眼泪。

爸爸妈妈们大多因为认识到读书的好处，会买来很多经典读物，不顾孩子的年龄特点和兴趣爱好，强迫孩子去读，读了以后还要给自己汇报感想，背诵其中的优美词句，并希望孩子的写作水平能够立竿见影地提高。

其实，阅读作为一种习惯和生活方式，它的培养必然始于兴趣，尤其是在小学和初中阶段，因为阅读的效果往往不可量化，孩子们不能从世俗的、看得见的结果中得到奖赏。真正激励孩子不间断地读下去的，常常是阅读过程中产生的不可言说的愉悦和欣喜，是刹那的悲戚和苍凉，是个体渺小与时空无涯、宇宙浩渺对比之下的寂寞与旷达，是视野突然打开后的豁然开朗和狂喜。

我这么说并不是抹杀经典读物对孩子的精神滋养。我们都知道，经典之所以经典，除了它所反映的时代背景下的生活现实，还因为它所反映的是普遍的人性、人们共同的向往和追求，可以穿越时间和空间，直接抵达孩子的内心世界，润泽他的精神。但是，只有我们充分考虑孩子的年龄特点和兴趣爱好，才能适时地给孩子推荐跟他的阅历、学识和性格相契合的作品。

阅读的习惯又好比味觉和食性：每个妈妈都有自己做红烧肉的秘籍，每家的饺子也都有独特的味道，每个成年人对食物的喜好都跟自己对味道最初的记忆有关，而这最初的记忆常常是爸爸妈妈帮他建立起来的。孩子最初对于书籍的兴趣和品味也常常是爸爸妈妈培养起来的。

我记得在女儿小的时候，我跟很多妈妈一样，先是帮她订阅《婴儿画报》，然后是《幼儿画报》，还买过很多撕不烂也不怕水的小书给她读。她上了小学后，我因不了解那么多适合小孩子读的书，就按照老师的推荐买来给她读。低年级段时她读的多是杨红樱老师的《淘气包马小跳》系列，后来是曹文轩老师的作品，接着有《窗边的小豆豆》《长袜子皮皮》《我的野生动物朋友》……她都读得津津有味。四年级左右，她喜欢上了电影《哈利·波特》，我就开始给她买书，先是中文的，后是英文的。在电影和中文书她看了不下十遍以后，我告诉她，中国也有一个用文字创造丰富而完整的想象世界的作家——金庸。于是五年级的时候她读了一整套金庸的作品。与此同时，她开始读我书架上的张爱玲系列，还有《明朝那些事儿》《聊斋志异》……

五年级暑假的一天，垚垚跟我说：妈妈，我这个年龄应该看点言情小说。我说：那我给你买几本琼瑶吧。她却说：琼瑶的书是你们那个年代的姑娘读的，我们还是到书店去选一下吧。我十分好奇她能选回什么书，带着忐忑的心情跟她一起去了书店。我把她留在校园文学类图书那儿，然后去看我自己感兴趣的书。过了约两个小时我回来问她：书选好了吗？她竟然说：妈妈，我看了两本，好像没有什么意思，没有必要买，我什么时候想看借同学的就行了。那时候我突然明白，被蒲松龄、张爱玲、金庸、曹文轩、J.K. 罗琳等作家的语言和故事滋养过后，那几架校园文学作品不可能符合她的口味。

她长大以后，我们曾经聊起她对青春文学的兴趣，她说其实自己偶尔也在手机和电脑上看看，像吃惯了正餐偶尔吃点儿零食一样。

上了初中后，她开始更主动地选书，并且大量地阅读：鲁迅、余华、木心、龙应台、蒋勋、黄仁宇、几米、王尔德、马尔克斯、丹·布朗、宫崎骏、东野圭吾……那时都是她列好书目，我隔一两个星期就在网上定购一大批，同负责给我们小区送书的快递员都成了朋友。

其实垚垚读书的过程中我也遇到过亲戚朋友的很多质疑：

少看点书，给孩子报个课外班或者做点练习题吧，她的成绩其实可以更好一点的。

小孩子现在读这些书读不懂，并且读了也会忘记。

这样的书不适合小孩子看。

家里到处都是书，也不好好整理一下。

…………

阅读是一种复杂的智力活动，我始终认为：鼓励孩子多读书、带孩子认识自然，虽然不像刷题一样立竿见影地看到结果，但是它们对孩子思维的启迪、心性的陶冶，却可以比刷题更持久有效地发挥着作用。垚垚升入初中的时候区里有一个入口考试，那一次她在班里排到了四十七名，到初二升初三的时候她就已经进入年级前二十名，这个成绩一直稳定到中考。她不是早慧儿童，上学期间从不刷题，不报课外班，别人刷题上课外班的时间她都用来读书，我相信是大量的阅读打开了她的视野，完善了她的知识结构，提升了她的思维品质，而分数不过是思维品质提升之后的副产品。

当然，我们都有读了东西后来却忘记了的经验，谁都不能把自己读过的东西都记到脑子里。就好比我们吃完一餐饭几个小时以后还会饿一样，但是之前那一餐饭必然是有作用的，我们不会因为还会饿就不吃。很多时候，读过的书会在我们的头脑和心灵中留下一点似有似无的痕迹，我们来不及刻意强化，后期更大量的阅读，会不断地刺激这个似有似无的痕迹，让它越来越深刻。这些大量的无功利心的阅读，就在不知不觉中为孩子建造起了精神的宫殿。

但是，垚垚在建造精神宫殿的过程中，却没有顺便把书桌、沙发、茶几、餐桌整理好，以至于很多年里，我们家各个角落，包括浴室柜的抽屉里都是她正在读的书。那个时候，我尝试了很多次让她把书摆放得更有序，但都没有成功，最后只好放弃。我观察到，对于垚垚，那些混乱好像自有秩序，而触手可及的地方都是书才是她最自然的状态。在最自然的状态里读书，在读书中找到自己最自然的状态，也是我认为的最理想的读书方式。这种自然，包括书目的选择，只要她想读，只要内容是健康的，我这里没有禁书。我相信那些经过时间淘洗的经典，就是在引导孩子向善向美，我也相信她自己会主动汲取这些健康的营养。

对于很多孩子来说，读书是美妙的，但读完书按照规定动作写一个读后感却是痛苦的事情，所以我觉得不拘形式地写批注或者读书笔记可能会更轻松一些，但是如果孩子把这些当作负担，而你又一时不知道怎么办，那么亲子共读，一起讨论就不同了。当然，爸爸妈妈跟孩子讨论的时候也要避免出阅读题，比如让孩子概括一下故事呀，说说人物性格呀，更不能把自己的认识和感受强加给孩子。

为了培养孩子的读书习惯，爸爸妈妈可以帮孩子组成一个读书小组，或者成立一个阅读打卡群，以便孩子们定期交流读书的体会，互相做好书推介。如果能够把老师邀请进来，对孩子的激励作用会更大。爸爸妈妈还可以设立相应的奖励制度，比如打卡多少天或者读书多少本就可以满足孩子一个小愿望。孩子们之间相互促进，爸爸妈妈给予支持，这样的阅读更容易长期坚持。

关于阅读的重要性，有两位教授说得既通俗又深刻，我特别喜欢：

朱永新教授说，“一个人的精神发育史就是他的阅读史”。

孔庆东教授说，“事实上一个人不可能到40岁重新去读古今中外的文学名著，就像补钙一样，在青少年时候就要补到身体里头的，长大后多数人是不可能有空读名著的”。

脑子要怎么动

我女儿三四岁的时候发生过一件事情，很有意思。我对她说：垚垚，动动脑子想想看，这是怎么回事？垚垚一脸茫然，摇了摇小脑袋说：妈妈，脑子要怎么“动”，是这样吗？是啊，孩子对“动脑子”这个概念并不理解。这件事情让我笑了很久，也想了很久：我们脑子里有很多概念，跟孩子互动的过程中，常常不考虑孩子的知识结构和认知特点，随口就说给孩子，但是孩子并不了解这些概念真正的意思；我们喜欢用现成的概念来表达想法，因为这样很省力，看上去也很专业，但其实这只是思维的懒惰；思维的懒惰让我们不去深究，很多被随口说出来的概念，我们自己也并没有真了解它的内涵。

我们常常看到一些两岁左右的孩子就可以从 1 数到 100，然后家长就开始教孩子 5 以内数的加减法，之后是 10 以内数的加减法。家长很高兴，觉得自己的孩子很有数学天赋，可是这些孩子上学以后，有一大部分数学成绩并不优秀。这是为什么呢？孩子小时候对数字的概念和数的加减的概念并没有真正建立起来。

很多家长是自己数 1、2、3、4、5……让孩子也跟着自己说 1、2、3、4、5……这样教孩子数数，对于建立数字的概念并没有太大的实际意义。大家不妨想一下，我们数数的时候，脑子里可以把抽象的数字跟具体实物对应起来，可是小孩子则不同，他的世界是混沌的，他并不知道抽象的数字 1 跟实物之间是什么关系，所以孩子只是机械地跟着家长“说”1、2、3、4、5……而已，他并不是真的在数数，他数数的乐趣也许仅仅来自模仿的成功、记忆的准确、说得流畅或者爸爸妈妈的夸奖，而不是他对世界的新认识。

孩子对世界的认识往往是从具体的事物开始的。所以孩子头脑中数字概念的建立也应该跟实物对应起来。小的时候，爸爸妈妈可以在聊天的时候有意识地帮孩子建立数字和实物之间的对应关系。吃葡萄的时候跟他说“宝宝吃 1 颗葡萄，妈妈吃 1 颗葡萄”；给孩子饼干和糖果的时候跟他说“给你 3 块饼干（糖）”；吃饭的时候跟他说“给你 1 把勺子”；跟他一起玩的时候掰着他的小手说“你有 5 个手指头”，指着他的两只手说“你有 2 只手”，当然也可以说“2 条腿，2 条胳膊，1 个鼻子，2 只耳朵”，等等。我们每说一个数字，都要对应一样实物，这样孩子才能慢慢从实物当中抽象出数字的概念，而这个过程中数到多大数字并不是最重要的，帮孩子建立数字的概念才是重点。那些急于把数字教给孩子的家长，就忽略了帮孩子建立概念的过程。有的爸爸妈妈认为孩子天然就是理解数字概念的，也有些爸爸妈妈根本没有想到孩子对数字概念的认识是一个问题。

数的加减法的概念对于孩子来说更加抽象，但是如果我们用实物的合并、增加、分解教给孩子，他就能真正理解加减的意义。同样是吃葡萄，可以跟孩子说“宝宝吃了 1 颗葡萄，妈妈吃了 1 颗葡萄，咱俩合起来吃了几颗葡萄呀？”“妈妈有 2 颗葡萄，宝宝吃掉 1 颗，妈妈还有几颗葡萄呢？”吃饭的时候，妈妈放好两把勺子，问宝宝“咱们三个人一起吃饭，已经有两把勺子了，妈妈再拿几把勺子就够了呀？”当然，我们还可以把各种分水果、搬凳子、分筷子的任务交给孩子，让他把抽象的概念跟解决生活中的实际问题结合起来，加减的概念就会慢慢地建立起来了。

我自己教女儿建立数字的概念就是这样开始的，她并不是天才的孩子，直到三四岁才真的明白了数和加减的概念。到了五岁多的时候，开始突飞猛进。那时候她在幼儿园练体操，寒假时老师要求每天都做控腿的练习。我说：咱们每条腿都要站 100 秒呀。然后她开始练习，我就在旁边读秒，有一天当我读到 75 的时候，她突然说：妈妈，还有 25 下就够了。后来，我就故意停到某一个数字，让她说再有多少秒就够了，她每一次都能答对。但是直到那个时候，我还从来没有跟她提过加减法的概念。

孩子的世界是混沌的，需要我们带领着一点点从具体事物中抽象出概念来。还有一些抽象的品质和能力的概念，则需要我们帮孩子具体化成行为，分解成不同的步骤，才能真正变成他的能力。

比如说，很多爸爸妈妈都知道，学会观察生活很重要，不管对于写作还是物理、化学、生物等自然科学的学习。于是爸爸妈妈就会常常对孩子说：你要认真观察，一定要认真观察。结果呢？说了很多年，孩子还是没有学会观察，爸爸妈妈就会说孩子不听话，不用心，还会为此而生气。其实这个事情是怪不得孩子的，因为爸爸妈妈并没有把“观察”这个概念说清楚。

我们就以写作之前的观察为例来说一说。

如果我们要孩子写一个人，那他必须先对这个人进行观察了解，才能在文章中言之有物。妈妈可以用具体的问题引导孩子有目的有方法地进行观察，我们可以这样向孩子提问：他的身材、五官、发质、发色有什么特点吗？他的音色、语气、语速跟别人有什么不一样的吗？这是对人的外貌特征的观察，我们还可以引导孩子观察他的爱好：他对衣服的款式、质地、颜色有什么偏好吗？他喜欢看什么类型的书？什么类型的影视剧？他喜欢运动吗？如果喜欢，那他喜欢什么运动项目呢？我们还可以引导孩子观察他做事的特点：他做事情是快还是慢？有没有计划和条理？是不是把事情的每一个细节都做好呢？他遇到困难的时候都是怎么处理呢？我们还可以引导孩子观察他与人交往的过程：他作为家人、朋友和同事分别给人什么印象呢？他对待陌生人态度如何呢？

假如孩子要写一棵树，对他说“你仔细观察那棵树呀”，往往是没有用处的，我们可以反复带孩子去到一棵树下：引导孩子按照由整体到局部的顺序观察树的形状，枝干的形状，叶子的形状，还有它们各自不同的颜色，甚至更细致地观察叶子的正面和背面的颜色、叶子边缘和中心的颜色；还可以按照嗅觉、触觉、味觉让孩子去闻一闻、摸一摸，甚至用舌尖去品一品；我们要在不同的时间带孩子去观察，引导孩子去看一天里时间的推移、光线的变化给树的颜色、明暗、影子带来了什么不同；我们还可以引导孩子按照天气来观察阴晴、风雷、雨雪情况下树的变化……

我们再来举一个更加具体的例子。如果孩子需要写雨的声音，那么他就需要用耳朵来“观察”，而孩子可能并不知道去听什么，如果有条件的话，我们就可以带孩子听一听都市的雨和乡村的雨，听一听山林的雨和湖畔的雨。如果没有这样的条件，那么我们可以跟孩子一起听一听雨落到水泥地面的声音、落到黄土地面的声音、落到水洼河面上的声音；听一听雨落到小草上的声音、落到树叶上的声音；听一听雨落到伞上的声音，落到雨披上的声音，落到广告牌子上的声音；听滂沱的大雨、零星的小雨；听斜风细雨、疾风骤雨……

如果我们长时间地陪孩子一起观察，那么这个过程中我们一定会遇到各种不同的心境，我们就可以让孩子注意自己对同一事物的感觉是不是随着自己心境的不同而产生了变化。我们把“观察”这个概念，具体化为上面这些内容，孩子的观察能力是不是可以培养得更好呢？以后遇到具体的问题，他是不是也就可以做得细化和深入了呢？如果他还有好的联想和想象的能力，语言驾驭能力，写出一篇高质量的作文就一定不是问题了。

“用心听课”是爸爸妈妈跟孩子说的另一个高频但无用的概念，并且“用心听课”更加不容易具体化，不容易量化，因为它完全发生在孩子的头脑里。

让我来试着把它说得更具体一些。其实听课应该包括听老师所讲的知识，听这个知识跟其他知识之间的关系，听老师讲这个知识的方法，还要听同学们回答问题的角度和语言组织，以及老师对自己和其他同学所回答的问题的评价。

比如，我的语文课上发生过这样一件事情，我请某个同学朗读并概括下面这段话的内容：

小说惊心动魄地写出了恶魔般的社会环境怎样残酷地、一点点地剥掉祥子的农民美德，将他的性格扭曲变形，直到把“树”一样执拗的祥子连根拔起，抛到城市流氓无产者的行列中。更足以显示作者现实主义艺术的深刻性的是，作者不只从社会环境，而且从这些人物自身发掘他们悲剧的原因，写出生活给予这些人的限制。

这个孩子读完以后说：这段话概括了《骆驼祥子》这部小说的情节。我提醒他：请你再来读一遍，注意这段话有几个句末标点，然后再概括。这个孩子再读一遍之后说：哦，我看明白了，这段话的第一句话是说社会环境是造成祥子悲剧的原因，第二句话说“从人物自身发掘他们悲剧的原因，写出生活给予这些人的限制”，在讲什么我没有看懂。

这时候我做了这样的点评：他第一遍读的时候其实就是读了自己认识的字而已，这些字联系起来所表达的意思并没有搞清楚，这种读只用了眼没有用心，第二遍读的时候就开始关注每句话陈述的对象到底是什么，他看到了自己懂的内容，也看到了自己不懂的内容。不只看见了字，还看见字背后的意思。这就是用心读了。读书、读题，读文科、读理科都是如此，当然听课也是如此。我在这里有两次点评，第一次是具体指导孩子怎样读懂文章，第二次是对孩子们日常的读书习惯和听课习惯的点评。

只用眼不用心，只用嘴不用心，只用耳朵不用心，这是很多孩子日常听课的状态，他们的感官勤奋地活动着，脑子却始终懒惰地原地不动。这些孩子或者天生思维懒惰，或者从小被灌输惯了，没有形成用心思考的习惯。在日常生活里，爸爸妈妈怎样把孩子的脑子折腾起来，怎么把“用心”的概念具体化呢？其实，前面我所举的各种“观察”的例子，也是在培养孩子“用心”，而“用心”这种能力，一旦培养起来，在不同的学科学习中都可以发挥作用。另外，我们前一篇就谈了亲子阅读并且一起讨论，大家不要认为这只是语文学习或者性格培养，其实阅读和讨论的过程就是对孩子的思维习惯的培养。因为很多孩子热衷于看热闹，对于人物对话的具体内容、作者表达的意思并没有注意。爸爸妈妈可以在亲子共读以后，用一些话题讨论的方式引导孩子深入理解书中的人物。

我给女儿买了金庸以后她很喜欢读，等她看了一段时间之后，我就问她：金庸的作品里有那么多的英雄形象，像郭靖、乔峰、杨过、令狐冲，你更喜欢谁呢？她一时说不好，于是，她就重新拿出金庸跳读了一遍，把金庸笔下的英雄形象做了一个横向的比较。后来，她自己又做了金庸作品中女主角的比较，在班里的演讲活动中还专门开了金庸作品中的人物形象的专题。并由此开始了各种作品的比较：鲁迅作品中的女性人物呀，魔幻小说呀，等等，她读书看剧也比以前更加用心了。

“用心”就是这样在做事情的过程中慢慢培养起来的。用具体的行动引导代替概念和说教，用孩子感兴趣的话题把孩子的思考引向深入，孩子的学习能力和生活能力都可以提高。父母改掉思维懒惰的毛病，用聪明的、具体的方法从具体事物中抽象出概念，再把抽象的概念具体化为行为，孩子的思考力和行动力一定可以得到提高。

安静是一种学习力

每一个学校都会有例会时间，孩子们会在老师们开例会的时候上自习。一天例会结束以后，两个班委先后来找我，聪聪先说：老师，今天自习课同学们进入状态特别慢，周围老是不安静，谁都学习不下去，过了好长时间才静下来。紧接着小景就说：老师，今天自习课开始还行，但是还没有到下课时间，同学们就躁了，我本来想把作业写完，最后也没能写完。我一听就乐了：看来今天自习课确实不好，不过刚才聪聪说是开始不安静，现在你又说是下课前不安静，到底是什么时候更不安静呢？小景说：是吗？我去跟她聊聊。

过了一会儿，两个孩子回来了，他们说：老师，今天自习课确实不够安静，不过最重要的是我们自己状态不好，一个开始的时候心不静，一个最后心不静，我们还以为让自己学习不下去的是其他同学。这就是您经常说的——安静是一种学习力吧。

确实，我经常跟孩子们说“安静是一种学习力”，因为我见到过很多孩子，自习课的时候很少能长时间地埋头于自己的学习任务，任何的风吹草动都能吸引他的注意；这些孩子在体育课或者音乐课之后，也很难快速进入文化课的学习状态。

而那些学习优秀的孩子有一个共同的特点，他们可以在动和静之间、在不同类型的学习任务之间自如地转换，好像他们自己的脑子里有一个开关，轻轻一触就会转换到另外的一种模式。我请他们跟大家分享这方面的经验，他们有的说发现自己躁动的时候，会先闭上眼睛待几分钟，然后再开始做事情；有的说是先把自己大脑里其他的事情和情绪清空；有的说就是给自己心理暗示，直接告诉自己：我要开始学习了，要静下来。

有一年，我带孩子们参加体育中考，中间突然下起了雨，我们只能挤在一个地方避雨。避雨的时候，孩子们都叽叽喳喳，吐槽的、聊天的、开玩笑的声音一浪高过一浪，因为考试的时候孩子们本来就焦虑，又碰上下雨这样的事情，他们很难安静下来。就是在这样的环境下，我们的班长荣荣同学从自己的书包里掏出了一张物理卷子，用书包当桌子做了起来，雨下了半个多小时，他做完了一张物理试卷。我们好奇地问他怎么做到的，他说：大脑里负责体育中考的跟负责物理试题的本来就不是一部分呀，不考体育的时候，让物理试题那一部分来工作就好了。

后来我常把这个故事讲给学生听，并对所有的孩子说：我们每个人的大脑都有不同的分区，我们每个人身上也都有一个按钮，只要一点这个按钮，就可以从一种学习模式转换到另一种学习模式，从躁动的状态转变到沉稳安静的状态。这么说，其实就是让孩子们给自己一个心理暗示，而这个暗示又添加了一个形象的动作，很多孩子都说这样的方法很有用，浮躁的时候把自己事先想好的那个“按钮”点一下，自己就能很快静下来。后来看《神探夏洛克》，发现卷福开始思考之前，有一个习惯性的动作，双手合拢，抵住下巴，好像这个动作就是他进入沉思的那个按钮。

说到这里，大家应该清楚了，我说的“安静”是这样的一种状态：它的第一个层面是外在的少动少言，让自己处于倾听和思考的状态，因为大部分孩子言语和肢体活动过多的时候，就会亢奋，一个人在情绪波动频繁的时候，很难有理性的、逻辑严密的思考，也很难做出准确的判断，这种状态不利于孩子处理学习问题。因此，我所说的安静的第二个层面就是情绪的平和淡定。只有外在安静、内心平静才能心境澄明，平时所积累的知识、培养的能力才能自动呈现出来，孩子才能准确地运用它们解决眼前的学习问题。相反，如果心绪繁杂，难以凝聚在一个点，孩子们积累的知识就会相互干扰，不能准确、有序地呈现。所以我说：安静是一种学习力。

其实每个人都有内心躁动的时候，每个人也都可以找寻到适合自己的、快速静心的办法。除了给自己心理暗示，有的孩子还用一些具体的行为来调整自己。我的一个学生在介绍经验时曾经说过：我也经常静不下心来，如果我感觉自己静不下来，就会找几道大位数的计算题来做，当我处理这些烦琐的计算的时候，心就会慢慢静下来，连续做四五道以后，再去做其他的事情，就感觉效率特别高了。

我自己也有过这样的体会，心不静的时候做事情效率特别低，这个时候我会通过读书让自己静下来，也有些时候拿起书来看，书上每一个汉字都看见了，也都认识，但就是不知道它们组合起来是什么意思，看上去拿着书读了很长时间，其实一点儿收获都没有，如果是这样的话，我就会出声地读，读出声音以后，字的意思也就进到脑子里了，这个办法屡试不爽。读书，尤其是出声读书就是我让自己静下来的办法。

确实，不光孩子需要静心，我们成人也需要，大家常用的静心方法除了心理暗示之外，还有调整呼吸、打坐和冥想。但是十三四岁的孩子对于这些方法往往不大感兴趣，他们这个年龄情绪调控能力还不稳定，有时候会把调整情绪变成强迫自己静下来，在心里跟自己的起起伏伏的情绪较劲，这样的结果是让他们越来越烦躁。比较而言，他们更适合做大位数计算、出声读书这样的具体事情让自己静下来，我给他们推荐比较多的是零失误抄写。

零失误抄写，就是让孩子们在书法纸或者方格本上抄写或者默写，孩子可以给自己规定，每天连续抄写 100 字（或者根据情况给自己定一个数字），每一个字都不能有错误、败笔、涂抹才算完成，不管哪一个字出了问题都要从头再来，直到连续 100 个没有任何失误的字都完成，然后才去完成其他的学习任务。很多孩子开始练习都要二三十分钟才能完成 100 个字，随着练习量的增加，孩子们的失误率就会越来越低，速度就会越来越快。很多孩子说，练习一段时间之后，只要把纸铺到桌子上，拿起笔来写，心就静下来了。在这样的心境下去学习，效率就会提高很多。零失误抄写，既可以让孩子静下心来，也可以培养孩子注意力的品质，还能练字，一举多得。

我们前面提到，每个人都可以找到让自己静下心来的方法，有时候这个方法是很个性化的。我发现过一些女孩子在思考问题的时候总是去绕自己的头发帘，也有些孩子学会转笔之后一定要在思考问题的时候转笔。老师和家长看到之后会纠正他们，说学习的时候不要做无关的事情，容易干扰思考，但是你真要强迫他们停止的话，他们就会手足无措，难以静心。这些孩子说：只有手指头动起来的时候，脑子才会动起来。

我曾经看到过一个有趣的报道：国外的一些行为研究表明，咀嚼口香糖有助于注意力的提高，还能增强记忆力和情绪调节能力。因为咀嚼动作可以让重要脑区的血流量提高 28% 以上，从而增加脑部血红细胞的载氧量，保持大脑神经细胞的活动。因此，有的专家建议应该经常让孩子们“咀嚼”。

其实我所说的安静，不完全等同于注意力，它是一种外在安静和内心平静的状态，这种状态是孩子把他的注意力水平发挥到最好的前提，有了这一点，要学习就是最好的学习力，要考试就是最好的考试力。

你的时间够用吗

很多孩子升入初中以后都感觉时间不够用了。因为小学只有语文、数学、英语三个学科，学习内容比较少，难度也不大，考试之前老师在课堂上就带孩子们复习了，基本不用自己再来安排复习。而升入初中光文化课就是七科，八年级还要增加物理和化学，中考还要考查微机、体育和理化生实验，和小学相比知识的量和难度都有一个很大的跨度，只有合理地安排时间，面对学习任务才能做到游刃有余。有一小部分孩子自己可以顺利适应，找到适合自己的学习节奏，还有相当一部分孩子，如果不能及时得到指导和帮助，就会一直忙乱下去，直到高中。

我曾经带过一个班，升入初中后总说时间不够用，我问：那你们感觉每天再给多少时间就够用了？很多孩子都说每天还需要一两个小时，最严重的一个女生说，她需要四五个小时。可以想象，这些孩子每天把自己淹没在书山题海里面，根本没有时间和空间发展自己的爱好，甚至就是发发呆、放空一下的时间都没有。

我们当然没有能力给孩子们每天多出那么多时间，我请这些孩子梳理一下，他们需要那么多时间来做的到底是一些什么事情，是不是很重要的、必须今天做的；如果是，那么他们现在每天都把时间花费到了什么地方。经过这样梳理之后，孩子们发现，他们要么是平时做事情的效率太低，要么是自己想做的事情太多太乱，超出了自己的能力范围，要么就是时间管理的意识和能力不够。而前两个问题常常可以通过增强时间管理的意识、提高时间管理的能力得到解决。

为了帮助他们迅速适应初中的学习节奏，合理安排好自主学习时间，处理好家庭作业、自主学习和兴趣爱好之间的关系，我帮他们设计了下面这个作业管理的表格：

<table>
<tr><th>作业项目</th><th>语文</th><th>数学</th><th>外语</th><th>政治</th><th>历史</th><th>地理</th><th>生物</th><th>物理</th><th>化学</th></tr>
<tr><td>计划时间</td><td></td><td></td><td></td><td></td><td></td><td></td><td></td><td></td><td></td></tr>
<tr><td>实际时间</td><td></td><td></td><td></td><td></td><td></td><td></td><td></td><td></td><td></td></tr>
<tr><td rowspan="2">作业中的问题</td><td>知识点</td><td colspan="2">审题能力：把握关键词（考点、知识点）</td><td>思路严谨</td><td colspan="4">答题规范：术语、格式、书写规范</td><td>其他</td></tr>
<tr><td></td><td colspan="2"></td><td></td><td colspan="4"></td><td></td></tr>
<tr><td rowspan="2">解决问题途径、效果</td><td rowspan="2"></td><td>自主安排计划</td><td colspan="7"></td></tr>
<tr><td>完成情况</td><td colspan="7"></td></tr>
<tr><td>自我评价</td><td colspan="9"></td></tr>
<tr><td>家长评价</td><td colspan="9"></td></tr>
</table>

孩子们每天把家庭作业记录到表格的第一行，记录的同时就初步做一

个预算：以自己的能力，每一项作业大概耗时多少分钟。自习课和晚上完成作业的时候，再记录下实际的作业用时。这一部分内容，目的是让孩子们对自己做事情的时间有所觉察，帮助孩子们培养时间观念，同时也可以给孩子们一点儿紧迫感，写作业的时候不再拖延和磨蹭。这三行表格，我通常要求所有的孩子完成。开始落实的时候，很多孩子对自己的能力并不了解，作业的计划用时和实际用时之间差距很大，使用一段时间之后，孩子们就能更准确、客观地评估自己，时间安排也越来越精细。

表格的第四行和第五行的前半部分，是培养孩子们作业之后的反思能力，目的是让孩子充分利用作业检查自己的课堂学习效果，养成从知识的掌握、审题能力、思维的周密性、答题的规范性上反思自己的习惯。因为作业的根本目的就是巩固和检查，并提高孩子解题的综合能力。如果没有反思的过程，作业的效果就会大打折扣。很多孩子常常会有“作业是老师的，复习才是自己的”想法，匆匆赶作业而弱化了作业的效果，这一部分就是帮孩子实现作业检查巩固的功能。在反思的基础上，孩子们还要针对作业中出现的问题做相应的练习巩固，让作业的效率最大化。这一部分可以很好地解决孩子盲目作业、应付作业的问题，提高孩子自主学习的能力，预防孩子们把自己的作业做成豆腐渣工程。在时间规划能力逐步提高之后，表格的这一部分也是要求孩子们必须要完成的。

第五行的后半部分，是选用的，对自己要求比较高、或者自主时间比较充裕的孩子可以使用。

表格的最后两行，是孩子的自我评价和家长评价，孩子对自己当天的作业情况做一个简单的回顾，不需要长篇大论，可以简单地写满意或者不满意，可以用 A、B、C、D 打等级，也可以写自己做得最好或者最不好的某一个点。家长评价，一般要做具体点评，可以是书写，可以是专注度，可以是准确率，还可以是坐姿，一定要就事论事，最好用具体的行为动词来描述，不做泛泛的评价。如果家长把握不好，可以不做点评，以免适得其反。

每个孩子写作业的顺序也会有很大不同，需要说明的是，这个表格的学科顺序，不是孩子写作业的顺序，我一般建议如果孩子有弱科，那么就要在自己精力最旺盛的时候先做弱科的作业，以免总把它拖到最后，在疲惫的时候去处理困难的问题，形成恶性循环。如果没有弱科，那么就可以交替安排作业的顺序，或者按照自己的习惯安排作业顺序。

很多孩子开始使用作业管理表格几周之后，作业拖拉、时间过长、效率过低的问题都可以得到一定程度的解决，他的时间自然就多出来了。

要想进一步提升时间管理能力，孩子们还要养成做计划的习惯。老人们常说：吃不穷、穿不穷，盘算不够就受穷，强调的就是家庭开支要有计划，计划好了日子过得就会舒服，财务还有结余。学习和工作也是一样，计划好了，任务完成得好，时间比较宽裕，可以发展自己的爱好。在实践中，比较有效的是每天早晨和每周末的计划清单以及考试之前的复习计划。

孩子们每天早晨到校后到开始早读前的几分钟里面，可以安静地想一下自己今天要完成的事情。比如，背 20 个英文单词，做 5 道有理数运算，找语文老师面批作文，跟物理老师交流等。这个清单所列的计划不宜超过五项，两到三项最好。因为项目过多完不成就会心生内疚、给自己挫败感而不易坚持下去。我提醒孩子们，清单一定要写在一张即时贴上张贴在桌角，每完成一件事情就打一个对钩来激励自己。后来，孩子们还开发出了新的自我激励方法：有的孩子在完成的任务之后画小红旗，说有占据阵地的喜悦感；有的会折成小飞机或者幸运星，他们说有放飞希望和越努力越幸运的感觉。

每日计划为什么要张贴到桌子上呢？计划贴出来之后，既显示了自己完成的决心，也便于同学之间相互督促。西班牙有句谚语：面对一座高墙却没有勇气翻越时，不妨先把自己的帽子扔过去。把帽子扔过墙，就帮助自己下定了翻墙的决心。那张贴出来的即时贴，就是扔过墙的帽子。

周末计划的清单跟每日清单相似，列出自己除了完成作业之外，还需要做哪些工作；和每日计划清单不同的是，孩子要在周末计划里规定好自己完成作业的时间，因为有些孩子，时间越是充裕的时候就越磨蹭，常常是到周日晚上才写完作业。孩子们利用周末计划清单以后，既能有计划地安排一些时间来自主学习，也能有时间看看电影踢踢球放松。

对于绝大多数初中生来说，没有考前复习，很难考出一个不错的成绩。我一般建议孩子们在考前三到四周的时候开始列复习计划。列计划之前，需要综合考虑复习范围、每天可以自主支配的时间、自己的学习能力，在这个基础上制订出具体详细的每日计划。对于复习计划，我有几点建议：

第一，用表格列计划，这样清晰明了。

第二，表头最好包括：日期、考试倒计时、学科、自评和备注。

其中学科一栏内容要具体，比如，数学第一章第 2 节、语文第一单元生字、历史第 3 课等，不能笼统写地理、物理。每天的每一项计划完成后也要像每日计划和周末计划一样画对钩或者小红旗等。

如果哪一天随机事件比较多，计划确实没有完成，一定要用醒目的符号标注出来，并备注到第二天或者第三天完成。表格里的具体任务、完成后的对钩或红旗、没有完成的标志、备注栏、最终完成后的标志，都要用不同颜色来标注，这样更加简明醒目。

这样的一份复习计划，往往一张 A4 纸就能完整呈现出来了。

第三，列计划时，两到三天要把所有学科安排一轮，并且最好做到滚动复习。

有些孩子开始复习的时候，总喜欢两三天里集中复习一个学科，这样整个复习完一遍之后，前面复习的学科往往又忘记了；也有些孩子喜欢一天里把所有学科都复习一遍，这样的孩子往往所有学科的学习都是蜻蜓点水，不够深入，效果也不好。所以建议两三天里把所有学科复习一遍，并且不间断地滚动复习前面的内容，因为记忆力是世界上最不可靠的东西，只有及时复习、反复复习才能达到好的效果。

第四，计划列好之后，最好家里和学校各一份，并请老师、家长或者同学寄语。请大家寄语，除了可以激励自己之外，同样可以起到“先把帽子扔过墙”的效果。

第五，计划是用来落实的。复习计划要量力而行，让自己能够“今日事，今日毕”才是科学合理的计划，切不可贪多，因为计划不是装饰品，更不是写给别人看的。

在孩子们的学习中，总有一些事情是每天都要做的，比如英语老师会要求孩子天天听读，孩子自己也需要天天背单词、天天读书、天天锻炼，像这样需要天天做的事情不妨用固定的时间来做。比如早晨起床之后可以固定听英语，每天午休之前固定背单词，放学之后固定锻炼，睡觉之前固定读书；每周六上午固定打球，周六下午固定写完作业，周日下午固定看电影，周日晚上固定把上一周的学习内容复习一遍；等等。

固定的时间做固定的事情，可以省去时间安排上的随意性，也省去了每次都要把所有时间都计划一遍的麻烦，让孩子的学习和生活更有节奏，减少无序和混乱。

另外，大学科大时间，小学科小时间，薄弱学科稍微多一点时间，临近考试时间向记忆量大的文科倾斜，也是孩子们安排时间的一些小原则。

如果孩子能把上面几件事情做好，那么他的学习生活一定就会很有序，时间也会相对充裕，不至于淹没在各种琐碎工作的混乱里、挣扎在永远都等在远方的作业里、浸泡在事情做不到位的内疚里，为高中学习乃至日后的工作做好准备。

孩子的辅导班是鸡肋吗

中国教育学会2016年12月27日发布了《中国辅导教育行业及辅导机构教师现状调查报告》，报告显示2016年参加辅导的学生规模超过1.37亿人次，我国中小学辅导机构市场规模已超8000亿。8000亿，直逼我国当年9543.54亿元人民币的军事预算，与2014年8000亿元人民币的军事预算相当。这么一比，还真是让人震惊呢！

从二十世纪八九十年代开始，课外辅导行业在二三十年的时间里蓬勃发展：培优班、补缺班、先修班、考前集训班、刷题班、押题班应有尽有，大班课、小班课、一对一形式灵活多样。这几年，辅导班又由线下延伸到线上，去年，一位在线教师一小时收入1.8万元曾经引起热议。

家长群里，还有校门口接孩子的爸爸妈妈们，交流最多的话题也是各自上的辅导班或者共同上的辅导班。《中国辅导教育行业及辅导机构教师现状调查报告》显示，超过八成的家长非常同意或者比较同意课外辅导是中小学阶段必不可少的一部分。

我邻居阿姨家的小孙子刚上五年级，听说有个初中语文老师的辅导班特别好，马上就去报名了。阿姨说：上了初中再报就排不上了，高考改革之后，语文占到 180 分，不能不重视！

很多妈妈觉得，孩子同样要面临中高考，别人家的孩子都在补课，自己的孩子不上就会落后，这怎么行呢？“上辅导班可以提高成绩”，很多孩子和家长都是抱着这样的心理报辅导班的，那么，上了辅导班是不是就真提高成绩了呢？

第一章里我曾经提到，我现在的班上有 53 个孩子，小升初的时候有 85% 的孩子上四到五个辅导班，有 6% 的孩子每周上八到九个辅导班，在我反复劝说下，孩子们的辅导班多数都缩减到了三个左右，只有极个别的孩子上着五个辅导班。

一年以后，我又对孩子们上辅导班的效果做了调查，认为辅导班对自己的学习很有作用的仅有 6 人，其余近 90% 的孩子认为辅导班对自己的学习成绩“有一点作用”。当面交流时，很多孩子都表示：虽然感觉很多辅导班作用不是特别大，但是万一不上更不好怎么办？况且，那么多同学都在上，我不上岂不是偷懒吗？听上去，大多数的辅导班不过是一块“食之无味，弃之可惜”的“鸡肋”而已。

在我收集上来的问卷中，大约 50% 的孩子表示，辅导班里的孩子“上课说话的比较多”“容易在课堂上分心”“有的孩子特别不正经”“有不少是来混时间的”“小半部分好好听课，大半部分稍差”。

有这么多孩子交了课时费、花了时间却不好好听课，原因是多方面的。

第一，孩子自身学习习惯不好。其实很多班都有一个现象：越是成绩薄弱的孩子，辅导班上得越多。这些孩子的成绩不好往往是因为听课习惯不好，专注程度不够。而辅导班大都以知识学习为目的，可以想象，这些孩子并不会因为上了知识辅导班而提升注意力品质，相反，每上一次课外班，孩子不专注的习惯就会得到一次强化，这不断强化的坏习惯就真的“跟呼吸一样自然”了。这些孩子本来还在因为成绩不理想而自责，这种自责会督促他寻找解决问题的途径，如果不加分析地上了辅导班，就减少了孩子的自责和愧疚，孩子就会把自己的学习完全交给了校内校外的老师们，认为自己反正都已经上了辅导班，再学不好那就是自己太笨了，不再主动思考提高。

第二，辅导班是家长替孩子选择的。有的家长看到别的孩子在上辅导班而跟风；有的家长发现自己的孩子成绩弱“病急乱投医”，报一个辅导班图心安；有的家长感觉孩子该升学了某些学科需要加强；有的家长因为孩子没有上名校，一定要找到名校老师给孩子辅导才感觉踏实；有的家长纯粹就是因为自己工作忙，假期和周末不能在家陪孩子，就把孩子扔到辅导班请他们代为监管；还有的家长听说辅导班讲的东西是老师课堂上不讲的，害怕孩子没有听到会吃亏，从未考虑其实老师们在学校都是有教研活动的，哪些内容讲，哪些不讲，都以课标和考试说明做指导，不是自己随意决定的，有些课外班就抓住这一点讲一些边缘的内容以吸引大家。凡此种种，家长都没有经过客观理性的分析就给孩子报了辅导班，如果这些爸爸妈妈并没有做好孩子的工作，孩子不愿意把自己的周末和假期都交给课外辅导班，那么他在课堂上不好好听课就是必然的了。

第三，孩子被关得太久了。中央电视台有一则公益广告，“要关注孩子，不要关住孩子”。广告里的孩子面对堆积的作业、不得不练的钢琴还有英语课外班的无奈和叹息，不能不引起我们的思考。十几岁的孩子，每天面对单调、封闭的环境，重复地、没有创造性地刷题，提不起精神、没有好的效果是必然的。

第四，辅导机构难辞其咎。《中国辅导教育行业及辅导机构教师现状调查报告》显示，有近三成的家长认为“辅导机构教师专业素养不如学校老师”，还有超过三成的家长认为“辅导机构的老师是因为当不上学校老师或纯粹为了赚钱才去辅导机构任教”。辅导行业市场利益可观，而辅导机构准入门槛低，鱼龙混杂。很多机构专职教师少，真正懂专业的教师更少，没有教研氛围，没有公开课、磨课、评优课、推门课来逼迫老师提升业务能力，周围也少有真正的高手老师以资学习，老师们的教学就是跟着感觉走，对学生、对教学内容的理解全靠自己感悟，很多老师不能吸引学生，也不能调控课堂。再加上有些辅导机构管理不善，机构对老师要求不到位，老师对学生要求不到位，有的孩子在课堂上玩手机，老师却坐视不管，以至于学生学习效果很差。

其实很多家长并不是没有意识到这些问题，没有放弃辅导班这个“鸡肋”只是不知道还有什么更好的办法而已。

有一个妈妈曾经无奈地对我说：她的孩子倒是很喜欢上辅导班，辅导班的老师为了留住学生，总是想办法把孩子哄得高高兴兴，基本不说孩子的问题，课堂上讲的知识很少很简单，孩子做题倒是很有成就感，但实际上并没有什么收获和提高。辅导机构为了追求经济利益而做出虚假繁荣的景象，这不是做教育，只是做生意而已。

其实辅导班也并不是一无是处。学校都是混合编班，并且很多地区班容量还很大，老师们只能根据班上大部分学生的知识水平和接受能力备课上课，很难真正满足每一个孩子的个性需求，因材施教只是一个理想的状态，总会有一些孩子感觉教学内容不太适合自己；再者，教师队伍中个别老师教学水平亟待提高，这时候孩子们可能就希望通过课外的辅导班来弥补课堂学习的不足。所以，上辅导班首先应该是孩子自己的需求，而不仅仅是这个学科在中考中所占的分值比重，或者别的同学是不是上了辅导班。

其实影响孩子成绩的因素有很多，如果是因为孩子缺少学习动力，或者是学习习惯不好，上不上辅导班意义并不大。因为相对学校教育来说，辅导班主要是针对考试而设的，功利性更强，教学以知识点、考点、答题套路为主，很难解决孩子内在的学习动力和学习习惯的问题。如果孩子对上辅导班有抵触情绪，那就更是得不偿失。

对于成绩薄弱的孩子来说，正确归因是第一步。如果基础特别薄弱，能力急需提升，那么选择的辅导班班级人数越少越好，条件允许的话，一对一辅导可能效果会更好，只有这样，老师才能精准地把握孩子学习中的症结，尽可能从根本上改变孩子的学习状况。如果是因为学习习惯不好，那么报辅导班就不如激发孩子的学习动力，配合学校，从培养习惯做起更好一些。

很多孩子不加选择地上先修班，尤其是理科。初一年级暑假的时候，很多孩子都会先修物理和化学。开学之后，自制力好的孩子还能认真听讲，但是有一些孩子感觉自己学过了，对新知识没有好奇心，也没有必须认真听讲的自我要求，课堂上表现得很浮躁，不肯深入思考。这些先修过物理化学的孩子往往是刚开始成绩略高于其他同学，随着学习的深入就没有任何优势了。所以很多老师都建议孩子预习而非先修，如果选择上理科辅导班的话，还是以学校学习的加深和拓展为宜。

选择辅导班最重要的是选择老师和同学，因为这两点都是在学校没有办法选择的。老师本身的业务能力是有差距的，孩子跟老师之间的契合度也不同。选一个有能力的老师，方法才能巧妙；老师和孩子之间彼此适应、喜欢，孩子就能学得轻松愉快。同一个辅导班里面，学生的知识结构接受能力相近，老师的备课才能有针对性，所选的练习费题就会少，这样才能真正弥补学校授课的不足。

其实上与不上辅导班，跟成绩优异之间没有必然的联系，成绩的提高，主要渠道一定是课堂和作业。抓好课堂和作业，才是提高成绩的不二法门。如果孩子有良好的学习习惯，能够把课堂和作业中的问题都弄得清楚明白，那么把一部分上辅导班的时间和精力，换做阅读、游戏和旅行，也没有什么不可以。这些内容看似于考试无用，做出这样选择的父母看似对孩子的教育不作为，但是如果我们把时间拉长，就会发现这些所谓无用的才最是有用，这些父母因为无为而终会无不为。

孩子的成长是个单行道，一个孩子只能培养一次，不能重新来过，但是如果让我女儿重新上一遍中学，我还是会坚持不让她陷在辅导班里。

用认真的习惯培养认真的能力

我表妹的儿子上初中了，区里入口考试成绩一般。我们聚会的时候她说：这孩子你知道的，挺聪明，考的内容他也都会，就是太粗心了，只要认真点，他就考到前十名了。

这话听上去是不是很熟悉？或者，你是不是也曾经说过？类似的还有："哎呀，这个孩子一做简单题就粗心了，总是出错。""这孩子特别聪明，就是粗心，计算总是出错。""这孩子挺聪明，就是不重视，只要重视了，成绩就会好的。"说这些话的时候，妈妈们看上去大都并不真着急，甚至有些炫耀孩子聪明的意思，好像"聪明"的孩子都该"粗心"，而"粗心"的孩子也一定"聪明"。可那些"聪明"又"粗心"的孩子，却很少能做到认真而取得了好成绩，因为他们有时候确实不是不会"做题"，而是根本不会"认真做题"。

中国人是有神童情结的，生一个聪明的宝宝总是很有面子的事情。但是，我们给孩子糊了一个聪明的面子之后，却并没有得来成绩的里子。

孩子是家庭的镜子，家长重视的必是孩子重视的，家长炫耀的必是孩子炫耀的。我就见过很多孩子总是觉得自己聪明，有意无意地夸耀自己聪明，炫耀自己不需认真努力就可以拿到90分，甚至从心里口里瞧不起那些认真努力拿到98、99甚至100分的孩子。这是多么愚昧的想法！这些孩子们不知道，从90到98、99这八九分之间的差距需要的周密、深入、敏锐，不是他们夸耀的小聪明，不是他们认为的有朝一日稍稍认真就可以达到的！因为认真是一种能力，不是朝夕之间就可以提升的。

我对表妹说：其实学习中是不是真的学会了，是要用能不能拿分来检验的，打个比方来说，孩子学游泳的时候教练教了基本动作要领，孩子知道了，在地面上也会做了，你就以为他会游泳了吗？你是不是还要看到他下水游一个来回才觉得他真会游泳呢？再打个比方，我们看电影的时候经常吃爆米花，喝可乐，电影情节那么有吸引力，我们吃东西是不是很粗心呢？但是不一样都吃到嘴里了吗？鼻子跟嘴离得那么近，我们谁也没有把爆米花和可乐放鼻子里去。这才是真的会吃会喝了呀。

表妹有点不大接受：你的意思是他其实还不会吗？

我说：倒也不一定是完全不会，至少还没有做到像吃饭喝水一样无需思考。但是用“粗心”来解释成绩不理想就不再深入地反思了，往往掩盖很多问题，而孩子成绩不理想往往有多方面的原因。

第一，基础知识、基本技能不熟练。有的孩子平时懒于做最基础的练习，数学的计算能力差、英语单词记忆不准确、语文的字词书写和运用都有欠缺，考试的时候看着题好像都会，但是落到笔头上并不得分。这就是我们常说的“眼高手低”，跟在岸上学游泳是一个道理，这样的孩子知识掌握不可能深入，也不可能形成很好的体系。

第二，试卷结构不熟悉或者答题节奏把握不好。有些时候有些题目在小测中、在单元考试中可以做对，但是到了综合性考试中就不一定能做对。因为单独面对一个困难容易，当困难一起来的时候，或者几个知识点组合到一起成为一个综合题的时候，孩子就没有那么从容了。就好比田径比赛中的跨栏，有很多人可以轻松跨过障碍，还有很多人可以跑得很快，但是当在 110 米内设置几个障碍物来跨越，就不是那么容易了。一次综合性考试就是需要孩子综合运用学到的很多知识，这些知识越多，就越容易相互干扰。

第三，注意力的问题。有的孩子注意力品质不好，集中精力的时间很短，而初中阶段一般一科考试时间是两个小时，孩子只有长时间高度集中注意力，才能把自己掌握的知识都转化成分数。

第四，审题不细致。其实，这是因为孩子对考点、知识点、易错点不熟悉，所以在考试过程中不能很好地明白出题人的意图、把握题目考查的知识点、辨别题目中的陷阱，于是人家挖好一个坑，孩子主动就跳了进去。

第五，平时没有好的做题习惯。很多孩子为了加快速度把很多步骤省略了，这些省略的步骤背后有许多知识点就被忽略了。比如说数学计算题中的移项、去括号、去分母组合出现的时候，很多孩子省略步骤就容易忘记变符号或者把符号变错，最终造成计算结果的错误。而大家看到孩子计算出错，常常只是说：你又粗心了。

所以说，“粗心”只是一个借口，而“认真”则是一种能力。

表妹说：我一直以为，认真是一种态度。

认真的确是一种态度，是对自己所做的事情重视、善始善终、全心投入的态度。我的一个学生曾经说过一句很智慧的话：当别人夸我聪明的时候，其实是对我的认真和努力的蔑视。我们确实常常客套地夸别人的孩子“聪明”，也常常真诚地认为自己的孩子“聪明”。肖复兴老师曾经写过一篇文章，题目就是《聪明是一张漂亮的糖纸》，一张糖纸对孩子来说能有多大用处呢？我们太过于关注“聪明”的面子，以至于忽略了孩子做事情是不是足够专注、足够认真，而这才是孩子成长中更重要的品质。

爸爸妈妈和老师都需要通过鼓励孩子“认真”的态度、教孩子做到“认真”，来培养孩子“认真”的习惯，并用“认真”的习惯培养“认真”的能力。

难道认真也是可培养的吗？是的，凡能力皆可培养，聚焦问题和分解步骤就可以让孩子的能力得到提升。

什么意思？聚焦就是找到瓶颈和薄弱之处，在某一个点上下功夫，通过解决一个关键问题，让孩子的思维方式、行为习惯和分数实现突破。其实大多数孩子在学习上都用了不少功夫，但是有些孩子做什么事情都蜻蜓点水，不能深入。就好比打井，有些人在每一个点上都只用了三分力，打不出来就换一个地方，而另一些人则会集中所有的时间和精力在一个点上，一直深入进去，直到打出水为止。其实大家在打井这件事情上所花的时间和精力大体相当，但是当力量集中的时候，就容易看到效果，力量分散就只能徒劳无功。

把问题聚焦到一个点之后，要想把它做好还需要分解。分解就是把孩子的学习过程、行为模式或者某个学科的某个知识点分解成若干个更小的点，通过保证每个小点的正确性来实现整体的准确性。分解这个词，在运动项目上出现的更多，比如说我们学习广播体操总是要先学习分解动作，把脚的动作、腰的动作、手臂的动作、头的动作一一做到位，最后再把这些动作组合起来。可实际上我们常常是分解动作终于学会了，组合到一起的时候还会出现手脚的不协调或者某个动作的遗忘。所以每次做整套动作的时候，还必须用心想着每一个分解动作的标准。

在孩子的能力培养中，聚焦和分解往往又是相互交叉和相互渗透的。

举个例子来说：我们说孩子不认真所以没有考好的时候，脑子里的学习是一个整体，而实际上学习是可以分为预习、上课、作业、质疑、纠错、复习、考试、反思等环节的，我们要帮孩子把学习分解成这些环节，然后再一一分析，孩子到底是哪一个环节做得不到位，这就把学习分解成了不同的环节。找到有问题的学习环节之后，我们再跟孩子一起聚焦这个环节，把这个问题环节分解成不同的角度或者步骤，通过定点训练实现突破。

很多孩子升入初中以后，不大会复习，那么我们就可以聚焦复习这个点深入做一些事情：一是，根据课表帮孩子制订一个日常的复习计划和周复习计划，以便孩子及时复习、反复复习。二是，按照学科不同采用不同的复习形式，或者背诵、或者默写、或者梳理知识框架、或者做题以巩固。三是，按照学科找到合适的检验复习效果的方法。四是，帮孩子一起制订考前复习计划并严格落实。把复习分解成这样几个方面以后，再持之以恒地执行，成绩一定可以提高。

学习环节可以分解，各科的学习也同样需要分解：英语中人称的变化、时态的变化、动词的变化、介词的选择都学过了，可是组合到一个句子里仍然会出状况，所以孩子在写句子的时候脑子里必须能够把这个句子分解成小的词语单位，只有保证每一个小的词语单位都是正确的，最后写出来的句子才是正确的。

语文学科文言文的翻译，孩子既要看到整个句子，也要看到每一个句子中的关键词，只有保证每一个关键词都是准确的，才能保证句子的翻译是准确的。

其他学科也如此，知识有完整的体系，但是不能把这个体系中的每个知识点都看成一个囫囵的问题，要善于把它分解成小的知识点，并保证每个小知识点的准确性，只有这样，才能保证每个知识点最后的准确性。反之，任何细小知识点的错误，比如数学计算中的变符号、化学方程式中的表示沉淀的箭头的不准确，都会导致结果的错误。反过来说，孩子每一道会做的题都能讲清楚题目的来龙去脉，讲清楚每一步的依据，并能举一反三，才是真的会了这一类题。对于一些重要的知识点，一定要庖丁解牛而不是囫囵吞枣，能够把每一个知识点分解细化，这便是具备认真的能力了。

平时孩子们成绩出现波动，找我来分析的话，我都会用这样的方法帮他们解决问题。如果孩子是某个学科的某个具体的知识点有问题，那么我就会建议孩子聚焦这个知识点，搞明白基本原理，然后找同样类型的二十道题来做，做题的时候，一定要把它分解成不同的小步骤去击破，这样往往立竿见影。必要的时候，还可以让孩子在每一个步骤之后标明原理和根据，来督促他养成认真的习惯。

跟表妹说完我对“认真”的理解之后，她开始接受我的观点，但她还是有些担心：如果所有学科的所有知识和所有学习环节都这样去做，岂不把孩子和妈妈都累死烦死？

可以想见，我们坚持用“认真”的习惯培养“认真”的能力，最终，“认真”必然会成为孩子的思维方式，日久天长，孩子的大脑中就会自动配备显微镜和手术刀，一切问题都能够瞬间分解。当然，任何的方法只停留在头脑里，停留在认知的层面都没有什么实际的意义，爸爸妈妈以自己认真的态度和习惯去潜移默化影响孩子，让“认真”变成孩子的行为方式，我们才能把孩子培养成真正聪明智慧的孩子。

聚会结束的时候，表妹笑着说：好了，我现在要带孩子回家打井了。

女生物理一定不行吗

要升初二了，好几个女孩儿的家长都担心孩子学不好物理，家长会以后留下来跟我聊。他们七嘴八舌地说：女孩子理科不好，尤其是物理。谷老师，你觉得那些能学好物理的女孩子都什么特点？学不好物理的女孩子又什么特点呢？你觉得我们家孩子能学好吗？

我说：那些能学好物理的女孩子的特点是，在学物理之前，她们普遍认为自己能学好物理；那些学不好物理的女孩子的特点是，他们的爸爸妈妈跟你们一样，在上初二之前就怀疑自己的孩子学不好物理。

这群爸爸妈妈都笑了，说：谷老师，你别开玩笑了，我们都急着呢。

我说：我没有开玩笑呀，我了解你们的孩子，至少在我了解的初中阶段，她们的智商学物理足够用了。你们从现在就开始担心孩子学不会物理，一定会把这种担心传递给孩子的。墨菲定律就有一个重要内容：如果你担心某种情况发生，那么它就更有可能发生。你们这么心心念念地想着女孩子学不好物理，孩子也心心念念想着女孩子学不好物理，这力量得多强大呀？老天爷怎么会辜负你呢？

几个家长看我说得认真，就又问：可是大家都说女生学物理会吃力的。

我说：大家说就是真的吗？再说，大家说的是“女生”，并没有具体说你们的某一个孩子呀，居里夫人就是女性，但她是两次获得诺贝尔奖的第一人呢。再举个例子说，前些年，人口流动没有现在这么频繁，我们常常听说某省的人素质多么多么低，多么多么不受欢迎，可是现在，我们身边全国各地的人越来越多，慢慢发现，其实某省的人大都跟我们一样真诚善良，并没有传言中的那些特点。当你们说女孩儿学不好物理的时候，眼睛里是没有某一个具体的孩子的，你给孩子贴上了学不好物理的标签，孩子就只能用不好的物理成绩来印证你的说法了。

还有，女生物理学不好是谁做的判断呢？有人就中考物理成绩做过男女生的平均分、优秀率、及格率的统计吗？

爸爸妈妈们纷纷表示：好像确实没有听说谁真的做过数据上的统计，但是男女生的思维方式总是不同的吧？

我并不否认男女生的思维方式和兴趣爱好有不同，很多男孩儿天生对机械、兵器感兴趣，而更多的女孩儿则对毛绒玩具和布娃娃有天然的喜好；我没有研究过在物理专业的领域里，男性和女性的思维方式到底对各自的成就有怎样的影响。但是在基础教育阶段，中等智商的孩子都是可以学会并且学好物理的，不管男孩儿还是女孩儿。这是我做初中班主任二十多年的观察所得。如果说哪一个孩子哪一个学科没有学好，我觉得更多的是信心不够、兴趣不够、投入不够，而不是真的学不会。

我之所以反对老师和家长把“女生学不好理科”这样的观点传递给孩

子，是因为这样的刻板印象会潜移默化影响孩子的自我判断，妨碍孩子对自己潜力的挖掘，限制孩子的发展。

我们来看看这样的刻板印象是怎么影响孩子的学习成绩的：孩子们在学习中遇到困难是正常的，一般情况下，孩子遇到困难就会分析自己到底是哪一个知识点没有掌握，或者哪一节课没有认真听讲，或者哪一个学习环节出了问题；然后根据自己的分析判断，或者查资料、做练习，调整学习的方式方法，或者找老师、同学、家长帮自己解决问题。但是，如果一个女孩儿认同了老师和家长所说的“女生学不好物理”，那么她在物理学习中遇到困难会怎么做呢？她大概不会有上面那个分析过程，更不会积极地寻求解决问题的办法，她大半会直接归因于“我是女生，女生是学不好物理的”，然后呢？然后或者因此而心烦意乱、焦虑不安，或者就淡然接受自己“学不会物理”这个结果，在物理学科上的学习兴趣、自信心和成就感自然会大打折扣，也就自然不会有什么好成绩了，这种结果并不是因为女孩儿天生的物理思维欠缺。可是这个时候爸爸妈妈和老师往往就会说：唉，女生真是学不好物理。然后孩子也就越来越认同这样的观点了。

一个消极的观点，往往会给孩子消极的心理暗示，然后导致一个错误的归因和一系列消极的心理以及行为，最终得来一个让人无奈的结果。

说了这么多以后，一个妈妈突然说：真是这样的呢，我上初中的时候就常常有人告诉我说，女孩儿学不好理科，所以我自己做数学和物理的时候，只要碰到一道有难度的题就不深究，总是等着第二天老师讲，依赖心理特别强，我的理科还真是没有文科好。这么一想，说不定那个时候要好好琢磨琢磨还能学好呢。上高中以后，我还是特别害怕自己学不会理科，于是我高中就选了文科，我选文科的时候并不是我自己没有学好理科，而是因为我害怕自己学不好理科。

因为事先有了某个错误的认知或者错误的归因，让自己陷入消极的判断、心理和行为方式中，以至于限制了自己的发展，这在孩子的学习生活中特别常见。很多孩子认为学习成绩不理想是因为题目做得不够多、辅导班上得不够多，于是把自己陷在题海里而疲惫不堪，结果不光成绩没有提高，学习信心还越来越不足；有的家长认为孩子成绩不理想是因为老师没有给安排理想的座位，于是对老师有成见，致使孩子也对老师有了看法，对老师的教育教学产生怀疑，从而导致成绩越来越差；有的孩子和家长认为，成绩比自己优秀的孩子没有在学校表现得特别特别用功，就是要迷惑大家，以此来保持优势，于是看这些同学的眼光，与他们说话的方式，就会流露出不信任和讥讽，因此，导致人际关系的恶化。这种情况在成人世界里也是很普遍的。

那么，我们该怎么来改变这样的一种习惯呢?

第一，当孩子在学习中遇到困难的时候，要合理归因。

每个人都有一套比较稳定的归因模式，这个模式一方面来自对外界的学习，另一方面来自经验，而这两个方面经常相互作用。父母和老师是孩子最早的学习对象，如果我们习惯性地把孩子的成功和失败解释为自己行为的结果，而不是先天的智力因素或者外部环境的作用，那么孩子在经历成功或者失败的时候，就会从自己的意志品质是否坚定、情绪是否稳定、计划是否合理、做事是否踏实这些主观因素出发进行反思，从中获取经验或者吸取教训，那么他日后一定会倾向于通过努力去求得成功。相反，如果孩子习惯地把成功或失败都归因于智商和运气，那么他一定会坐等好运的来临。

我们不能否认，一些不可控的因素也在影响着我们行为的结果，但正是因为那些因素的不可控，不由我们的行为和意志而改变，所以我们只需要对它们有客观清醒的认识即可，要集中精力，通过调整自己的认识和行为来促成更积极的结果。

听过这么一个有趣的问题：人们喜欢把垃圾丢在地上的原因是什么？

A. 他们的素质低　B. 地球万有引力太大　C. 垃圾箱魅力不够

你会选什么？

看到这个问题，我心里默默地选了 A，这还用选吗？后面两个选项明显是干扰项。但是，英国一个组织却不这么认为，他们选的是“C. 垃圾箱魅力不够”。看上去是不是很奇葩？

他们认为：如果归因于 A，批判一下别人自然容易，但要改造千千万万人的素质，却不易；归因于 B，就是归因于自然规律，同样不容易采取什么行动；只有选 C，人们才可以真正着手去做点什么。恰恰这么一个看似最不靠谱的归因，才能带来最积极的行为，而能够带来最积极行动的归因，才是最好的。

有了积极的归因之后，还要给孩子积极的心理暗示，或者明确的语言提示。

我女儿初中的时候跟我在一个学校，又恰巧赶上同一个年级。在入学之前我就跟她说：我们初中部的任何一个老师，都能把你教会的，你班上的老师我也都了解，他们都非常优秀，把你交给他们，我太放心了。我明确表明了对老师的态度，直接影响了孩子对老师的认可程度，也间接决定了孩子的成绩。

2016 年，我刚刚送完一届学生。这届学生入学的起点比较低，每次考试成绩和其他的班级都有很大差距，很长一段时间里，班上每一个孩子和其他班级同一名次的孩子相比，总分都差 3—20 分，成绩单真是触目惊心！怎么办？首先应该让孩子、家长和我们班的任课老师相信：“初中阶段是基础教育阶段，知识并没有那么难，以孩子们的智商都是可以学会并且学好的。”这句话，我反反复复讲了三年，班会说，家长会说，单独沟通说，小组交流说，跟老师们开成绩分析会也说。我想，只有大家都有了这样的认识和信念，才会更积极主动地想办法克服困难。我相信，只要大家共同努力，孩子们就可以一点点提升能力，因为我还相信“凡能力皆可培养”这句话，我同样跟孩子们说了三年。

我知道，我相信的东西，家长和孩子不一定真相信，当我不可以直接改变孩子和家长的念头时，我就会借用语言的力量。所以，我也跟我的家长朋友说：如果你不能完全改变自己的认识，那么就先从你使用的语言开始改变，因为语言是思维的外衣，语言和思维之间是可以彼此作用的。这样，我们就一点点地给孩子们的心里输入了信心和力量。举个例子，孩子作文提高缓慢的时候说：男生就是写不好作文！这个时候就要帮他澄清：只是你自己暂时还没有写好这篇作文。

初三第二学期，要中考了，我开始跟孩子们强调另一句话：经过三轮复习，所有孩子在知识方面的差距并不大，只要你能把自己掌握的知识都展示在卷面上，你们都能考到 600 分（河北省中考总分 650 分）。

中考结束，7 月 3 号出成绩，我们班 41 名同学，全市前十名中占 4 人，600 分以上 36 人（全市 1089 人），班级最低分 591 分。我想，这三年的经历，我个人和孩子们收获的不单单是优异的中考成绩，更有遇到困难不逃避、不麻木，积极地寻求突破，共同实现成长的积极的心理体验。这样的一种心理体验，会帮助我们面对日后的学业和人生中的困境。

当然，孩子的学业发展不能只靠合理归因和积极的心理暗示，还需要具体的方法指导。

总体来说，初中三年孩子在学习上面临的困难不同，每一个年级都各有侧重。

初一年级，核心词是适应。很多孩子刚开始完全不适应初中的学习节奏，不知道怎么会有那么多东西都需要记忆，不知道考试之前还需要自己复习，不知道老师的要求为什么跟小学不同了。我们对孩子的指导主要是围绕这些问题来进行，重点教孩子学习同时完成多个学科的学习任务，把每一个学科的基础都打好。

初二年级，核心词是均衡。初二是初中三年中学科最多的一年，对孩子的意志品质和处理问题的能力既是考验也是提升的机会。我们可以通过观察孩子平时的学习状况，及时发现孩子如何分配时间，有没有丧失对某个学科的兴趣和信心，并给予指导。孩子需要学会让每一科都均衡发展，不能单纯地根据分值安排学习，不重视政治、历史、地理、生物、物理、化学这样的科目。小科不小，因为一方面这些学科跟我们的生活联系更紧密；另一方面，很多同学日后从事的工作都是和这些科目相关的。

初三年级，核心词是心态。初三年级就要面临中考，各个学校第一个学期基本就结课了，可以想象文化课必定是内容多、节奏快、难度大，再加上体育中考要求很高，对每个孩子都是极大的考验。孩子们都想颗粒归仓，但是频繁的考试和起伏的成绩总会带来心理的波动，所以帮孩子调整心态，让他把更多的注意力集中在学习本身，解决学习过程中遇到的具体的、实实在在的问题，才能始终保持相对平和的心态，保证最好的中考成绩。

孩子初中三年遇到的具体问题还有很多，难以一一列举。我们要相信孩子自身的力量，孩子就可以积极地寻求解决问题的途径，积累积极的心理体验，建立积极的自我概念。如果具体指导孩子你不擅长，那么请先改变你的语言，收回诸如“女孩子学不好物理”“男孩子不擅长学语言”“初二就定型了”之类的话。

好习惯的对面

小孟是我们的体委，跑操时负责班级定位，控制整个队伍的速度。今天上午跑操，他突发奇想，要体验一下同学们的生活，在队列里面跑一次。我说好啊，但是你别在第一排，要在队伍中间的位置才能真正体验到同学们的感觉。于是，他就站到了队伍第四排中间的位置跟大家一起跑。

跑操结束之后是照例的体委点评，小孟同学说：我今天在队伍里跑特别累，一会儿旁边人说我“跟上跟上”，一会儿后边的人说“快点快点”，一会儿前边的同学又说“你踩到我的鞋了”，好累呀，今天真是体验到你们的辛苦了。

大家都看着他笑，我就问：同学们，你们真是这么累吗？

孩子们大声说：不累。

小孟用手抹了一把胀红的脸说：好吧，算我没有说。

我接着对大家说：小孟现在的感觉，你们曾经有过吗？

孩子们说：有啊，初一入学开始跑操，我们就是这个感觉。

我：就是呀，刚开始大家也不习惯、不适应，回忆我们开始跑操的时候，也常常会混乱甚至摔倒，我们每周一个重点，从踩音乐节拍、控制排面的整齐、规范摆臂的动作、摆臂的高度，把跑操分解成不同的模块，每天都不间断地学习、调整、磨合，大家已经习惯这样的跑操方式，不需要特别注意就自然可以照顾到这些，你们已经具备跑整齐的能力了，这是一个不知不觉的过程，如果不是小孟今天想体验一下生活，我们还真没有意识到呢。但是小孟呢？他一直在队伍外面带着大家一起跑，喊口号，调整我们跟前一个班的距离，他没有跟你们一起在队列里面跑，他提升的是观察和调整的能力，你们其实都在不知不觉地提高。可是想想看，如果没有培养出跑整齐这个能力，我们的跑操会怎样呢？

孩子们开着玩笑说：我们都会跑散呗。

其实学习不也一样吗？那些没有培养出好习惯好能力的孩子，都有了坏习惯。开始的时候大家都是一个起点，老师们每节课都在讲同样的知识点和方法，课后也都会留下同样的复习巩固的作业，同学们都没有少做任何一道题，但是不知道从什么时候开始，有些孩子开始不习惯，不适应，开始跟不上大家的学习节奏，只能看着别的同学一点点建造知识的大厦，而他已经把自己的学习建成了“豆腐渣工程”。所以，我经常提醒孩子要反思一下：年龄长大了，升级了，课堂的容量、知识的难度增加了，你用什么样的学习习惯、学习方法来应对这知识的陡然增加呢？你有没有主动调整学习习惯、寻找学习方法、提升学习能力呢？或者说你的学习能力生活在哪一年？它同步增长了吗？你是用好习惯建造了自己知识结构的大厦，还是用坏习惯建造了豆腐渣工程？

为什么学习的时候同一个班级的孩子不能跟跑操一样保持团队的整齐，一直进步，却发生了分化呢？显然，跑操的时候跟不上大家的节奏就会被踩掉鞋子、撞歪身子甚至会摔伤流血，但是学习习惯的问题、思维的问题、能力的问题常常看不见，不可量化，节奏不一、能力不一所摔的跤是隐形的，很多孩子开始的时候意识不到，直到某一天问题严重了，才开始想办法调整。

孩子的学习如此，爸爸妈妈的教育也是如此，我们也需要不时地自问一下：孩子的年龄长大了，我的教育理念和方法同步调整了吗？在孩子成长的过程中，我跟上节奏了吗？每次经我这么一问，妈妈们都是一脸愧疚：老师，我确实自己成长得不够，错过了孩子成长过程中的很多关键期，孩子一身的毛病，这可怎么办呢？

想想还真是可怕，孩子的成长过程中，我们都有很多明明该做却没有做、特别想做却没有做、应该深入做却没有做深入、特别该坚持却没有坚持下来的事情，而那些没有被培养出好习惯的地方，也真没有闲着，一定被种下了一个错误的行为模式：专注的对面是走神儿，独立思考的对面是被动接受，坚持的对面是放弃，自立的对面是依赖，承担的对面是推卸，有修养的对面是粗俗……

前一章讨论过，我们不需要也不可能培养一个完美小孩儿，但是一定有些习惯和能力是必须培养的。如果你曾经错过了孩子成长的很多关键期，而你现在已经意识到了，那么首先要把孩子欠缺的习惯和能力列出清单，做一个排序，接下来一个时间段集中解决一个问题，培养一个习惯，提升一个能力，这就是我们前面说过的“打井”的方法，集中力量在一个点上，更容易看到效果，也就更容易建立信心。

排序时可以依据两个原则：一是，重要性和紧迫性原则，那些最关键或者最制约孩子发展的，当然就是首先需要培养的。二是，易操作原则，那些最易培养、最有把握的，也是要首先培养的，这样做同样是因为容易让自己和孩子建立信心。

比如说，有个孩子听课不认真、答题不规范、练习和小测从不纠错，妈妈从哪一点入手开始培养更好呢？个人认为，课堂是妈妈看不到的，规范性也是妈妈不了解的，但是作业、练习、小测是否纠错就比较好量化，培养起来容易操作，同时对孩子的学习影响又很大，所以，我建议从纠错习惯开始培养。

其实纠错的习惯，是很多孩子都不重视、没有主动培养的，孩子们总觉得写作业、做卷子是自己的责任，做完就完了，不纠错、不反思也不研究。那么纠错这个好习惯的对面是什么呢？如果不纠错，孩子即便做了很多题，还是停留在自己原来的水平上，不可能提高；如果不纠错，对于相当一批孩子来说，还有更严重的后果：做一遍题就强化一遍错误的思维方式和答题方式，久而久之按照错误的方式思考和答题就真的跟呼吸一样自然了，即使哪一天真的明白了、意识到了自己的错误，也难以改正。所以纠错是一个必须马上培养的好习惯，只有抓住自己的错题不放手，认真反思了、研究了，做到题不二错了，才能真正提升学习能力，做到“以一当十”而不是“十不抵一”，孩子必然就越学越聪明了。

培养纠错的习惯，需要孩子先准备好红色的水笔，以便他在自己的试卷、小测本、练习册还有作业本上凡是出错的地方，都用红色的笔进行修改，并标注错误原因。妈妈需要跟孩子讨论几个问题：一是，每天或者隔天帮孩子检查一遍，第一个月建议每天检查，时间不宜间隔过长。二是，制定好奖惩的措施，并严格执行。三是，最好预想如果因为纠错发生矛盾，用什么方式保证两个人的情绪稳定，以确保两个人的注意力都集中在纠错这件事情上。

很多成绩优秀的孩子，都特别注重纠错，有很多人还会建立错题本，这个本子虽然名曰错题本，其实里面不一定都是整理的错题，还包括按照知识点分类整理的典型题和易错题。需要整理的题目可以抄写、剪贴，也可以复印后再剪贴，形式不拘，但是每一道题目都要有错误归因，或者解题原理和思路，如果多种解题方法，一定要把几种思路都整理下来。从中找出规律，以备日后查看和复习。

有些孩子认为，必须有个专门的时间、专门的场地才能开始学习。而实际上学习不是非要坐在书桌前才能做的事情，培养随时随地学习的习惯也十分重要。其实我们平时经常会遇到某些刺激，让我们回想起最近学过的知识。看小说的时候突然出现的一个成语、生活中突然出现的某个生物、物理或者化学现象、美剧中一个刚刚学过的俗语，都是学习的契机。生物学习了根、茎、叶，吃饭的时候吃到土豆、红薯、菠菜、芹菜就可以顺便回忆一下课堂上学到的内容；生物课堂学了眼睛的结构，物理课堂学了凸透镜和凹透镜，还可以把不同学科结合起来相互解释；估计很多孩子都曾经有过在公交车车窗上作画的经历，戴眼镜的孩子一定遇到过这样的情况，冬天从室外走进到温暖的房间，眼镜就会变得很模糊，什么都看不见。冬天公交车车窗上结满水雾、从室外走进室内眼镜变模糊，原本是寻常的事情，学习过八年级上册的物理之后就不一样了，孩子会豁然开朗：车内温暖空气中含有的水汽，遇到冰冷的车窗就会结成细细的水雾，室内空气中的温暖的水蒸气，遇到冰冷的镜片，自然就会出现这样的现象了，这就是水蒸气遇冷凝结的理论。用学过的知识解释生活中的现象，除了有复习的作用，还能带给孩子们了解了世界运行中一个小小秘密的成就感。看到某些生活现象回想一下曾经学过的知识并不会费多少事，却会大幅度提高我们对某个知识的掌握程度。

一天之中我们的大脑会拥有很多无所事事的时间，这些时间我们当然可以分一些用来放空自己，也可以再分一些用来在大脑中放映今天学过的知识。上学的路上、打扫卫生的时候、跑操的时候、失眠的时候（据说这时候回想学过的知识还是助眠的好方法呢）……不依靠书本的回想是最能够检验自己学习成果的方法，等有条件坐回书桌前的时候，取出课本，检验一下自己刚才在脑海中回想过的内容，既能纠正偏差，又可以达到多次复习的效果。

这样的随时随地学习的习惯，妈妈也是可以帮孩子来培养的，你只需要在看见某些生活现象而你恰恰又知道孩子已经了解了这方面知识的时候，适时地表现一下“无知”和“好奇”，给孩子一个展示的机会，并对他的解释表达感谢和赞许即可。

帮孩子建立各种好习惯，坏习惯自然就无处容身。

肆

考事连连

重新认识考试

晓晓又请假了，这个学期有超过一半的时间，我都会收到来自他妈妈的请假短信，请假时间或者一天或者一个早读，内容大都是：老师，晓晓早晨胃疼、呕吐，不能上学了。开始我没有太在意，次数多了我就觉得不对劲，晓晓升入初中以后成绩不太好，七年级上学期的期末考试成绩倒数，难道是考试成绩给他的压力太大了？于是我提醒他妈妈：可以考虑一下情绪因素，晓晓是不是压力太大了？因为负面情绪最先攻击的就是胃肠系统。

我之前教过的一个男生，体型偏胖，体育成绩不好，因为害怕体育中考而害怕上体育课，有一段时间每次体育课前都要吐。妈妈带他去医院做了各项检查，医生对他们母子说，应该是心理因素造成的。

我身边还有很多班主任谈到过自己班里的孩子因为考试成绩不理想在考前或者考后的过度焦虑，在身体上呈现出许多不适。

日常的各种考试，只是一个客观的检测手段而已，老师可以借此调整自己教学的内容和方法，学生可以借此调整自己学习的态度和方式。但是有些妈妈和孩子赋予了考试太重大的意义，认为每一次考试都是孩子智商、能力甚至未来前途的反映，每次考完试都觉得孩子的成绩已经定型了，所以常常因为一次不理想的成绩而异常焦虑。

中考和高考对孩子和家庭来说确实意义重大，一般的家庭都难以等闲视之，但并不是所有考试都有决定性的作用。初三的时候，我经常跟孩子们开玩笑：初三一年各省市的中考原题我们不知道做了多少套，各种模拟套卷不知道买了多少本，你每做一道题都细细地研究答案，老师每留一套题也都认真地分析考点、答题要点、得分点、易错点。唯有一套对我们来说意义最重大的中考题，我们绝对不做试卷讲评、不对照答案研究，不分析错误原因，不分析成绩的，那就是我们自己的中考卷子。我从来没有听到过哪个学校哪个老师说：中考完了，咱回教室上个试卷讲评课吧。

孩子们总是听得哈哈大笑，然后就明白了：中考之所以意义重大，是因为它的选拔功能，它将决定我们会进入哪所高中，哪个班级，和哪些考生成为同学，因为这些往往是普通孩子非常关键的转折点。虽然我们研究中考三年，集中火力奋战一年，但是最后能否有个圆满的结果，我们已经不再做技术上的细致分析。中考于我们的意义，并不在于检查和提升，而在于我们要用平时所积累的知识、技巧和方法去完成一场博弈，成败得失只有自己在心里慢慢体味了。

平时的考试却有着不同于中考的意义。平时的每一次考试，包括开学考试、期中考试、期末考试、单元考试、阶段考试等，多数的孩子都会产生一些紧张和焦虑情绪，如果我们只把目光盯在考试这一个点上，又容易把考试结果的意义扩大化，再加上对考试中诸多不可控因素的恐惧、对未来不确定的恐惧，孩子的紧张和焦虑就会升级。其实，我们不应该把日常的考试作为一个孤立的事件去看，而应该把它们作为一个有前奏也有尾声的完整过程来看。日常的考试过程，总是包括考前复习、答题过程、考后反思、反思后的调整四个步骤。这四个步骤合起来，才是一次完整意义上的考试，因为考试过程本身于孩子意义并不大，孩子的知识和能力一般都不能从中迅速提升。

当我们可以这样认识考试的时候，我们的注意力就由孩子取得分数的多少和排名的位次转移到对孩子考前复习的指导以及后续的反思和调整上，这样才能让日常的考试更好地发挥它的作用。

实际上真正困扰孩子和爸爸妈妈的往往并不是考试本身，而是大家赋予考试的意义和自己所投入的情绪。电影《记忆大师》里男主角江丰要跟妻子离婚，他们在一起的种种美好生活都给江丰带来巨大的痛苦，他走进记忆大师医疗中心接受了记忆删除的手术。手术之后医生向他解释，这个记忆删除手术的重点不是删除所有的记忆，而在于删除记忆中的某些细节，尤其是删除他对这些记忆的情感，让他以旁观者的身份看待自己跟妻子过往的一切。切断了情感联系之后，这些回忆还在，但是已经不再影响江丰去和妻子理性地谈论离婚这件事情。

事实上，很多人一生都在修炼这样一种客观、理性的境界。爸爸妈妈如果都能做到这样客观、理性地看待考试，我们的孩子就会更加淡定和从容。

复习备考

孔子有云：温故而知新，可以为师矣。复习是一个关键的学习环节，对学习能力的提升有着重要的意义，是考试的前奏。

第一，合理计划。关于如何制订复习计划，我在《你的时间够用吗》文中已经做了说明，这里再补充几点：

1. 碎片化的小时间要充分利用起来。有些孩子觉得，只有晚上 8:00 以后的两个小时才是可以利用的复习时间，其实 10 分钟可以做 10 分钟的事情，100 分钟可以做 100 分钟的事情，每天早晨到校之后、午休之后、晚饭之前，这些小时间都可以利用起来。这些小时间适合做一些细碎的事情，如果能够准备一个口袋书，或者小的记事本，把小知识点记录下来，就可以利用这些小时间来记忆。

2. 根据自己的特点合理地规划时间。每个人的生物钟、兴奋点和记忆特点不同，有的孩子早晨记忆力好，有的孩子却是夜猫子型的，有的孩子记东西速度很快，有的孩子则需要反复很多遍才能记住……不用盲目地羡慕和模仿别人，只要肯努力，大家都可以取得好的复习效果。

3. 充分利用作业做好复习巩固和自我检查。经常会有孩子说，我要赶紧写作业，写完作业好复习呀。这些孩子往往会成为作业的奴隶，每天只是被动地完成作业，写作业的时候很急躁，让作业的效果大打折扣。一般情况下，大家可以先复习再写作业，作业中遇到了困难，可以通过看定理、看例题、重新记忆知识点来解决，然后再做几道同类型的题目进行巩固，这都是最有针对性的复习。所以，作业虽然是老师留的，但是孩子们完全可以积极地利用作业查漏补缺、复习巩固。

第二，复习时不能脱离课本。题目千变万化，但万变不离课本。这个道理大家都知道，很多孩子复习的时候也读了书，但是试卷一发，却发现自己好像什么都没有看到。那么到底该怎么看书呢？

不管文科还是理科，读书时不能只读大标题、加黑加粗的字、老师勾画的地方，这样的地方往往都是结论或定理，只有把得出这些结论或定理的过程都看到、理解到，才能做到知其然并知其所以然。我在《脑子要怎么动》里面举过一个例子，一个孩子读《骆驼祥子》的片段，读了两遍才明白自己什么地方读懂了，什么地方没有读懂。他读第一遍的懵懂状态在孩子读书的过程中是特别常见的。

初二开学的第三周，我了解孩子们是不是适应了初二的学习节奏。孩子们说，理科老师留的作业越来越多了，还说要读课本，理科的课本有什么好读的呢？于是我跟孩子们一起读了数学课本上全等三角形的一部分内容——“ASA”和“AAS”，孩子们读的速度显然比我快得多。我读完之后问：你们读到什么了？我请几个同学分享他们的收获，他们都复述了“ASA”

和“AAS”这两个基本定理。我说：我不是呀，我对“ASA”得出的过程更感兴趣，你看书上的表述：

在 $\triangle ABC$ 和 $\triangle A'B'C'$ 中，$\angle B=\angle B'$，$BC=B'C'$，$\angle C=\angle C'$，把 $\triangle ABC$ 和 $\triangle A'B'C'$ 叠放在一起，它们能够完全重合吗？提出你的猜想，并试着说明理由.

可以这样验证，将 $\triangle ABC$ 叠放在 $\triangle A'B'C'$ 上，使边 BC 落在边 $B'C'$ 上，顶点 A 与顶点 A' 在边 $B'C'$ 的同侧. 由 $BC=B'C'$，可得边 BC 与边 $B'C'$ 完全重合. 因为 $\angle B=\angle B'$，$\angle C=\angle C'$，$\angle B$ 的另一边 BA 落在边 $B'A'$ 上，$\angle C$ 的另一边落在边 $C'A'$ 上，所以 $\angle B$ 与 $\angle B'$ 完全重合，$\angle C$ 与 $\angle C'$ 完全重合. 由于“两条直线相交只有一个交点”，所以点 A 与点 A' 重合.

所以，$\triangle ABC$ 和 $\triangle A'B'C'$ 全等.

首先，验证过程要充分利用题干中的条件：$BC=B'C'$ 和 $\angle B=\angle B'$，$\angle C=\angle C'$。因为条件① $BC=B'C'$，所以 BC 可以完全落在 $B'C'$ 上；而条件② $\angle B=\angle B'$，$\angle C=\angle C'$ 背后还隐藏了一个条件，当 BC 与 $B'C'$ 重合时，$\angle B$ 的另一边 BA 落在边 $B'A'$ 上，$\angle C$ 的另一边落在边 $C'A'$ 上，这一点就是读题时需要读到的。

其次，在解题过程中要充分联想并运用已经学过的知识：两条直线相交只有一个交点。

再次，这段文字表述极其简洁严密，如“落在”“顶点 A 与顶点 A' 在边 $B'C'$ 的同侧”……

复习阶段读书，一定要读到这个过程，才是真的读了书，读懂了书，而不是简单地背过了两个定理。

很多孩子复习的时候读书，每次都只是看见了自己已经背过或者已经理解的内容，对于那些平时没有注意的内容，复习的过程也不会注意。读细、读全是一个重要的功夫。地理、生物、物理等学科，书上还有很多图和表格，读书的时候包括图（表）里面的小字都是要看到甚至要背过的，学会读图和读表，是一个重要的学习能力。

作为复习的读书跟作为消遣的读书是不同的。作为消遣，读书是没有功利的，有时候我们只取所需或者只取所爱，而作为复习的读书却不能这么悠闲，不能只求混个脸熟，要读懂文字背后的逻辑关系，更要读出某一个知识点在整个知识框架中的位置和作用。

第三，记忆力是世界上最不可靠的东西，要及时复习、反复复习。世界上有谁有永记不忘的能力吗？恐怕没有。升入初中，结识新同学的时候，大家天天见面，有意无意地听一个同学的名字、看他的容貌好多次才能记住，但是班主任老师却不同，同学们见一面就能记住老师的容貌和名字。因为班主任老师只有一个，但我们每个班级同学都有几十个，这些人的姓名和容貌在相互干扰，所以记住所有同学的名字和容貌的时间，会远远超过我们单独记住其中一个同学的时间的总和，不过我们最终还是都记住了。就是因为我们天天见面，天天复习他们的姓名和容貌。假如有一个同学上了三天课就请假了，两个月后才回来，你还能记着他是谁吗？假如毕业之后三十年都不联系，你还能记得毕业证上所有同学的名字吗？恐怕谁都不敢保证，长久不联系，不见面，那些曾经熟悉的人也会变得陌生起来。

学习也是一样的，有些知识必须要及时复习，反复复习。还要把记住的东西默写下来，以保证是真的记住了，而不只是脸熟而已。

很多同学都说每天晚上像放电影一样把当天的知识都过一遍，记忆的效果会特别好；还有些孩子说，睡觉之前复习资料放在枕头边，第二天一早醒来再看一遍，效果最好，他们开玩笑说，这样就等于一整个晚上都在复习了。

第四，语文是有例题的。我是语文老师，特别理解语文的尴尬，语文是唯一一科升入初一就可以做完整的中考套题的，如果中考总分 120 分，孩子很有可能答八九十分，但是中考的时候，他的语文成绩最多也只能提高二三十分，而其他学科的中考试卷，孩子需要学完初三的知识才能做，可是很多孩子可以从零分提高到满分。语文就是这样一个序列性不强的、比较模糊和不易量化的学科。也因此，很多孩子不知道语文复习除了基础知识和文言文阅读该干些什么。

今天我想告诉大家：语文也有极强的规律，语文也是有例题的。

现代文阅读中的关键是准确把握文章内容。平时练习中，看到阅读段，一定要先主动理清思路，把握中心，然后再去做题。关于如何理清思路、把握中心，最好的例题就是课文，老师们上课的时候大多是带着大家一起理过思路的，课本的单元提示和预习提示也都有具体的方法指导。事实上，做题时很多同学容易被文章的情境带走，而忽略了读文章的规律和答题的规律，所以考试的时候需要你时时提醒自己，依据老师讲的例题来读懂文章再答题。

写作，是所有考试中分值最大的题，作文也有例题吗？当然，作文也是有例题的。对于大多数同学来说，写作的学习都是从模仿开始的，从语言的模仿、段落的模仿到结构思路的模仿，然后慢慢形成自己的能力。对于写作来说，课文是最好的例题，你做过的阅读段是例题，你看到的杂志中的短文也是例题。遇到好的文章就运用自己平时所学的阅读和欣赏的方法反复研读揣摩，并有意识地在作文时借鉴，但是切忌盲目搬来人家的素材，盲目借用人家的语言。

第五，理科要定点突破，适当练习。语文的尴尬在于难以提升，理科的尴尬则是特别容易拉开差距。如果某一个或者两个知识点掌握不牢，或者某一个类型的题目做得不顺手，一下子就把好不容易提升的作文分数全都还给了老师，综合成绩也将会受到很大影响。帮孩子搞明白是哪个知识点的欠缺，定点突破还是很容易见到效果的。

先确定孩子有缺漏的到底是什么知识点或者什么题型，通过看例题或者请老师帮忙讲解，让孩子把这个知识点和题型彻底搞明白，然后找十到二十道同类型的题目做练习，每天一两道，相信孩子很快就可以提升。这个过程中，选好题目，适当练习非常重要，切不可打疲劳战。因为君生题已生，君老题不老，题目永远也做不完，并且是常做常新的。

第六，英语其实最好提升。多数英语学习困难的孩子都输在了一个懒字上，如果孩子暂时没有找到英语学习的方法，复习阶段，就从“背”上下功夫，一定错不了。英语学科，背得多了，学习方法也就慢慢摸索出来了。

第七，复习让知识系统起来。我们在学习一段新知识的时候，最初所有的知识点总是碎片式的。我们看似学会的某一个知识，其实并不知源头，我们可能隐隐地感觉到知识之间的联系，但是不了解每一个知识点在整个体系中的位置，它们就像漂浮在海中的孤岛，又像是一台机器的一个一个小零件，这就把知识组合起来学习的重要性体现出来了。知识的组合，既有助于对单个知识的记忆、理解和应用，也有助于我们对整个知识体系的认识。

复习是一个复杂的过程，安排好了，对孩子时间管理、知识巩固和系统化、统筹安排等综合能力的提升都有益处，不只是考试成绩。

带着老师上考场

有个孩子对我说：考场，是一个神奇的所在，同一间教室，被贴上考场之后就变得像鬼屋，很可怕。的确，考场估计是孩子们最不愿意去的地方，很多孩子上考场之前，都会假想各种突发状况。我跟那个孩子开玩笑说：那就让我陪你一起去呀。我常常跟孩子们说：一定要带着老师上考场。实际上，谷老师自然是不能被大家带进考场的，我又不是孙悟空，拔根毫毛嚼碎了就可以变出无数个谷老师，王老师、张老师、李老师自然也不行。那么，这句话什么意思呢？

孩子虽然不能直接把老师带入考场，但是老师带领大家审题的方法、思考的过程、答题的规范却是可以带到考场的。很多孩子虽然在课堂上好像学了很多的知识和答题方法，当堂练习的时候也会运用，但是一到独立作业和考试的时候，就被题目的具体情境给带走，忘记了平时学到的知识和方法，以至于考试成绩不理想。考试过程中，如果孩子能够默想：要是老师带我做这道题会怎么做呢？然后按照老师平时的指导，一步一步去做题，很多错误就可以避免，每个孩子都可以考出理想的成绩。

2013 年我所带的那一届孩子区摸底考试结束后，我做了一个失误分数的统计，并计算出平均值，结果如下：

语文：3.48 分；数学：8.14 分；外语：6.82 分；政治：3.92 分；历史：7.15 分；物理：4.19 分；化学：6.34 分。总分平均失误竟然高达 30.8 分！所以，哪里有什么考场上的超水平发挥，能够把自己的失误分数减少到最低，就是超水平发挥了。

现在让我们用之前讲的方法聚焦考试过程，然后把考试过程分解为审题、思考、答题和书写几个环节来看看如何带着老师上考场，力求做到考试零失误。

第一，带着老师上考场，审题零失误。老师出题的时候，总是基于知识点出题的，而题目当中，又会藏着几个易错点，或者就在题干里埋下陷阱，审题过程就是把题干当中的这些要素辨别出来，然后再去答题。还有一些题干里，已经给出了解题的条件，充分考虑条件的特点和条件之间的关系，就可以顺利解题。

语文考试的古诗文默写题看上去都是考查记忆力，但是除了考查整首诗的背诵情况，还有一些易错字是必须注意的，每写一个空，都要想一想：这是在考哪一个字呢？如 2017 年河北省中考语文试卷的一道默写题：

__________，__________，以中有足乐者，不知口体之奉不若人也。

这道题的答案是“余则缊袍敝衣处其间”“略无慕艳意”。句子，孩子们大多能背过，但是其中“则”“缊”“敝”“慕”都是易错字，写之前稍稍留意一下，就能拿到这两分。

设题老师会在易错的题目中布置一些陷阱，练就一双慧眼跳过陷阱就能旗开得胜。

老师们会要求孩子们审题要抓题干中的关键词，2017 年的河北省语文中考试卷记叙文阅读，《至深至纯师生情》19 题是这样的：

从选文第⑥段看，周有光先生的哪些品质令人敬佩？（3 分）

我们按照老师的要求，先来看关键词，这道题中的关键词“从选文第⑥段看”限定了阅读范围，“品质”限定了答题的内容。

下面我们看《父亲，一个尊贵的称呼》这个阅读段的一道题目：

这篇文章写的是一位儿子眼中的父亲，请你对文中“父亲”这一人物作赏析。

依然先找出关键词，这道题中的关键词是“对人物作赏析”。两道题目看上去都是和人物有关的，但两道题要求显然是不一样的，一个只对人物品质做分析即可，一个则需要对人物性格品质、身份地位、与主题的关系三个不同的层面做分析。

按照老师的要求，审清关键词，才能确保自己后面所做的工作方向都是正确的。

考试的时候，试卷上好多题目看上去都是新的，实际上新的只是题目的背景，而考点、知识点是永远不变的，所以审题时带着老师准确判断考点和知识点，识别易错点至关重要。

第二，带着老师上考场，思路零失误。审清题目之后，自然就是要解题，这个过程也是严谨的，老师们平时曾经反复讲解。

有些英语的填空题，填动词常常是要考查动词的变形，填名词常常是要考查单、复数，老师平时讲课一定是先请大家判断句子的时态再来考虑动词的用法，判断句子单、复数情况，再考虑名词是不是需要变化。可是孩子们做题的时候常常是忘记了这个思考的过程，提起笔就写答案，以至于提起笔就丢掉了分。

在语文考试的记叙文阅读中，常常会有像《至深至纯师生情》《父亲，一个尊贵的称呼》一样的考查有关人物特点、品质、形象的题型，这时候，需要孩子从三个方面思考，才能把题目答周全：①根据与人物相关的事件一一对应概括；②根据人物的具体描写一一概括；③提取文中直接概括人物特点的词语。孩子们思考的时候，先想想老师教的这些方法，一般就可以思考周全了。

在考场上遇到特别难的题，也许孩子不能做到把分数完全拿到手，但是按照老师教的方法来，一点一点答题，就可以一步一步接近正确答案。想着老师教的方法，一分一分去争取才是考试中最积极的态度。

在语文考试中，碰到段落的作用，孩子们常常就会发懵，如果先来概括出段落的内容，然后再分别从结构、内容和表达效果上来考虑，就会容易得多。

第三，带着老师上考场，文字表述零失误。不管文科还是理科，都会有很多需要文字表述的题目，文字表述的过程需要语言简洁、准确，需要答题术语使用规范。

每一个学科都有术语，语文学科比喻和对比的修辞手法出现在说明文和议论文中，常常会换一个名称，在说明文里就是打比方和作比较，在议论文里就叫比喻论证和对比论证，这些术语有一点马虎也是不能得分的。

汉字都是表意文字，术语的书写也需要准确，物理学科“汽化”不能写作“气化”，“熔化”不能写作“溶化”，这些也是老师们反复强调的。

第四，带着老师上考场，过程书写零失误。前面三个零失误，没有最后的过程书写都不能展现出来，而过程的严谨并不是用烦琐的步骤为难孩子，这依然是帮助孩子梳理思路，同时也是帮孩子在严密的步骤书写中一步步得出正确答案，并培养严谨的思维方式。

这一点在理科的答题中表现更为突出，数学的计算题、应用题、几何题对步骤的严谨性要求都很高；化学方程式中的沉淀符号或者上升符号也不能缺少；作图题是实线还是虚线、箭头的方向都不能有任何差错；只有做到这些，才能得全分。

孩子们考完试总会感叹考好了或者考砸了，其实真正考好了就是最大限度地减少失误，把自己学会的知识都展示在试卷上。要想把老师带上考场，还需要从平时的每一次练习和作业开始锻炼自己。

我们谈了四个方面的零失误，却没有提到检查，因为一遍做题的准确性对孩子至关重要。心理学上有个名词叫“首因效应”，是指最初接触到的信息所形成的印象对我们以后的行为活动和评价的影响，也就是“第一印象”的影响，我们平时说这个概念常常用来强调人际交往中第一印象影响巨大。其实首因效应在考试中的影响同样很大。孩子们经常说，第一遍审题漏掉的字眼，第一遍答题抄错的数字、写错的单词，第一遍拧巴了的思路在检查的时候很少能够看出来；反倒是那些不是百分百有把握的题目，初次看到信息做出一个判断，在检查的时候犹豫不决被修改了的，常常就改错了。因此，重视首因效应，审题、思考、表述、书写细致严谨，锻炼一遍做题的准确性，对每一个孩子来说都很重要。

除了思维的严密，影响考试失误率的，还有临考的心态。心态是否踏实稳定，给一张试卷中带来二三十分的差距是不奇怪的。我们在《安静是一种学习力》里面曾经讨论过如何静心，考试之前由外而内保持安静是最好的办法，患得患失、紧张焦虑则难以正常发挥。针对考试而谈静心，更重要的就是要客观地评价并接纳自己，给自己合理的定位。

我们必须承认，孩子的学习能力有不同，知识积累有差异，用一样的标准去要求孩子就会带来情绪的波动。命题人出的试卷有一个满分值，而现实中孩子学习的差异性又让同一张试卷对每一个孩子而言有了不同的满分值。如果我们认识到试卷满分值对于不同的孩子是不一样的，就会更平和。学习能力好的孩子，试卷满分就是 120 分，考试的时候就应该争取满分；可是有些孩子某些知识就是没有掌握好，那么他的满分可能就是 110，甚至 100，或者 80，接纳了这一点，就不会急着把自己会做的题仓促赶完，甚至仓促做错，然后去做自己没有把握的题。实际上，很少有孩子能够突然在考场上领悟到了自己平时不会的知识点，所以带着老师上考场，降低失误率，把自己可以做对的题一分一分拿到手，就是完美的表现。

老师们都说过：中考试卷上找不到你做过的原题。“带着老师上考场”，用老师的眼睛看到知识点、考点，找到规律、把握实质才是最有效和最有益的做法，每个孩子都可以不断提升能力，刷新成绩，做自己的状元。

当然，要想把老师带上考场，需要平时就常常带着老师来做练习。因为，张继科不是到了赛场上才开始逆向发球和反手侧拧，郎朗也不是在演出的时候才开始练习手指的。把每一次练习都当成考试来对待，把老师带到日常练习中，像考试一样分分必争，才能在考场上实现零失误。

失败是成功之母吗

上一篇里提到，2013 届我带的学生区模拟考试失误分数特别高，我在区模拟考试后致学生的信中写了这样的一段话：

下面这个小表格是我们各科和总分的失误平均值。大家是不是会跟谷老师一样想到一个词语：触目惊心！我们的飞龙 2 班在区模拟中，总分平均失误竟然高达 30.8 分！

我们常说：复习靠的是方法，分数考的是状态。我的小飞龙和小龙女们，大家在用这样惊心动魄的失误表现着自己怎样的复习状态和应考心态呢？

看到自己的失误分数，看到区模的成绩，你是不是有些心虚，有些着急了呢？其实，620 也好，550 也罢，都不重要。重要的是盯住丢掉的 10 分或者 100 分不放，盯住它，不是盯住自己的短处，而是盯住每一个自我提升的机会，因为模拟考试中暴露出的每一个漏洞，都是在为中考扫除障碍。

“失败是成功之母”“从胜利走向胜利”，这两句话可以用来激励在人生中遭遇挫折的人奋起，鼓励正站在成功顶峰的人不断超越自我、走向新的成功。它们加起来就是失败者和成功者都可以获得成功，真的是所有人都可以成功吗？生活里确有不少这样的事例。问题是如果我们抱定自己的失败顾影自怜，失败里就会生出小成功吗？如果我们守着曾经的胜利沾沾自喜，新的胜利就会自动向我们走来吗？当然不是，连接区模考试的失利、成功与中考成功的桥梁，是考试的第三个环节——反思。

很多孩子是不知道从哪些方面进行反思的，我们依然可以用分解的方法来完成考后的反思。我们可以把学习分解为学习态度、学习方法、知识掌握、时间安排、听课作业、思考质疑、应考状态，从不同的角度对每个阶段的学习进行整体的反思，让所有的孩子都从考试中得到提升，让每一次阶段性考试的价值最大化。

很多爸爸妈妈都跟我说过：跟孩子一起反思总会越来越偏离学习过程，而变成对孩子过往错误的清算，并且经常是越说越气，以至于反思就变成了批评或者吵架。所以我还是要提醒一下爸爸妈妈，如果你跟孩子一起做反思，之前一定要反复告诫自己聚焦问题，稳定情绪，焦虑、控诉、委屈、抱怨对孩子的学习毫无意义。

还有一些家长说：上面所提到的几个角度还是不够具体明确。那么，我们还可以用问题的形式让孩子的反思更加具体，更多地指向具体的学习行为。你可以尝试着让孩子问自己下面这些问题：

1. 你的基础知识掌握得像吃饭一样准确熟练吗？可以做到脱口而出、万无一失吗？

2. 你感觉上课听明白了的那些知识，是不是作业和小测真的都能得满分？感觉听懂了但是不能拿分或者不能拿满分的情况，是偶然现象还是经常发生？

3. 拿出自己平时的作业看一看书写和正确率，你是在草草应付，还是像考试一样追求每一道题的准确性？或者说你是只满足于“做了”，还是更关注“做”的效果？

4. 你平时遇到学习困难，是独立解决还是习惯性地去询问老师、同学、家长，或者直接到网络上搜索答案？

5. 你平时是否追求过审题的精细化、过程的精确化和卷面的精美化？

6. 你平时做事是追求完美，还是凡事（预习、听课、作业、复习）只做到百分之八十，用“差不多”的思想构建了学习的豆腐渣工程？

7. 找到你的练习册、小测本和各种考试卷，看看自己是否每一个错题都纠正了。

8. 你平时的自主学习时间安排，是有计划的还是混乱无序？是按部就班还是东一榔头西一棒槌？

9. 开考之前，你是专注地坐在座位上还是左顾右盼？是心平气和还是焦躁不安？

10. 考试过程你是有计划地完成试卷还是随意答题，不管时间？

11. 试卷上遇到困难的时候你是暂时放下积极去做后面的试题，还是纠缠在里面没有办法集中注意力去做其他题目？

…………

一般情况下，我们反思考试过程的时候，更多的是找问题，其实不管孩子在一次考试的过程中或者一个阶段的学习里有多少毛病，也还是有值得肯定的方面。所以，我常常提醒孩子们在做反思的时候，既要找到自己需要改进的地方，也要找到自己值得肯定的行为，请记着一定是具体的行为。这一点，对于那些没有考出理想分数的孩子尤为重要。很多孩子因为成绩不好而自我否定，家长也容易焦虑而对孩子有过多指责。反思的时候找到值得坚持的做法，就避免了因为一次成绩的不理想，而把整个学习过程一棒子打死。让孩子始终对自己有信心，有期待。

另外，很多孩子都需要从学习态度上反思自己，但更多的还是要把反思落在具体的行动上，关注日常行为，通过反思来矫正行为。虽然态度是看不见的，但行为的反思和矫正可以反过来影响态度的反思和矫正。认认真真把反思写下来，这个行动本身，就可以帮助孩子平复考试之后的焦躁情绪，帮助他们从失落或者得意中抽身出来。写考后反思，不必追求文采和前后之间的连贯性，简洁地用列清单的方式一一列举学习中的问题和优势即可。

和上面所说的反思整体学习过程相互补充的，还有对每一科的反思、对每一科中每一分的反思，这些更容易指向具体的学习内容。可以把每一个学科失分题目的原因和失分题型用表格整理出来，并把这些表格积累下来用以观察自己整个的学习过程，还可以参照之前给出的作业表格反思那一部分来进行。你给自己的学习积累的数据越多，就越容易找到自己学习的弱点与优势所在。

是不是只有有问题的试卷才需要反思，满分试卷就不需要反思了呢？事实上，很多成绩优异的孩子，他们都能够从自己的满分试卷中分析出很多问题，他们通过反思发现试卷中哪一部分分数反应了自己实实在在掌握的知识，哪一部分分数只是自己侥幸得来的。他们还能从自己满分试卷的讲评课上，听到很多新的方法和思路。我曾经带过一个石家庄市的中考状元，这个孩子的理科成绩不得满分的时候很少，但是他在所有的试卷讲评课上都很专注，我好奇地问他：你的理科成绩已经那么好了，都已经考满分了，老师讲评试卷的时候还总是坐得那么端正，微笑地看着老师听课，你在听什么呢？你还能听到对你有价值的东西吗？

他说：我在听老师怎么讲呀。老师的思路经常和我的不一样，我总是一边听一边反思自己做题的过程和方法，我能从老师讲课的思路上得到很多启发。

我由衷地为这个孩子点赞，他的学习境界实在是高出其他孩子甚至成人。满分本身没有太大意义，失败的名次也不决定什么，不断深化自己的学习所得，拓宽自己的思路，提升学习境界，才是学习的真正意义所在。

反思中发现问题以后，很多家长就会有一个自动化的、或者无奈的举动：报辅导班或者买练习册刷题，仿佛这样就是做了自己该做的事情。其实这些并不是解决孩子学习问题的根本途径。因为在孩子的学习过程中，重要的不是上了多少课、做了多少题，而是做了多少有益的、有效的事情。

很多同学按老师的要求做了所有的作业，参加了所有的小测和考试，自己还花费很多课余时间做了大量习题，上好几个课外班，但成绩并没有发生根本的变化。因为上课做题的目的是深入理解消化知识点，找到自己的问题及时补救，强化正确的思路并越来越熟练，而不是机械重复，更不是反复在课堂与课外拓展中去强化自己的错误认识和错误方法。

所以如果看了上面这些文字你依然不清楚怎样反思，或者反思之后依然不知道怎么来调整孩子的行为，那么就要学会向老师求助。向老师求助不是把问题都推给老师，而是在爸爸妈妈和孩子反思之后进行的，你要先反馈给老师自己的观察发现和反思结果，而不是笼统地问老师：老师，我家孩子没有考好为什么呢？老师你跟孩子说说学习方法吧。或者我家孩子没有考好该怎么办呢？这样的问题，老师往往难以一下子说明白。因为所有的方法都在课堂上，对方法的运用在平时的练习里，学习中并没有立竿见影的捷径，老师也没有点石成金的手指。

我曾经收到一位妈妈的短信：我觉得儿子学习时间安排还是有问题，这学期真的是很用功，写作业每天要写到好晚，但我觉得好像孩子当中有这样的问题，互相攀比谁学习的时间更晚，来显示谁更用功。有一天 9 点写完了作业，我说可以早点睡觉，他说同学们都学到十一二点，自己还要预习一会儿，我看他坐在那儿磨磨蹭蹭，其实是在耗点儿。

这位妈妈的观察很具体，既看到了孩子的问题，也提醒了我班级里可能存在的现象，我指导孩子学习就会更有针对性。

自己反思也好，老师指导也好，反思的结果必然要落实到学习的方式方法和行为的优化上，否则一切都是空谈，再先进的理念不落实到行动上也毫无意义。反思过程中必定会发现很多值得改进的地方，每一个人都是如此。成绩优异的孩子也不是没有任何问题，毕竟人的精力是有限的，不要期待一次性全部改变，从那些需要解决的问题里找到最制约孩子发展并且最容易看到效果的，只一两点即可，然后像《好习惯的对面》里所说，聚焦这方面坚持做些事情，坚持三十天，必然可以看到改变。

学习习惯和能力当然不是坚持三十天就可以彻底发生变化的，但是如果我们说：你要坚持天天背诵一段古诗文，你的语文素养一定可以提高，如果加一个期限，那就是十五年；你要坚持每天做十道计算题，你的计算能力一定会提高，如果加一个期限，那就是中学的六年。孩子会怎样？估计所有的孩子都会吓跑。如果我们把三年、六年分解为一个一个的三十天，让孩子三十天三十天地坚持，及时评估奖励，让他看到自己的小成功小进步，心理上就不会有那么大负担，更易于坚持下来。

理想化一点来看，我们应该感谢每一次考试，感谢每一次细小的成功和失败所带给我们的思考，让孩子在失败和成功中不断自省，并向着成功的方向一路前行。只有这样，当孩子们从学校毕业的时候，当所有的考试都结束的时候，孩子们身上留下的才是让他终生受益的反思能力，孩子必将成为一个真正了解自己的、心性清明澄澈的智者，一个不断超越自己、不断向着新的高度攀登的强者。

你的心里住着“鬼”吗

前面说过，中考是孩子初中阶段考试生涯里唯一不需要试卷讲评的考试，但它带给孩子们的震动却最大。我记得2016年7月3号的上午，小钰同学在学校用我的手机查到他的中考成绩：633分，那一刻身高近一米八的他一把抱住我，呼哧呼哧地喘息着，听上去像是在哭，却又分明在笑。我跟他一样激动，但是又比他的心情复杂了一些，因为还有一些孩子，他们并没有考出自己的最好成绩，正在经历痛苦的煎熬。

所有的成绩都揭晓以后，我给他们发去一条短信：亲爱的孩子们，中考尘埃落定，不论你正独自咀嚼失败的苦涩，还是正经历巅峰的狂喜，你都需要接纳和体验，而非抗拒和逃避。做到了，成功和失利都可以成为你成长的基石。当我们把人生拉长，站在遥远的明天回看现在，时间会把中考在你心里掀起的万丈狂澜，沉淀成智慧和力量。我知道，成功映衬下的失利的滋味格外苦涩，没有谁能真正理解，更没有谁能替代，你只能独自品尝，独自消化，孩子们，不要怕，熬过去，明天就会很美丽！

初三的每一次阶段考试，都是中考的前奏，孩子们很难真的做到把自己的情绪拿掉，客观地看待考试成绩。这一天是市模考试后的试卷讲评，我知道看似淡定阳光的孩子们，经历着种种煎熬与苦楚。

课间我在教室里跟孩子们聊天，先是小宇说：老师，看到这些错题，我想死的心情都有了。

我：那我给你买块豆腐去吧。

接着是嘉嘉：谷老师，你鼓励鼓励我吧！

我：你需要鼓励？

嘉嘉：嗯，我这次考得特别不好，出了各种低级的错误。……你一定要鼓励鼓励我，老师，我说的是实话。

出现了失误本来是挺正常的，但是像嘉嘉这样找鼓励好像比较有喜感，周围的几个同学都笑成了一团。

嘉嘉：老师，我不开玩笑，我就是需要鼓励。你看，你前几天刚说我是打不垮的嘉嘉，我今天就这样了。我怕我真的被打垮了。

几天前，我确实刚刚表扬过她心态好，能冷静和理性地面对学习中的各种困难，可是毕竟没有一个人能完全地做到物我两忘、宠辱不惊。

我：还有什么，你说？

嘉嘉：我现在的情绪特消极，我怕我走不出来。

我：还有呢？

嘉嘉：距离中考还有二三十天，我怕我调整不过来，那怎么办呀？

我：我记得以前说过，你们的学姐聪聪就是这个时候考了年级三百多名的，中考时到了年级前十。其实知识都在你自己脑子里呢，不会因为一次成绩不理想而消失。

嘉嘉：是，你是说过，但我不是学姐，我怕我不行。

这时候，我听出问题了。把嘉嘉的话放在一起来看，你会发现一个惊人的“秘密”：

“我怕我真的被打垮了。”

“我怕我走不出来。”

“我怕我调整不过来。”

“我怕我不行。”

嘉嘉怕的竟然是自己！她，就是自己心里的“鬼”！我的读者朋友，你的心里住着“鬼”吗？你怕的是什么呢？

我把嘉嘉说的这几句话写在了黑板上，在每一句的“我怕我”下面画了重重的线，然后对孩子们说：

其实每个人的心里都有一个“鬼”，一个满是自卑、怀疑、否定的“鬼”，一个懒惰、消极、沉沦的“鬼”，一个茫然、惊慌、恐惧的“鬼”。这个“鬼”总是在我们遇到挫折或失败的时候，遭逢不公与诬陷的时候、满怀失落和委屈的时候跳出来，他时常以看似正义的面孔、充满肯定的语气、满是怜爱地安慰我们，满足我们对自己的怜惜；他也时常是一个角落里的小丑，不时地鼓动本已躁动不安、气愤至极的我们，不管不顾地任由自己的情绪宣泄如洪水。他可怕吗？他可恨吗？是的。但是必须承认，他，是我们的一部分。我们会终生与他为伴。他击打着我们，却也锤炼着我们；他阻碍着我们，却也成就着我们。他——就是《少年派的奇幻漂流》里的那只孟加拉老虎。电影里，当派有机会举起斧子杀死老虎的时候，他突然停了下来，那一刻他意识到，其实老虎已经成了自己的一部分，因为有了那只老虎他才得以时刻保持清醒。确实，正是因为有了那只老虎，派才可以独自一人飘过印度洋，飘过那比印度洋还宽广无际的内心的恐怖。

当然，我们的孩子比派幸运，当他们遭遇心中的“鬼”的时候，还有我们在旁边陪伴。所以我常常对家长们说：当孩子的成绩出现起伏时，你们一定要稳住阵脚。因为你们的态度决定了孩子的态度，你们的情绪决定了孩子的情绪，你们处理情绪的方式决定了孩子处理情绪的方式。可事实上，想要稳住阵脚谈何容易。

我女儿出生的时候脐带打结导致吸入性肺炎，大夫倒拎了她拍打半天她也没有哭出一声，于是都没有顾上让我看一眼就送去了新生儿急救室。她在小保温箱里待了十天，那段日子里我的心就天天悬着。等我见到她的时候，看见她的小脑袋因为扎头皮针被剃得一块一块的，我心疼得不得了。不知道是不是那时候肺部受了损伤，女儿两个多月就开始感冒、发烧，以后每月至少发作一次，一输液就是十来天。每次感冒都要咳嗽得很严重，小脸涨得紫红，常常咳得喘不过气，睡着睡着都会突然被憋醒，翻身坐起来。那时候她咳起来我也常常跟着她喘不过气，那憋闷的感觉到现在还记得，那些女儿发烧的日子简直是一部灾难片。这种日子一直到她上了初中才开始慢慢好转，压在我心里的石头好像也慢慢被搬走了。

初三的上学期，学校竞赛考试的时候，她又突然发高烧，输了两天液，烧还没有退，几个小时之内用了两次退烧药才稍稍降了一点，我把她一个人留在家里就去上班了。我在学校突然接到她的短信：妈妈，我又烧到 39.6 度了。我赶紧请了假飞奔回家，看她穿着羽绒服，给自己捂着两床被子，暖着热宝，手脚还像冰块，身上却烫得像火炉，我突然之间方寸大乱，不知道如何是好。只说了一句话“走，咱赶紧去医院”。

倒是女儿平静地说：妈妈，我上午刚输完液，中午吃完退烧药也不到四个小时，去医院能怎么着？

我知道她是对的，我知道病毒感染要烧过高峰期的理论，我也知道她已经长大，不再是那个睡在保温箱里的宝宝，一次上呼吸道感染并不会危及她的性命，但是我感受到两年来离我而去的焦灼、恐惧、无助，它们其实一直在我的每一个细胞里睡着，在那一刻一股脑儿地全都被唤醒了。

我太害怕她生病，我太想控制她的病情，我不要她高烧咳嗽，而这些又恰恰不是我能控制的，遇到自己想控制而又不能控制的事情，我的情绪就会失控，判断力也就会随之降低，我会瞬间乱了阵脚。

那一刻我突然理解了，我的学生和家长，他们也有他们特别想要控制而又控制不了的东西，当这些东西出现的时候，想让他们稳住阵脚，谈何容易。他们想控制的和我想控制的东西并不一样，但我们恐慌的情绪却一般无二，所以真正让我们恐怖的不是事情本身，而是我们赋予这件事情的意义。

情绪是我们走进自己心灵的密码。我一边沉浸在自己的恐慌里，一边想办法帮女儿物理降温，一边在心里告诉自己：会好的，明天就会好的。那个时候我觉得有好几个自己在同时工作，原来除了恐慌睡在我的细胞里，我与恐慌相处的方式也都睡在我的细胞里，当恐慌被唤醒的时候，应对的方式也一起被唤醒了。看见自己的情绪，接纳这些情绪，这些情绪就不会导致行为的失控，我可以带着这些情绪正常地处理具体的问题。那些让我害怕的东西，也让我看到了自己的强大。

语文课本里有一篇文章《孤独之旅》，节选自曹文轩先生的小说《草房子》，这一部分写的是油麻地的“富二代”杜小康的成长故事，家境败落以后，杜小康不得不随父亲远离熟悉的油麻地，到荒无人烟的水潭芦苇荡里放鸭子。“芦荡如万重大山围住了小船。杜小康有一种永远逃不走的感觉。他望着父亲，眼中露出了一个孩子的胆怯。父亲显然也是有所慌张的。但他在儿子面前，必须显得镇静。”“日子一天一天地过去了，父子俩也一天一天地感觉到，他们最大的敌人，也正在一步一步地向他们逼近：它就是孤独。”“后来，父子俩心里都清楚了这一点：他们已根本不可能回避孤独了。这样反而好了。”好在哪里了呢？当他们知道孤独不可回避的时候，孤独感并没有消失，他们只是接受了孤独的不可回避，然后“时间一久……就不再忽然地恐慌起来。”后来，一个暴风雨的夜晚，杜小康跟爸爸一起追赶鸭群，独自一人追赶了十几只受惊的鸭子之后，却喊不应父亲，“望着异乡的天空，心中不免又想起母亲，想起许多油麻地的孩子。但他没有哭。他觉得自己突然长大了，坚强了。”孤独打击了杜小康，孤独也成就了杜小康。

我们的孩子可以和杜小康一样学会和焦虑、恐慌、迷茫、孤独相处，并从中获得成长。我们的孩子，也可以成长为能够自己生产阳光的向日葵，在一波又一波僵尸来袭的时候，建立稳固的防线。

如村上春树所说：不论到了多大年龄，只要人还活着，对自己就会有新的发现。只要你愿意，你会发现自己心里其实也有一只勇猛无比的孟加拉虎，同时，你会发现你的心里也有一个英雄少年“派”。

跑过最后一个弯道

小远上学早，比其他同学小一岁还多，他是大家的小弟弟，入学的时候小脸和耳朵都肉肉的，老师和同学们都很喜欢他，中考的时候他还不满十四周岁，刚刚褪去婴儿肥。加上生长期的某种原因造成的膝盖疼痛，他完成下蹲的动作特别困难，体育中考想达到满分就成了奢望，但是他依然每天刻苦地训练，即便如此，最终还是差了整整 7 分，考试结束我抱了抱他，不知道再怎么安慰。

从考点出来，小远强打精神跟我再见，然后跟妈妈一起手拉手走了，看着母子二人失落的背影，再看看旁边那些喜悦的笑容和激动的拥抱，我心里突然升起许多的愧疚，虽然我不知道自己为什么愧疚。

我们都知道体育成绩纳入中考，并不是为了增加中考分值，增加孩子们的负担，但是不管什么化作考试分数之后都会或多或少改变它本来的面目，我想无论是对于失落的小远，还是那些成功的孩子，我们都应该试着去升华体育中考的意义。

什么是美

每年体育中考的考场总是固定在同一所学校，我常常在这个学校操场北弧顶、大树下、最后一个弯道处，给孩子们加油助威。

抓住栏杆、踩在石阶上、使出全身的力气，为看得清面孔、看不清面孔的，来得及喊名字、来不及喊名字的，自己班上的、别的班上的，跑得快的、跑不快的，认识的、不认识的所有的孩子喊加油：

加油7号！

快点，这个孩子！

那个小胖子，坚持住！

加油，冲过去，冲过去就满了！

…………

声嘶力竭，面红耳赤，甚至，面目狰狞！

没有哪一个女老师会在意自己是否优雅，没有哪一个男老师会在意自己是否儒雅。孩子们不也是如此吗？没有哪一个女孩子会因为自己腿不够漂亮而要用长裤来掩盖，没有哪一个女孩子因为立定跳的那一刻不够淑女而忸怩，更没有哪一个男孩子因为1000米跑到最后脸变了形而放弃冲刺。

在操场上，在奔跑中，爆发出生命里最原始的能量才是美！这能量也许豪放、也许粗犷、也许狂野……

因此，那个操场的北弧顶、大树下、最后一个弯道处，定格了太多精彩的瞬间：

秦小黑跑过最后一个弯道，领先第二名同学将近50米；

杨问问跑过最后一个弯道，撞向了从来没有触碰过的满分线；

小胖子杨杨跑过最后一个弯道，拿到了让她进入实验班的至关重要的2分……

成败只是一瞬间

这个操场，记录下的还有什么？

萌萌第一跳就滑出垫子扭伤了脚，不得不临时办了缓考；

小雨忍着肠痉挛的剧痛冲到终点线，倒在地上动弹不了，我和校医被特准进了考场；

那个初一入学时因为“娇滴滴”而让同桌不能忍受的嘉嘉，忍着各种不适跑过满分线后，脸像纸一样白；

小聂出乎意料拿到了自己的最低分，可是我们全班只有两人没有满分，这个成绩空前绝后……

中考体育满分——这至少是孩子们初三9个月奋力拼搏的目标，但是体育中考的意义不止于此！成败只是一瞬间，人生的跑道上也是如此变幻莫测，我希望，我们的孩子跑过人生的每一个弯道时，正值得意而不忘形，遭逢失意而保持本色。

无形的跑道

为什么北弧顶的大树下是我年年不变的位置？因为我总是固执地认为，弯道处最难跑：因为技术，也因为身体接近极限而终点还没有进入视线。这样的时候，往往是人们最容易放弃的时候；而实际上，只要我们再稍稍坚持那么几步，就可以踏上最后冲刺的几十米直道了！

我们的人生到底要经历多少这样的弯道？在人生的弯道上又需要怎样的技术？在那些既无人喝彩也无人加油的人生弯道上，我们可以给自己多少支持？又或者，我们终会处于一条弯道，这里看不到终点也看不到希望，周围都是呐喊声，可是呐喊声里没有我们的名字，周围都是挥舞的胳膊，但是没有哪一只是在为我们助威。我们只能听到自己的喘息声和心跳声，只能感受到自己的无助和恐惧。又或者，我们其实从来都只是在直道上，还没有踏上那终点前的最后一个弯道？

谁知道呢！

人生的路上，哪里有这么清晰的跑道？哪里有那么明确的终点？多的倒是我们正优哉游哉的时候，终点就猝不及防出现在眼前了！

其实，我们大多数人并不像上面写的那么惨。回望每一个弯道，我们都在为自己一点一滴地积攒冲刺的能量，为即将到来的直道，也为下一个弯道的出现。所以我们的身体终会不可逆转地萎缩、老去；可是我们的心灵，却可以不断地成长和成熟。

走过人生的一个又一个弯道，我们一定会越来越懂得接纳和包容自己，开始学着更加爱惜自己，开始学着从容和坦然。

所以，在无形的跑道上，我们都应该感谢自己陪自己走了一程又一程！

成功不会垂青懒惰和侥幸

所有走出体育中考考场的孩子们，一年以前都曾经为微机中考奋斗；一个月以前都曾经为理化生实验中考鏖战；刚刚他们为体育中考全力拼搏。此刻，孩子们又来到了文化课 600 分的弯道前！

经历了体育中考，我们的孩子一定懂得：即便老师一直在场外为他摇旗呐喊，即便妈妈一直在背后为他默默付出，谁都不能代替他跑任何一米！

如果体育课上他少跑了哪怕一圈，如果放学后实心球他少投了哪怕一次，如果周末体能训练中立定跳他少跳了哪怕一回，那30分的踏实与荣耀，都不会属于他！成功永远不会垂青懒惰与侥幸。

三年，一千多个日子，最后冲刺30天。和长长的岁月相比，这不就是人生的又一个弯道吗？但是，谁又能陪他走过人生的每一个弯道呢？

孩子们都是聪明的，相信你们一定懂得，有些路注定需要他一个人去走，有些寂寞注定需要他一个人咀嚼，有些汗水与血水他不能吝啬！

那些云淡风轻的过去

我父亲住院的时候，曾经在病房里偶遇47年前的老战友，两个年逾古稀的老人说着半个世纪的光阴，不免唏嘘感慨，但更多的是平淡从容。那么多的沟沟坎坎走过去以后，互相讲述的竟好像是别人的故事。我突然就想，其实人生的每一个阶段都是如此，孩子长大以后回看现在的纠结痛苦，也可以云淡风轻。人脑就是这样特殊，凡是已经过去了并且永远不能再回来的，都会被回忆蒙上一层美丽的面纱，因为是一切过去塑造了现在的自己。

体育中考的日子，注定是不平凡的一天。有的孩子在最后的冲刺和跳跃时，实现了久已期待的超越；也有的孩子终于没有战胜自己心中的鬼，丢了那本已牢牢把握的一分。功利一点看，大家有成功和失败之别，但是从人生体验的角度看，成功的欣喜、失败的苦痛一样会成为三十年后重逢时可以彼此分享的故事。

体育中考的日子，注定是神奇的一天。你有没有发现，走出考点大门的那一刻，孩子的心里就悄悄地发生了一些变化：那曾经被千万次诅咒过的体育课，竟开始被眷恋。日后你和孩子再走过你们日日奔跑的操场，看到冬青上铺满的衣服，墙根下堆满的书包，也许有一刻，你心中会涌起莫名的感动，那么就把这份感动分享给孩子，告诉他：孩子，你会感谢自己曾经奔跑的日子，因为奔跑的距离就是青春的宽度，汗水的重量就是青春的重量。孩子，有一天你会明白，更多的时候奔跑不是为了最先到达终点，而是因为我们有脚就要体验奔跑的快乐；更多的时候欢笑不是因为我们比别人成功，而是因为我们知道欢笑其实是一种选择。

我相信，那些奔跑的日子是值得怀念的，那最后一个弯道上的拼搏是值得怀念的，这都无关成败，因为日月光华编织故事、酿造情谊；因为风霜雨雪锤炼心灵、锻造意志。

现在，孩子们站在了初中阶段的最后一个弯道上，到了竭尽全力冲刺的时候，妈妈的信任与包容，稳稳地，一直都在。

和孩子一起，去你们曾经训练的操场看一眼，也许那曾经喧哗的跑道已然安安静静，也许那些奔跑的身影已经换了另外一批，让你走过去的时候会有些不习惯。

我们都知道，孩子们已经跑上了另一条无形的弯道。他们目光坚定，他们脚步铿锵，他们跑过最后一个弯道，即将跑向中考，跑向成功！

我们都知道，孩子终会跑上各自不同的轨道，希望每一个弯道处，他们都可以为自己呐喊助威！

我都复习好了

我们小区离我单位比较近，小区里很多孩子在我们学校就读。有一年，邻居家的男孩儿刚好跟我在同一个年级，初三第二阶段考试的前一天，男孩儿的妈妈让他到我家取点儿东西，拿了东西之后我问他：语文复习得怎么样？有什么问题阿姨可以帮忙呀。

孩子胸有成竹地说：没问题，阿姨，我都复习好了。

过了几天我在电梯里看见了男孩儿的妈妈，她沮丧地说：唉，这次阶段考试又没有考好。

我想着前几天孩子说语文复习得很好，就问：语文考多少？

妈妈说：才 85 分（总分 120 分）呀。

这样的孩子确实让人着急，他从来不觉得自己有问题，怎么可能想办法去学习？又怎么取得理想的成绩呢？

《孙子兵法》对此种情况有精辟的议论：……知己知彼，百战不殆；不知彼而知己，一胜一负；不知彼不知己，每战必败。

意思是：了解敌方也了解自己，每一次战斗都不会有危险；不了解对方但了解自己，胜负的机率各半；既不了解对方又不了解自己，每战必败。

这段论述里，列举了三种情况：知己知彼、不知彼而知己、不知彼不知己，我曾经想过：会不会存在第四种“知彼不知己”的情况呢？可是我马上把自己否定了，一个连自己的作战情况都不了解的糊涂统帅，又怎么可能具备了解敌方的能力呢？也就是说，一个不知己的统帅，在任何战争里都没有胜算。如果把我们要学习的知识、要面对的考试当作敌人去对付的话，做一个清楚了解自己和对方实力的统帅实在是重要（当然，我更希望大家把学习和考试当作自己的朋友去研究）。

我还有一个观察，每次考完试之后，扣分越少的同学往往越会说：哎呀，我又考砸了，我某某学科的某某题计算错了，某某学科某某题选错答案了，某某学科某某题少答了一个方面。试卷发下来一看，这些地方果然出了问题，但是除了他们自己说到的这些错误，其他题目扣分往往很少，所以他们排名常常很靠前。

其他孩子就会不大高兴：老师，某某同学总是这样蒙蔽我们，他每次都复习得挺好了还说自己有问题，明明考这么好，还总说他考砸了。

发现规律以后，再有人来跟我吐槽我就会问：那么他说他错了的地方是不是真错了？吐槽的同学会点头称是。

我：那就是了呀。某某同学对自己的判断很准确，他说自己没有复习好，只是他确定自己还有哪一部分知识掌握得不牢固或者运用得不熟练，他并没有故意夸大或者缩小自己的错误，所以他也没有蒙蔽别人的意思。他说他考砸了，并不是说比你们低多少，可能只是他觉得自己丢分丢得比较遗憾。你想是吗？反过来，你为什么复习的时候就没有发现自己还有很多知识没有学到位，考试的时候没有发现自己考试中出现了问题呢？其实你们之间并不是诚实不诚实的区别，仅仅是一个清楚地知道自己学会了哪些、还有哪些概念模糊，一个总是糊里糊涂地觉得自己什么都会了、什么都做对了而已。

清醒客观地认识自己很难吗？有人问古希腊的哲学家泰勒斯：你认为人活在这个世界上，什么事情是最困难的？泰勒斯回答：认识你自己。老子也说：知人者智，知己者明。

我们今天撇开一个人对自己的性格、心理特点等方面的认识，只来谈孩子对自己知识掌握情况和学习能力的认识。

其实每个班都会有孩子觉得自己学习效果很好，没有什么问题，但是考试下来却不是那么回事。怎么才能让孩子们客观地认识自己呢？

有一次考试之后我给孩子们做了一个表格，一栏是单科目标分数和总分的目标分数，一栏是单科实际分数和总分的实际分数，最后一栏计算出目标总分和实际总分的差值，孩子们把这三组数据写下来，把自己的目标分数和自己的实际分数做一个对比。

虽然我有准备，但是表格收上来以后，差值还是让我特别吃惊，考试综合排名最后的两个孩子，差值最大，一个差 96 分，一个差 66 分，而那些成绩在班级前列的孩子，两个分值也最接近。这个表格让很多孩子看到自己对自己的评价有失客观，也让我总结出：至少是这一批孩子对自己实力的认识程度，跟自己的学习成绩正相关。做了这个表格以后，自我感觉良好、眼高手低的现象并没有完全杜绝。看来，认识自己难，认识自己的不足很难，认识到不足之后的提升更难。

一个孩子是通过什么来认识自己的呢？孩子小的时候，爸爸妈妈就是他的镜子，对孩子的优点和缺点、成绩和问题给予真实的反馈，对孩子建立客观的自我认识至关重要。有一些爸爸妈妈怕孩子骄傲，特别吝惜对孩子的赞赏，即便孩子取得了成绩也不及时给予肯定，这样的家庭里孩子常常会自卑；还有些爸爸妈妈以为，赏识教育就是要鼓励和表扬孩子，不能批评，不能指出问题和缺点，否则孩子就会不自信，于是不管孩子做了什么事情都会说“你很棒”“你是最聪明的”“你真行”，以至于孩子盲目自大、自满，就容易出现前文提到的对自己的学习能力完全不了解的情况。其实，爸爸妈妈只需要做一面镜子，真实客观地反馈孩子处理问题的方法和行为，让他们知道什么是好的，值得坚持的，什么又是需要改进的，这并不影响我们认可孩子作为一个独立的个体是有价值的、是值得尊重的、是值得被爱的。当孩子成绩不理想的时候，我们该怎么跟孩子沟通，在《为人父母要讲点说话之道》一文中已经有过介绍，这里不再多说。

当然，也有一些父母总是夸孩子聪明，不过是满足自己的幻想或者是面子，所以很多时候，孩子清醒地认识自己的前提是爸爸妈妈清醒地认识自己和孩子，我们用来量自己、量孩子、量他人的尺子标准应该是一致的。我们对孩子的客观清醒的认识，慢慢内化成他审视自己的方式，也会促使孩子成长为一个真正自尊、自信的人。

中考嘛，不过如此，做题而已

我经常跟初三的孩子和家长说，中考题大家都见了很多套了，考试的时候，不过就是换了一个教室，换了一张课桌，继续做题——“中考嘛，不过如此，做题而已”。但是“家有考生，如履薄冰”是家长的普遍心理，虽然我说要稳住阵脚，虽然我也一直说要相信孩子，但大家还是免不了煎熬一番：孩子状态不好，想说又不敢说，真纠结；孩子每天学习这么长时间，想让孩子早点睡觉又怕他学不好，真纠结；看到孩子有问题又插不进去，重要的是很多孩子不让插手，真纠结；高中不只有一所，到底上哪一所，更纠结。

不过，这种日子也总是有头的，一转眼，时间就到了六月中下旬，最后的一次模拟考试的试卷讲评也结束了，学校开始安排自由复习。

我觉得，中考文化课600分，有30分取决于自由复习。这么说并不是故意夸大最后两三天的作用，毕竟能够在最后两天从能力上提升30分可能性不大，但是认为此刻孩子的中考已经定型，则是不科学的，因为最后两天自由复习的状态直接影响孩子的中考状态，而考试状态在中考中可以让一个模拟590分的孩子考上620，也可以让一个本来可以拿到630的孩子只考610。“每临大事”应该有“静气”，妈妈唯有以自己的沉稳、踏实来感染孩子，才能让孩子、老师和自己三年的努力真正化作孩子的囊中之物。

告诉孩子，最后两三天自由复习，也许同时会有几个老师在教室或者楼道办公，他周围的同学或者他自己，往往会在教室进进出出地跟老师交流问题，进进出出的就让他进进出出，坐到书桌前的每一分钟都要坐定！沉着冷静，做好自己的每一件事情，为自己扫清每一个障碍。

我们之前讲过如何列计划，这两三天的计划尤为重要。一方面，这个计划可以帮孩子最后再梳理一遍知识；另一方面，这个计划也可以让孩子始终有事可做，而注意力集中在具体的事情，焦虑就会处于一个比较正常的水平。

自由复习之前，计划要用到的各科资料都要分类整理好，同时带好自己的课本、错题本，以便到学校用，如果前一天晚上自己提前做一些工作去发现自己的问题就更好了，这样第二天就可以直接找各科老师解决问题。

最后两三天不宜找太多新题、难题做，更不需要做偏题怪题，千万不要听信各种小道消息，始终围绕考试说明来学习才是最靠谱的事情。如果老师有具体安排，跟着老师走，如果老师没有安排新的练习，自己每一科安排二三十分钟的练习，保持做题的感觉就好。

当然，六月份天气热，多喝温水、不吃冷饮、规律作息保持身体舒适也很重要，晚上上床时间不晚于之前的复习阶段，不过也不必刻意调整，一切顺其自然就好。如果孩子有些紧张，可以听音乐或运动放松。运动以慢跑、散步为主，不宜剧烈活动。

自由复习的两三天也就这样过去了，然后是看考场的日子。看考场的时候你要负责熟悉路线、了解路况，以便确定第二天出门的时间。孩子则需要看好楼层和教室，看好厕所的位置。

考前的最后一晚你和孩子大都会比较焦虑，不过我们可以假想一下：孩子中考考了 550 分，怎么办？ 630 分呢？郁闷也好，高兴也罢，也就是几天，然后一定是——该干嘛干嘛！孩子的人生，充满各种各样的可能性，中考成绩不是判决书，也不是高铁票。但是，你还是会有些焦虑，因为你还不知道我开头所说的“中考嘛，不过如此，做题而已”是不是忽悠你。焦虑，是绝大多数考生和家长共有的心理特点。只要你是一个普通人，你就逃不掉。孩子的焦虑可能会表现为：假想明天考试的各种“万一”出现的意外；很兴奋想说话；有点小抑郁，什么都不想说；坐不下来到处转；能坐到书桌前但看不下书去……

首先接纳自己的和孩子的任何心理和行为是正常的，不为自己的焦虑而焦虑。事实上我们担心的 99% 的事情都不会发生，不信你就想想实验中考前你的焦虑、想想体育中考前你的担心吧。相信孩子可以带着自己的焦虑去做点什么：比如整理好自己的考试用品，0.5mm 的水笔，涂卡笔，橡皮，尺子，准考证，可以放在透明的笔袋里；比如看看文综、理综、语文的书，不要强迫孩子去记忆什么，只是翻翻书或者是老师总结的资料就可以；再比如把最近的卷子看一遍，自己在脑子里过一下做卷子的过程和注意事项。

如果孩子连翻书都做不到，就是坐不下去，那也没有关系，我们并没有希望孩子以完美的状态上考场，事实上也没有人可以以完美的状态上考场，可以带孩子一起去散散步，陪他聊聊天或者听听舒缓的音乐，都可以让他放松下来。

我曾经碰到过个别同学会出现失眠的情况，以我自己失眠的体验来看，人不能很快入睡的时候，对时间的感觉是不准确的，我睡不着的时候所感觉的时间总是比实际的时间长很多。如果睡不着，那就可以再翻翻书，或者仰卧在床上做几次深呼吸，集中精力做放松练习；也可以想象自己在考场上沉着应考、认真答题的形象。请相信，即便真的失眠也并不可怕，三五天的失眠不会影响孩子的正常发挥。

当然，上面这些情况95%以上都不会发生，孩子会像平时一样，坐在书桌前看一会儿书，写几个字，然后安安静静去睡觉。请记着：不要预支痛苦，也不要过早庆功。不到6月22日下午4点，英语试卷上交的那一刻，中考成绩都没有定型。

好的，你一定会提前安排好中考期间的食谱，那么6月21日早晨，早餐准备好之后，就可以去叫孩子起床了。从孩子那一边来看，一觉醒来就是6月21日早晨7点了，把脸洗得干干净净、饭吃得饱饱的就可以“带着老师上考场”了，当然还要带齐准备好的考试用具。路上的时间尽量留得充足一些，每场开考前45分钟到考点，然后找老师或者组长报道，等考点开门以后，就可以踌躇满志去考试了。

孩子第一科开考前心里最没底，多数会咚咚地敲小鼓，那么像前一天晚上一样做几次深呼吸、做一做放松练习就可以了。闭上眼睛，想一想老师最后的考试指导也是很好的。偶尔会有同学觉得：我大脑一片空白。没有关系，这都是一过性的，稍过片刻就会恢复正常。

卷子发下来，第一重要的是“带着老师”认真审题。认真审题包括逐字逐句慢慢地读题干，读要求，揣摩、理解要求的意思，辨别考点和易错点。可以用铅笔画出关键词。

中考中遇到的都是新题，所有考点和知识点都出自考试说明，但是情境却一定是新的，所以最重要的是一定把所有的题都当成新题来做。也许有同学会说，这一点谁不知道呀？但知道是一回事，做到则是另一回事。与平时考试类型相同的题目要求也大致相同，这会使我们产生惯性思维，一看到某种类型的题目，心中就会想到某种要求，结果有些同学就会大概地看一眼，甚至看都不看要求就下笔做题了，以至于“熟反生拙”，犯下了经验主义和概念化的错误。

在大型考试中，出题者会常常在题目要求上做些手脚，以考查我们的审题态度和能力。切记：一定不要想当然地判断题目要求的意思，一定要多看两遍，其实多读两遍要求并不会浪费时间，可是一旦要求看错，丢的可能就不只是一两分的问题了。这样的例子在平时考试中屡见不鲜。

“带着老师”认真思考，规范答题，把会做的题都拿满分。很多孩子在考试时会有这么一种情况：考场上总是急躁，生怕会做不完试卷，看见简单的题就不认真思考，甚至一带而过，更有一些孩子是做着上面一道题，眼睛就开始看下面一道题了。以至于匆匆忙忙把自己最有把握的题都做错，然后去攻自己本来就不一定能做对的题。

“带着老师”思考，遇到难题也有办法。我们之前说过，一张中考考试卷对于不同的孩子来说，满分值是不一样的。如果我们已经把那些可以拿到手的分数稳稳地拿到了，那么就可以去啃一啃硬骨头了。对那些所谓的难题，不要有畏难心理，更不必在解不出的时候产生烦躁的情绪，因为那本就在我们的满分值之外，把它当成附加题，心平气和地去研究。“带着老师”好好读一下题干和材料，从中提取有用的信息，并且看到每一个信息背后隐含的信息，找到条件之间的关系，能做一步做一步，能得一分得一分。在保证其他题正确的前提下，坚持到底，不到最后一刻决不放弃。很多时候，一点一点地啃，一步一步地做，谜题就会越来越明朗，答案也就自然出现了。

当然，我们不能忘记试卷的规范书写。工工整整，在规定位置答题，减少勾画涂抹，绝对不涂黑疙瘩，是基本要求。如果有书写错误必须修改，在字上画一个斜杠，然后在最近的空白区域写出正确答案即可。

中考的两天还要保证午休，能够睡着自然是好的，如果不能，闭目养神也能很好达到休息的效果。有些孩子午睡之后会犯困，那么中午喝杯咖啡或者浓茶提提神很有必要（但是量不要大）。因为河北省中考第一天的下午要考理综和文综两场，每场两个小时。理综结束之后休息 45 分钟，那么就走出来透透气，清空一下脑子。

可是走出考场，难免会碰到熟悉的同学，孩子真的能做到不对答案吗？事实上是，很多同学都做到了，也有一部分同学做不到。对完答案孩子可能会对你说：太好了，我都做对了。

这个时候你可以跟他说：哦，你是这一场的这几道题做对了，是吧？

也有可能是这样的：哎呀妈妈，完了，我都做错了。

这个时候你可以这样说：哦，我想你是这一场的某一道题或者某两道题做错了。

你看，不同的表述就会带来不同的心态：因为某一科的成功和失利是局部的，不能决定大局。如果孩子“不小心”对了答案，那就让“对答案”发挥它的积极作用：让这一场的小胜成为孩子进军下一场的动力；或者让这一场的局部失利，激发孩子全部的斗志，集中所有的聪明才智到后面的科目。考试毕竟还没有最后结束。

我记得十几年前的一次中考，第一天晚上我接到一个妈妈的电话：老师，洋洋说他今天考文综没有写名字，从出考场就开始腻歪，这可怎么办？

第二天一大早又有一个妈妈打电话：老师，我觉得我犯了一个错误，我给孩子买的涂卡笔是在门口小店里买的，要是假的怎么办？

事实上，这两个孩子的考试成绩都没有问题，问题都是妈妈和孩子太过焦虑了。但考试中极少有人能够每场考试都非常顺利，每一科都不出现失误，难免出现这样那样的问题甚至意外。比如本来会的题结果答错，或者某些难题没有解答出来，或者整张试卷的结构跟自己以往做得不一样，做起来很不顺手，这些还比较容易接受。个别孩子也会出现交卷之前才发现没有涂卡，匆忙去涂，甚至看错时间未答完试卷，等等，这种重大失误确实会对孩子产生非常消极的影响，对后面的考试是极为不利的。

这时候，必须明白：决定跳水运动员成绩的，常常是最后一跳。不到6月22日下午4点英语试卷上交的那一刻，孩子的中考成绩都没有确定。过去了就让它过去，以一颗平和的心、一颗拼搏的心投入到下面的考试之中，争取把丢失的分数从后面的考试中“夺”回来。很多时候决定我们考试成绩的就是可以在多大程度上做到这一点。

大多数孩子对数学都多少有些恐惧，一旦6月22日上午数学考试结束，人马上就会松下来，就好像整个中考已经结束一样，请记着：不要预支痛苦，也不要过早庆功。

要让孩子明白：6月21日上午开始考试，作文是不是完美，文综、理综有没有失误，数学的成败，都不能决定你的中考，只有6月22日下午英语结束，才能最终决定你的中考分数。这就到了大家拼定力的时候。积极暗示，让孩子善用平时练习的静心方法，沉着冷静，去打好最后一场战役。

很多孩子考前都会或多或少有期待：我能超水平发挥吗？理想的状态是：只要孩子能重视每一分，专注于每一道题，把会做的题以分数的形式呈现在卷面上，就可以超越所有模拟考试的水平。带着所有老师慢慢读题，带着所有老师按步骤思考，带着所有老师规范书写答题步骤，就可以超常发挥。

请你肯定地告诉我们的孩子：初中三年征途漫漫，或许你一路领先，或许你后来居上；或许你身姿矫健，或许你脚步沉重；又或许，你到最后都没有跟上大家的节拍。孩子，不管你是哪一个，我们都希望，你能拼尽全力，从容应战！妈妈会在无形的跑道旁，为你摇旗呐喊！妈妈更希望，即便是没有任何人为你喝彩，你也一定要纵情高歌，全力奔跑！

只待6月22日那一天，尘埃落定，掌声定会为你响起来！

老谷说：我们的孩子，可以成长为能够自己生产阳光的向日葵，在一波又一波僵尸来袭的时候，建立稳固的防线。

伍

家庭走到岔路口

二胎何以成为问题

一个家庭里有两个宝宝，这本来是一件自然而然的事情，何以会变成全社会关注的问题呢？经济学家、社会学家、心理学家在媒体上谈论，普通人在餐桌上和办公室里谈论。改革开放以来，家庭、社会都习惯了一个家庭一个宝宝，习惯了“421”的家庭模式，社会生活的变化和爸爸妈妈对孩子教育问题的焦虑让养育孩子成了一件空前隆重的大事，全面二孩儿政策给普通百姓的生活带来的影响巨大。

前两天同事们一起在食堂吃午饭，一个年轻妈妈说她打算给9个月的女儿报一个早教班，去试听了一下，感觉还不错。

一群中年大妈一脸茫然：哇，这可真是“早教”，才几个月就开始上“班”了！现在当妈可真是不容易，幸亏我们早生了几年孩子。

年轻妈妈说：是啊，我们去得就晚了，现在这个班14000元一期，共106次课，这还是店庆价，人家说北京比这个高几倍呢。去年比这个费用低两三千，前年还要低好几千。这早教班的费用不停地涨，比得上楼市了。

你说要再生一个二胎可怎么养得起？

大家念叨了一下，这早教班、兴趣班、特长班、考试辅导班、英语口语班种类繁多，到底孩子上大学之前需要上多少“班”，谁都算不清。

年轻妈妈说：她也犹豫，自己的孩子到底是上还是不上呢？这起跑线画的是越来越靠前了呀！上，不知道能收获什么；不上，别人家孩子都在上。唉，一个付出经济成本，一个付出焦虑成本，左右是为难。再说，现在就一个孩子，以后再生个二胎，两个孩子如果相差两三岁，同时上小学初中，光接送各种“班”一个人也忙不过来。

一个同事说，他刚刚看了一篇文章，文中说：2013 年曾经有过《中国十大城市生育成本排行榜》，北京 276 万元排第一，上海 247 万元排第二，排名第十的是长春，养孩子成本 131.5 万元。据一位社会学家说：在中国，父母养大一个身体健康的孩子平均要花 49 万元。所以呀，生二胎，要慎重。

说来说去，大家讨论生不生二胎，其实是在讨论养不养得起，而养不养得起的关键是怎么养的问题，如果以吃饱穿暖为标准，经济成本、时间成本、心理成本还是挺低的。而现在的爸爸妈妈更关注孩子的养育方式，这是一种进步。“老大照书精养，老二自由生长”是很普遍的现象，一定程度上反映了独生子女阶段大家对养育大宝的过度投入。爸爸妈妈准备生育二胎的时候，尤其关注大宝的心理发展，这更是育儿观的进步。

毕竟在你家二宝出生之前，大宝一直是独生子女。这些独生子女往往是家庭生活的中心，是陀螺的尖，父母和祖父母一直以来围绕他转惯了，没有任何人跟他分享爱，没有任何人跟他分享爸爸妈妈的注意力，所以他也就没有学会如何跟别人分享，这样的家庭生活模式，有意无意地助长了孩子以自我中心的意识，所以很多爸爸妈妈在准备生二胎之前都会跟大宝进行沟通，这确实很有必要。即便如此，大宝在妈妈生了二胎之后，也常常会有失落甚至孤独感。龙应台有两个儿子，哥哥安德烈比弟弟菲利普大四岁，有一天吃晚饭的时候到了，哥哥安安却不见踪影，妈妈发现他独自躺在卧室的床上流眼泪，枕头都湿了。

“怎么了？”妈妈惊异地问。

不说话。新的泪水又沁沁涌出来。

“到底怎么了？你说话呀！”

摇摇头，不说话，一脸倔强。

妈妈就知道了，现在需要的不是语言。她把安安抱起来，搂在怀里，像搂一个婴儿一样。安安的头靠在妈妈肩上，胸贴着妈妈的胸。安静着。过了一会儿，妈妈轻声说：“现在可以说了吗？谁对你不起了？”

安安坐直身子，揉揉眼睛，有点不好意思地说：“没有啦！只是看到你刚刚去抱弟弟那个样子，你一直在亲他，看着他笑……我觉得你比较爱弟弟……”

妈妈斜睇着安安，半笑不笑地说：“你现在还这么觉得吗？”

安安潮湿的眼睛微微笑了，把头埋在母亲颈间，紧紧紧紧地搂着。

安安的想法是很普遍的，幼儿时期，孩子不明白，那个软乎乎的小东西，刚来到这个世界上，爸爸妈妈给他的照顾、给他的时间就是会多一些，安安们会怀疑是妈妈爱自己不够多。孩子很小，确实不容易理性地认识二宝更需要照顾，这时爸爸妈妈可以陪他翻翻他小时候的照片，边翻边讲他小时候的故事，让他看到自己小时候爸爸妈妈也是这样无微不至地照顾他，不一定讲很多道理，孩子看到了就能心安。安安的妈妈龙应台遇到这个情况的时候，什么都没有说，她只是把安安抱在怀里，像抱着一个婴儿一样，这样，就可以增加孩子的安全感。生活中，龙应台为老大做的事情还有很多，像大家熟知的《亲爱的安德烈》这本书就是为了跟老大沟通而做。

所以只是抱一下也许可以解决眼下这一个问题，爸爸妈妈可以把拥抱变成一个家庭仪式，还可以在每一天的某个固定时间，哪怕只有二十分钟，单独跟大宝相处，聊聊天、读读书，让他独享爸爸或者妈妈的爱。如果爸爸妈妈一味地讲道理，告诉大宝，哥哥姐姐就要懂事、要学习忍让弟弟妹妹，也许他也可以做，但是更多的不是自愿，而是因为爸爸妈妈的要求，他为了博得爸爸妈妈的更多的爱而去做的，很多时候孩子的内心是有委屈的。爸爸妈妈多带他一起观察弟弟妹妹的成长，让他给自己做助手，在这个过程中孩子自然能学会如何跟弟弟妹妹相处。

其实让大宝心里不舒服的，不光是二宝得到的照顾更多一些，还有很多让孩子尴尬和不知所措的玩笑。总会有些亲戚朋友逗孩子的时候问：

你妈妈生了老二就不要你了，你怎么办？

你妈妈生了老二就不喜欢你了，你怎么办？

你妈妈生了老二就不管你了，你跟我走吧。

你妈妈生了老二，老二会分你的房子的。

很多妈妈觉得这也就是一个玩笑，逗孩子玩嘛。但是这些玩笑，无形中就让大宝对二宝有了更多的戒备和敌意，对妈妈的爱有了怀疑，巩固了他心中二宝来跟他抢妈妈的想法，让孩子觉得不安全，所以妈妈还是应该重视，如果你能帮大宝回绝这些问题，自然很好，如果碍于面子，你不好意思当面怼回去，那么回来一定要郑重地告诉孩子：

刚才阿姨只是跟你开玩笑。因为妈妈要不要你、喜不喜欢你、管不管你，这是妈妈才能确定的事情，现在妈妈向你保证，妈妈一定会像以前一样爱你、喜欢你、照顾你。所以你不用担心，也根本不用考虑那些情况发生了自己该怎么办。

排行老二就没有苦恼吗？如果果真“老二自由生长”怎么可能没有问题呢？这虽是一句俗话，又的确反映了老大单独享受爸爸妈妈的爱，虽然父母的养育经验不足，但是时间、精力、情感投入是很多的。而二宝生下来就要学习跟大宝分享爱，这也是需要爸爸妈妈指导的，二宝还无意中观察着爸爸妈妈对大宝的态度，更多地学习了怎么讨好爸爸妈妈以躲避惩罚或者牺牲自己的意愿以获得赞赏，所以有些二宝也会表现得更乖巧一些，更讨人喜欢一些，但是这种乖巧懂事，并不是对规则认同或者真正的道德感的建立。

钱锺书先生的《围城》里有一段故事，写方鸿渐跟孙柔嘉婚后回到上海，孙柔嘉初次到方家之前的几个小时里发生在方鸿渐和他的两个侄子之间的事情。大侄子阿丑是二弟家的，二侄子阿凶是三弟家的。

阿丑阿凶没人照顾，便到客堂里缠住鸿渐。阿丑问大伯伯讨大伯母看，又顽皮地问：“大伯伯，谁是孙柔嘉？”阿凶距离鸿渐几步，光着眼吃指头，听了这话，拔出指头，刁嘴咬舌道：“‘孙柔嘉’不可以说的，要说‘大娘’。大伯伯，我没有说‘孙柔嘉’。”鸿渐心不在焉道：“你好。”

…………

阿丑瞧鸿渐认真，知道冰不会到嘴，来个精神战胜，退到比较安全的距离，说：“我不要你的冰，我妈妈会买给我吃。大伯伯最坏，坏大伯伯，死大伯伯。”鸿渐作势道：“你再胡说，我打你。”阿丑歪着头，鼓着嘴，表示倔强不服。阿凶走近桌子说：“大伯伯，我乖，我没有说。”鸿渐道：“你有冰吃的。别像他那样。”

这两小段描写里面，阿凶一次说“‘孙柔嘉’不可以说的，要说‘大娘’。大伯伯，我没有说‘孙柔嘉’”，一次说“大伯伯，我乖，我没有说”。是阿凶比阿丑更懂得礼节更明白道理吗？显然不是，第一次，他得到了大伯伯的称赞“鸿渐心不在焉道：‘你好。’”一次他则是为了吃到棒冰。鸿渐道：“你有冰吃的。别像他那样。”我们可以看出，孩子这样建立的道德感和价值感是虚假的，我们做父母的大都不希望孩子察言观色以求得别人的认可。可是，这样的事情在每一个家庭里都是很常见的。

这么看来，二宝学会了察言观色，也更乖巧，是不是二宝获得爸爸妈妈的爱会更多一些呢？《请回答1988》里面的德善就是一个被忽略的二宝。我有一个朋友有两个宝宝，她爱人就曾经偷偷跟她说：为什么遇到事情我总是第一时间想到老大？我每次都需要特别注意一下我有两个女儿，我不是只有一个女儿呢？她说生老大的时候两个人都很新鲜，关注投入真的更多一些，并且好像因为在一起时间长了，就觉得小孩子都应该是这个样子才好。当然不只因为顺序，也有家庭会因为性别而对孩子有偏心，《欢乐颂》里的樊胜美就是一个比较极端的例子。其实每一个家庭，如果有了两个孩子，就难免会有偏心，感情上绝对公平确实挺难，但是每个家庭还是要有明确的规则，不要因为顺序、性别、智商或者性格而破坏规则，要让每一个孩子都感觉到爸爸妈妈是公平的，是爱自己的。

老二和老大年龄如果接近的话，吵架估计就会是家常便饭了。《家有儿女》里经常有孩子之间的争执和冲突。其实，有时候孩子争吵就是在争夺爸爸妈妈的注意，希望获得爸爸妈妈更多的爱，如果是这一类冲突，爸爸妈妈应该尽量满足每一个孩子的情感需求，让他们感觉到他们在爸爸妈妈的心中都很重要，冲突自然就会减少。

也有时候，兄弟姐妹之间就是为了某些具体的事情争吵，有些妈妈在孩子发生冲突的时候很紧张，总是担心孩子们吵了架感情就会疏远，每天吵架就会每天疏远一点点，于是就各打五十大板，对哥哥姐姐说“你怎么就不会让着弟弟妹妹呢”，可是哥哥姐姐也是小孩子，怎么能有那么包容和忍让呢？妈妈会对弟弟妹妹说“你是弟弟（妹妹），应该听哥哥姐姐的”，当然同是孩子，弟弟妹妹也不愿意受人控制。其实，多数时候，兄弟姐妹之间的争吵爸爸妈妈不必过度参与，我们在前面的章节里也讨论过小伙伴之间可以在发生冲突的时候自己制定出规则，兄弟姐妹之间也是一样的道理，并且，兄弟姐妹之间的争吵，往往也是交流感情、增进感情的方式。

生二胎的麻烦好多呀，不过人生里很多东西都不是独来独往的，麻烦来的时候，还有很多幸福和快乐也跟麻烦一起来了。前两天，我们在课堂上讨论孩子们最快乐的事情，有几个初做哥哥姐姐的孩子是这么说的：

我爸爸打电话告诉我，我有了一个弟弟的时候，我最快乐。

我第一次抱起弟弟，他冲着我笑了一下的时候，我最快乐。

我用两个月的时间教我妹妹叫我哥哥，她现在终于会喊我“嘚嘚”了，我很快乐。

要是出场车祸多好呀

初中生的家长，大都已到中年，正处家庭和工作负担最重的人生阶段，自己的心理、身体正经历着种种的冲突和不适，曾经被想象无限放大的爱情的温存与美好也由云端跌入凡尘，有的被生活的琐碎冲洗得愈加朴素纯粹，有的在生活的惯性里已经麻木，有的则如《伤逝》里的子君和涓生一样走向幻灭。婚姻，本来是夫妻两个人的事情，但人都是生活在各种关系里的，一种关系处理不当，就会影响到家庭里的其他关系，孩子就有可能会被卷入婚姻大战和权力争斗，赔上少年的快乐、学业的发展乃至一生的幸福。

方方是个年轻的班主任，刚刚下课，她就来找我：谷老师，我们班出事了，今天早晨一个女孩儿的妈妈在教室门口打了孩子。

这种事情听上去确实比较棘手，我问：到底怎么回事？

方方说：我到教室的时候，女生的妈妈已经不见了，我把女生带到了接待家长的休息区询问。她说自己昨天数学小测没有考好，回家没敢让妈妈看，但是她妈妈翻她书包给翻出来了，然后就拿红酒瓶子打了她，还没让她吃饭。

我吃惊地问：什么？红酒瓶子？

方方：嗯，装满红酒的瓶子，打了头，还有身上。她撸起袖子让我看了，胳膊上是一大块一大块的淤青。天啊，妈妈怎么对孩子下得了手？

我：她爸爸呢？就让妈妈用酒瓶打？

方方：我也问了，这刚升初一三个月，也不了解情况，孩子说，她爸妈离婚了，有个叔叔劝妈妈了，可是劝不住。听着有些乱，我没有多问。孩子说，妈妈从昨天晚上就没有给她吃饭，早晨来学校打她就是为了让她丢人，说她丢了人就可以记住不能撒谎，就会好好学习。早饭又没有让吃，只是叔叔偷偷给她喝了一盒奶。我刚刚去食堂买了面包火腿给她吃了。

我：这孩子平时怎么样？

方方：这孩子确实不努力不用功，期中考试成绩一塌糊涂。她妈妈挺着急，因为作业的事儿，我们电话联系过几次，我还跟她说，孩子习惯不好，确实要抓紧培养，但也不要操之过急，还是要注意方法，谁知道就发生了这样的事情。

我：还是要跟她妈妈再沟通一下。

方方：我已经跟她联系了，就是因为联系了，才更觉得不知道怎么办呢。她妈妈说，我刚才是去教室打她了，就是打给同学们看的，看看她能不能改，看看她脸皮能有多厚。我跟你说，她不好好完成作业还说谎，跟她爸爸一个德行。

还说，老师，不瞒你说，我跟她爸爸离婚了。他爸爸就没有一句实话，道德败坏。我俩是大学同学，那时候我年轻漂亮，他追我，现在我老了不漂亮了，他就看上别人了，他竟然看上别人了，你说他多么不要脸。这丫头跟她爸爸一样不要脸。我跟你说，老师，这样的人都不配活着，她跟她爸爸都不配，我昨天晚上就想，她死了就好了，你说要是放学的时候出场车祸，那该多好？

你说这可怎么办？我听这妈妈的声音特别阴郁、特别可怕，要是孩子出点事怎么办呀？

我：我觉得，这件事情已经超出班主任的能力和工作范围太多了，你还是应该给孩子爸爸打个电话。

方方就在我旁边打通了孩子爸爸的电话，跟他说明了情况，问他能不能暂时接孩子住一段。爸爸明确表示：老师，我前妻就是那个样子，她没事，你不用在意。我现在生意在外地，不住石家庄，也接不了孩子。

方方问：有没有爷爷奶奶、姥姥姥爷或者姑姑姨姨的，可以接一下孩子呢？

孩子爸爸说：别人介入，只能让孩子妈妈更生气，你别担心，没事。

我跟方方面面相觑。这是怎样的父母？母亲婚姻失败之后，把希望寄托在女儿身上，而女儿又常常不让她满意，不但不能以优异的成绩让妈妈得到补偿，反倒常常让妈妈操心，看到女儿，妈妈就想起失败的婚姻，想起弃她而去的前夫，各种不平、委屈、气愤让妈妈的心理极度失衡。而爸爸呢？从这场婚姻里离开之后，恨不得永远不要跟前妻发生瓜葛，即便是女儿的安全受到威胁，或者以前就曾经发生过这样的事情，他已经习惯。妈妈那里，女儿是负担、是不争气，是失败婚姻的象征；爸爸那里，女儿是透明的、是不存在。

没有孩子爸爸的支持，年轻的方方只能单枪匹马跟这个妈妈周旋，好在后来并没有出什么大事。

每次谈起这件事情，我们都觉得既气愤又同情，他们看似已经结束的婚姻里有多少未完结的事件，又有多少没有办法处理的情绪呢？他们的婚姻关系已经不存在，可是他们却并未从那段婚姻里走出来，尤其没能从那段婚姻的伤害里走出来。

无论自己的婚姻里发生了什么，妈妈也要做人格独立的自强的妈妈，不把幸福建立在别人身上，活出自己的精彩；爸爸也要做负责任的爸爸，让孩子的内心安定踏实。即便只是为了维护孩子的“爸爸”“妈妈”的形象，为了让孩子的内心可以充满爱的阳光，彼此也要努力给对方尊重。

比起被打的女生，那么另一个男孩儿昊昊的爸爸妈妈就充分考虑了孩子的感受，也考虑了孩子的学业发展，他们认为离婚这件事情不能告诉昊昊，这会让昊昊分心，影响他的成绩，还会让青春期的昊昊更叛逆。于是他们约定：离婚后还一起住在原来的大房子里，装作和以前一样生活，共同对昊昊保守秘密。可是已经上初中的昊昊没有那么好骗，他敏感地察觉到蛛丝马迹，从此拒绝跟爸爸妈妈说话，谁来劝他他都说：他们离婚这么大的事情为什么不告诉我？为什么不考虑我的意见？他们还骗我，他们想骗我到什么时候？他们把我当什么了？

昊昊爸爸妈妈的观点也是很有代表性的，很多中国人都觉得，孩子生活在单亲家庭会影响学业发展和性格成长，所以会有人像昊昊的爸爸妈妈这样对孩子隐瞒，而实际上单亲本身并不是问题，单身妈妈或者单身爸爸没有做好离异后的心态调整才是影响孩子成长的大问题。还有一些爸爸妈妈会因为孩子选择在婚姻里委曲求全，既然这个选择是爸爸妈妈自己做出的，就不能在孩子面前抱怨、诉苦，不能让孩子为这个选择埋单。

还有一些人受传统观念的影响更深，他们认为离婚是极不光彩的、不可告人的事情，对离婚的事情讳莫如深。小容的爸爸妈妈、爷爷奶奶、姥姥姥爷就是这样，他们觉得自己考虑了小容的感受，也温和地告诉了小容父母已经离婚，他们还不容置疑地对小容说：离婚是一件极其丢人的、失败的事情，爸爸妈妈在单位都是有头有脸的人，如果让同事和朋友知道了，就会影响他们两个人的事业发展；小容的同学老师知道了就会笑话小容。所以这是一个家族的秘密，谁都不能对外人说的。于是小容听话地对谁都不说，可是她并不知道该怎么跟已经离婚还对外保持婚姻关系的爸爸妈妈相处，每次他们还要带她一起参加各种聚会，她看着他们在外人面前谈笑风生可是在家里形同路人，心里觉得无比尴尬。她特别想找个人说一说心里的烦恼，特别想找人教教她该怎么做，可她该向谁求助呢？家里已经约好了，这是一个秘密，她也答应过不能说破，再者说，说破了，同学、朋友、老师到底会怎么看她呢？其实她特别想依靠一个人，可是她突然发现家里没有可以依靠的人了，她跟谁在一起都别别扭扭的。后来，她终于承受不了这个压力，心理出了问题。小容的家长说：真是防不胜防呀，我们做了那么多工作还是没有用，单亲家庭的孩子就是会出现心理问题。

他们很难接受：他们用自己的面子绑架了小容，他们用错误的认知给小容洗脑，是他们错误的处理方式造成了小容的问题，而非单亲。

的确，比孩子的心理问题更难处理的，是家长的心理，有些爸爸妈妈总是想争夺孩子的爱，要把孩子变成自己的同盟。冰冰的爸爸妈妈离婚了，分开住，他们不需要冰冰替他们保守秘密，冰冰过生日还可以收到比以前多几倍的礼物和钱，爸爸妈妈都比着讨她欢心。她跟姥姥姥爷和妈妈住，约好爷爷奶奶和爸爸一周接一次，可是爷爷奶奶总会在每周中间的日子到学校门口等着她，给她送衣服、水果、零食什么的，东西拿回家妈妈和姥姥就不高兴，他们说爷爷奶奶是故意做给冰冰看，以前可从来不这么关心她，不就是为了让冰冰跟他们亲吗？周末，冰冰到了爷爷奶奶和爸爸那儿，爷爷奶奶又说：你看一个女孩儿家，都不给穿点漂亮衣服，多买件衣服能花几个钱？冰冰说，虽然收到的礼物和钱多了，但是她并不开心，她不知道怎么应付这么多的“爱”，她也不知道自己的爱该怎么分配。

欢欢的爸爸妈妈还没有离婚，天天吵架。爸爸差不多天天喝酒，喝完酒回来就拉着欢欢说：爸爸不想让你跟妈妈走，你是爸爸的儿子，你姓我的姓，当然跟我住。妈妈就说：你看他这熊样，没本事，还耍酒疯，咱俩一定好好过，你一定给妈妈争口气。欢欢被他们说急了就喊：乱死了，我谁都不要跟，我自己过。

怪不得中国人一般不说“谁和谁正准备离婚”，而是说“谁谁家正在‘闹’离婚”。和平分手、协议离婚、离婚以后依然相互尊重的父母太少了，所以父母离异后长时间走不出阴影的孩子太多了。看着这些家庭，有时候真是绝望，当初那些爱，是如何一点点变成仇恨、隔膜、鄙视的？或者，有些人，本来就不适合走进婚姻？

有一次施琪嘉老师在讲座现场做个案，案主是一个三十出头的男士，中间有一部分对话，老师邀请了现场一名女士扮演男士的妻子，案情陈述结束后反馈的时候，现场很多人都分享说，感觉那名女士跟谁结婚都可以生活得幸福快乐，而那个男士好像跟谁结婚都会矛盾重重，他好像并不知道怎么在婚姻里跟别人相处。是呢，父母的婚姻是我们唯一可以学习的范例，我们年轻的时候都只向自己的父母学习了婚姻里相处的方式，我们甚至不知道，婚姻里还可以怎么互动。很多人都是在没有充分准备的情况下走进了婚姻，他们还不了解真实的生活是什么，就像鲁迅《伤逝》中的涓生和子君，他们爱情的悲剧就始于婚姻的开始。婚姻本来就是一个不断成长的过程，在现实中会遇到各种各样的矛盾和困境，经济、老人、子女教育、对家庭事务的承担都有可能成为婚姻成长中的障碍，我们的孩子也和幼时的我们一样时时在父母的婚姻里见习，不知不觉地学走了爸爸妈妈处理矛盾、突破困境的方法。

你打算给孩子一个什么样的范例呢？

我愿意相信，爸爸妈妈是真爱孩子的，祖辈也是真爱孩子的，父母的婚姻关系结束之后，孩子和所有人的血缘关系都不会结束，理论上说，多数孩子得到的爱的总量并不会减少，只是很多离异家庭里爱的质量在悄悄地发生着变化。爸爸妈妈对孩子的爱，常常附加了让孩子爱自己比爱对方多一些，甚至是让孩子跟自己结成同盟仇视对方的条件，尤其是妈妈和祖辈。如果父母再走进婚姻失败等同于人生失败的误区而长久地哀怨、自怜，孩子必然不会快乐，孩子看待问题的方式取决于爸爸妈妈看待问题的方式。如果爸爸妈妈可以坦然接受离婚的事实，即便自己一时不能处理好情绪，也明确地告诉孩子：妈妈（爸爸）最近会有些不开心，但是相信我，过一段时间就会好起来的，那么孩子面对家庭的变化就是笃定的。

婚姻关系是否存在，以及夫妻双方和长辈对这个婚姻关系的态度，直接影响孩子是否幸福快乐。生活在单亲家庭的孩子出现情绪和行为的问题，往往并不是因为单亲，而是婚姻关系破裂前后的父母双方对待彼此的态度。如果双方能够保持友善和宽容，至少没有怒目而视，孩子的日子就会好过许多。

如果婚姻关系的质量已经很差，它的存在本身只剩下对双方的伤害，那么离婚就是最好的选择。初中阶段的孩子年龄已经够大，所以父母最好不要隐瞒，要坦诚、平静地告诉孩子，不要让孩子感觉这就是一场灾难，而要让孩子知道，夫妻关系的结束只是父母的选择，是因为他们处理不了彼此之间的矛盾，要换一种相处的模式，但是爸爸妈妈依然是彼此尊重的，孩子也不需要怨恨、鄙视其中任何一方。父母还应该告诉孩子，他是足够好的孩子，父母依然都是爱他的，并且也允许孩子同时爱爸爸和妈妈，当然也包括祖父母和外祖父母。父母是孩子生命的源头，对任何一方的拒绝和憎恨，都无异于切断孩子的生命之源，也是孩子对自己的某一部分的拒绝和否定。并且，如果你认同孩子没有完整的家庭已经不幸，那么就不要再去做那个切断他与血亲联系的破坏者，只有充分发挥所有亲友系统的支持，才可以帮孩子顺利地适应家庭的变化，把家庭矛盾对孩子的伤害降到最低限度。

归根结底，婚姻关系结束的时候，爸爸妈妈做到宽容友善，处理问题成熟理性，没有泄愤、争夺权力、争夺爱的心理，是孩子健康成长的前提。在家庭生活中我们都需要不断自我省察，然后调试行为，在夫妻互动中验证效果，并不断重复这一过程，主动地成长，尽可能让自己的婚姻健康成长，父母在自我成长的道路上走多远，就可以引领孩子在成长的道路上走多远。

如果爱情已死，婚姻不再，爸爸妈妈也该担起儿女成长的责任，不只是身体成长和经济的支持，更要减少孩子的茫然无措、怯懦自责、恐惧愤怒，有意识地塑造饱满的心灵、自由的灵魂，因为夫妻关系可以终结，而父母和子女之间的亲情，却是永远都不能舍弃的契约。

爷爷的黑白照

我们写过一篇题目为《照片的故事》的作文，童童在作文里讲了这样一段往事：

我小时候的很多照片都是爷爷拍的，那时候爸爸妈妈忙着做生意，在外面努力挣钱，奶奶忙着处理家务，我童年里所有的快乐好像都跟爷爷有关：他天天陪我玩，带我逛公园、陪我下象棋、教我跳绳踢毽子，用自行车带我去石家庄的每个角落……我玩，爷爷给我拍照，我在每一张照片里开怀地笑着。

六年级期末的一天晚上，爷爷不舒服去了医院，过了两天，我想去医院看爷爷，爸爸告诉我：爷爷没事，过几天就出院了，你好好考试，考出好成绩爷爷一定高兴。可是，期末考试那天回到家，家里竟然摆上了灵堂，墙上挂的竟是爷爷的黑白照片，还镶了黑框，爷爷在照片里看着我笑，就是不回答我的问题。他们告诉我，爷爷前一天就已经走了。

我不明白，爸爸为什么不告诉我爷爷病危，为什么不让我去医院见爷爷一面，让我对爷爷说一句话。爸爸说，他们不想耽误我的学习。可是，难道我跟爷爷说最后一句话还没有参加一场考试重要吗？我期末考出了好成绩，但是我怎么告诉爷爷呢？

丧亲之痛，无疑是每个人生命中不可回避的大悲哀、大无奈，是难以跨越却不得不跨越的心理障碍，关系越是亲密，感情越是深厚，悲哀越是沉重，影响越是长远。一般情况下，孩子会首先面临祖辈的离世。

成人的省察能力更强一些，我们都知道丧亲之后需要面临的除了如何化解悲哀，还有如何面对和处理随之而来的对死亡的思考和恐惧，以及思念、愧疚甚至愤怒情绪。成人如此，孩子也是如此。不同的是，成人总是有机会具体地做一些事情来帮助逝者——寻医问药、病中陪护、为逝者处理他身后的事情，这些忙碌本身使得自己的情绪得以缓解、心灵得以安慰。可是孩子却没有这样的机会，他只能眼睁睁看着亲人从他的生活里消失，什么都做不了，他的思念和悲伤无处寄托。还有很多时候，老人病重和葬礼的时候，家长忙于事务，根本顾不上考虑孩子的感受。有很多爸爸妈妈还会简单地认为：小孩子，什么都不懂，也爱忘事，不用管他们，过几天就好了。像童童爸爸这样的家长不在少数，他们觉得孩子的学习和考试是第一位的，选择向孩子隐瞒祖辈病危和去世的消息，直到他们考试结束。

童童用他的文字告诉我们：孩子的悲哀、困惑，对父母处理方式的质疑、愤怒是沉重而深长的，那些没有完成的心愿，将会长久地影响着孩子，所以千万不要低估丧亲给孩子带来的痛苦。

从孩子的角度来看，祖父母去世的时候，很多孩子都会懂事地观察到爸爸妈妈的悲伤和忙碌，他们害怕打扰到爸爸妈妈，于是主动隐藏了自己的情绪，甚至还会故意掩盖自己的悲伤并想办法缓解爸爸妈妈的情绪，如果爸爸妈妈只是忙于自己的事情、被孩子表面的安静所欺骗，那么孩子就没有机会表达自己的悲哀、痛苦和恐惧。

对于大多数未成年的孩子来说，祖辈去世的时候，即便有机会，也并不知道怎么表达自己的情绪，更不知道该怎么向别人求助，因为他还会对自己产生怀疑，不知道自己的想法和情绪是不是正常。爸爸妈妈要敏感地察觉到孩子的各种情绪，主动跟他聊他的情绪，不要一味地用“要坚强”“要开心”“要懂事”要求孩子，要允许孩子不坚强不懂事，就是要允许他悲伤恐惧，允许他留在自己的悲伤和恐惧里一段时间，并教给他用具有仪式感的方式，比如给亡者写卡片、折纸鹤，来纪念逝者并表达和完结自己的悲伤和恐惧，如果爸爸妈妈实在不知道怎么帮孩子，那么就好好地抱抱自己的孩子，让他在你的怀里哭一哭。

其实，作为父母，我们都不愿意看到孩子心灵痛苦，我们不愿意看到孩子以痛苦的方式成长。但是心灵的痛苦就像身体的疼痛一样无法避免，我们不能帮孩子一一抵挡，我们只能不断帮孩子增强体魄，以抵御病毒的入侵，提高他抵御疾病和疼痛的能力，而孩子也会在一次次与病痛打交道的过程中，习得并不断提升与病痛相处的能力，所以孩子小的时候，常常有人说：生一次病长一次见识。回顾一下我们自己最早的关于疼痛的记忆，就可以印证这一点，我们对疼痛的耐受度就是在一次一次与疼痛相处的过程中提高的。

有一些疼痛专属于女人，妈妈们都很熟悉，其中最巨大也最幸福的，便是分娩。很多女人都曾经因为剧烈的疼痛而有过短暂的昏迷，但这巨大的疼痛对于女人的意义却难以言说。因为这疼痛连接希望、传承生命，娩出婴儿、诞生母亲，这疼痛是华丽的、光辉四溢的！妈妈们一直在身体的疼痛中学习调试、学习隐忍、学习与疼痛共处，进而习得了与心灵疼痛共处的方法。所以我们有理由相信，一个更加意志坚强而又心灵柔软的孩子也会在经历了丧失之痛后诞生。

其实最让人为难的是：孩子父母的重病，到底说还是不说。能让人为难到这种程度的，必是不可治的病，不可治的病，自然就不可能不说，那么问题就应该是什么时候说和怎么说了。

佩佩的妈妈病了，住院做了一个手术，佩佩天天跟我讲妈妈手术了，家里谁在照顾她。过了几天她又说妈妈出院了，正在康复期。又过了几天，我发现佩佩好几天也不聊妈妈的事情，情绪也不好，就问她：妈妈最近怎么样了？

佩佩看着我，半天没有说话，我问：有什么问题吗？

佩佩斟酌了半天才说：妈妈吃的是化疗药。

这次是我半天没有说话，我拍了拍佩佩的胳膊问：你只是看见了，爸爸妈妈并没有告诉你什么，是吧？

佩佩：妈妈出院好多天了，还是天天躺着起不了床，看上去挺痛苦。我前两天偷偷看了妈妈的药瓶，上面写着呢。

我突然觉得自己笨拙，不知道该怎么回应佩佩。只能故作轻松地去安慰：佩佩，单看药是不能确定病情的，这又不是逆定理。你可以跟爸爸妈妈确认一下。

佩佩突然有些生气：爸爸妈妈总是觉得小孩子是天真的，什么都不懂，他们不说，我也不问，就让他们觉得小孩子天真吧。

我：爸爸妈妈有很多事情需要考虑，他们会用他们的方式处理问题。或者，你需要我帮你确认一下吗？

佩佩：不用，老师。

我最后对佩佩说：这段时间你心里会比较难过，如果有什么需要我帮助的就跟我说。没有时间或者说不出来的话，也可以给我写纸条，写好了就放到我右手抽屉里，我看见了就会回复你的。

我想：难道这又是一个不相信孩子对痛苦的承受能力，要向孩子隐瞒妈妈病情的家庭？真想瞒住，谈何容易？结果就等在那里，终会走到的。并且当家里出了重大事件的时候，爸爸妈妈再理性也很难保证自己的言行不流露出异常，孩子也往往可以敏感地察觉出家里异常的气氛，爸爸妈妈的隐瞒只能让孩子独自猜疑，偷偷求证。并不是每一个孩子都像佩佩这样愿意跟老师开放自己，所以他们只能长时间独自咀嚼复杂的情绪和心理，这个过程就像等待一个判决结果，孩子经历的煎熬并不亚于孩子得知真相的痛苦。我前面确实说过不要低估孩子的痛苦，其实我们不能低估的还有孩子承担痛苦的能力。只有坦诚地跟孩子说了真相，让孩子感觉到家人始终都在一起共担风雨，才能增加孩子的安全感。事实上，我们越是想要回避悲惨的事实，它给我们的打击就越大。

考虑再三，我还是约了佩佩的爸爸。简单地交流了佩佩的学习以后，我说：家里有病人很忙吧？

佩佩的爸爸点头称是，我接着说：佩佩跟我说了点儿事，我觉得有必要跟您沟通一下。她对妈妈的病有点怀疑，她说她看见妈妈吃的是化疗药。

佩佩的爸爸突然情绪失控，别过头去。我心里也一沉，看来佩佩的猜疑是对的。

佩佩的爸爸情绪稳定下来对我说：老师，是的。已经确诊两个月了。还没有告诉孩子。

我问：家里现在还好？妈妈情绪还好？

佩佩爸爸：开始情绪不好，确实难以接受，佩佩妈妈是个那么阳光积极的人，工作那么出色。开始那一段时间我们总是想，为什么这样的事情会发生在自己家里呢？现在好多了，老人都在帮忙照顾病人和孩子。

我：那么佩佩那儿？

佩佩爸爸：哦，开始的时候我和她妈妈情绪都不太好，需要稳定自己的情绪，确定病情，确定治疗方案。还需要跟双方老人说清病情。孩子这儿，我们打算暑假再跟她说，这样如果她情绪不好，在家里我们也好帮她调整。我也找过做心理咨询的朋友，了解了该怎么跟孩子说这件事，让她再煎熬一段时间吧，老师你放心，我们会处理好。

听完，我由衷感叹：这是理性的爸爸妈妈。面对不能回避的家庭灾难，首先稳定自己的情绪，集中精力寻求解决问题的方法。至于老人和孩子，考虑他们的特点，如果告诉他们真相可以为解决问题提供帮助，那么就可以有选择地、一步一步告知真相，如果他们情绪调控能力特别弱，告知真相他们会乱了阵脚，而你又暂时没有时间和精力处理他们的情绪，那么暂缓一段时间，是一个恰当的选择。

遇到重大的丧失之痛时，我们也往往手足无措，不知道怎么处理自己的情绪，不知道怎么把真相告知其他的亲人。这时候，向专业的心理人士求助也是很有必要的。他们会教给我们如何认识这些丧失事件，也会教给我们如何向其他的亲人表达，很多时候，我们说话的方式和情绪，比所说的内容更重要。

余华的《活着》自序里面有一段话：在旁人眼中的福贵的一生是苦熬的一生；可是对于福贵自己，我相信他更多感受到了幸福。

我相信孩子也一样。我们可以看见孩子悲伤，允许孩子悲伤，并相信悲伤可以终结。我们可以相信，苦难虽然不可避免，但是苦难可以被超越。

蓝色的戒指盒

这是我同为教师的同学和她女儿的故事，征得她的同意，我用第一人称的方式把她们的故事讲给大家听。

2012年5月12日，青青十四岁，正读初二。青青的爸爸查出肝癌晚期，淋巴转移，腹腔里满是，医院给出结论：已经不治。青青爸爸问：有多长时间？医生说：不会太长。我又问：可以陪孩子参加中考吗？医生抱歉地笑了笑，没有说话。以前，只是听故事，我们谁都没有想到，有一天，这一切都会和我们联系在一起，多么希望，明天一早醒来，发现这只是一场梦呢？！可是爸爸病了，这不是故事，这也不是梦。

病情已然如此，不跟青青说是不可能的，但是什么时间、怎么跟青青说？在她如花的岁月里，没有哪一个时间、哪一种方式与这丧失至亲的沉重相称，我笨拙地不知道该怎么跟青青说，因为我是那么希望我心爱的青青生活里只有阳光，只有爱，只有欢笑，只有快乐。我从来没有真正体会过，要开口告诉孩子一个病症，让人如此为难。

医生建议，要先住院做一个介入手术。那就先缓一缓吧，缓一缓再跟青青谈，就先告诉她要做胆囊摘除的微创手术。我们都需要准备一下，让自己适应这个病，让自己适应跟病相处的生活方式。并且我们大多数时间都在医院，不能陪着青青。跟单位请假的时候，我对所有同事都隐瞒了真相，因为我知道这个消息会像长了翅膀一样迅速传播，在同一所学校，在同一座教学楼里，青青很容易从别人的嘴里听到。但是我希望，这消息是由我和爸爸亲自告诉她的，因为我需要让她得知消息的同时也确认：爸爸妈妈有能力承担任何结果，爸爸妈妈也相信她有能力承担。

做这个决定的时候，我就随手在身边拿了一个小本子，在扉页上写了一句话：青青，在爸爸的治疗中，你从未缺席。我用这个小本子记录了青青爸爸的治疗过程、我们在治疗过程中的各种心理变化，还有我的种种思考，我想说给她听，我想让青青知道，虽然她没有参与，但是她一直跟我们在一起，是我们艰难前行的动力。

介入手术之后，和所有的癌症患者家属一样，我总还是抱着一丝丝希望，带着各种检查结果辗转北京、上海的权威医院，但是我得到的结论相同：不可治，并且时间不多。

唉，生命就是这么脆弱，结果就是这么残酷。我跟青青爸爸几乎每天都要商量：哪一天告诉青青？怎么说？几天之后爸爸说：我觉得青青已经开始怀疑了，她有点不大敢看我，我们一定是什么地方做得不好，并且胆囊手术不到一周就可以出院了，我们住了都快十天了。

5 月 25 日，我们决定跟青青谈。青青确实已经猜到了，当爸爸还在铺垫的时候，她说：爸爸，你直接跟我说吧。有一刹那，我能感觉到她是有些生气的，她一定是气爸爸妈妈十几天都没有告诉她真相，现在了还要拐弯抹角。但是青青，她比我们想象的还要更聪明、更沉着、更镇定，我直接告诉她病情之后，她说，爸爸，加油！她说，我相信一定可以好起来！她也比我们想象的更理性，她问：现在发现晚吗？

我只能模糊地告诉她，不算早，她没有继续问，她也不敢继续问吧。但是她说：我能做什么呢？我告诉她：爸爸在家的时候，给他倒杯水，擦擦汗，拥抱一下，这些就是给爸爸最好的支持了。

听我说这些时，青青微微一笑，可以为爸爸做点事情，她感到很高兴。我告诉她：这段时间你可能会难过，或者有其他的想法，我希望你有情绪的时候可以告诉我。她问我：用什么形式呢？我说：你可以用任何你喜欢的方式。我特别希望青青在她有了不愉快、担心、恐惧的时候，第一时间都要想到我，我愿意给她理解、支持和帮助。

青青爸爸生病以后，许许多多的亲人、朋友、同事，我曾经教过的孩子们、他们的爸爸妈妈，还有一些我并不认识的孩子的妈妈们，他们用各种形式帮助着我，因为病，让我们意识到，平凡如草芥的我们，其实挺重要。我告诉青青：上天以“病”的形式，给了我们省察自己、感受关爱的机会，我们在痛苦中，也体验着温暖、支持与力量！他们的关心和帮助，让妈妈在最悲苦、最无奈、最无助、最无望的时候，在巨大变故或者说灾难来临时，无比温暖。这是妈妈最真实的感受。青青，这些情意，不光是你，就连妈妈都不能一一铭记，但是妈妈想，我们这个家庭的每一个成员都应该知道这爱来自人间，我们还要把它传递到人间，尽自己所能帮助那些需要帮助的人。

但是疾病没有因为大家的关心和帮助，没有因为我们的努力而有片刻的止息，眼看着爸爸整个人迅速消瘦下去，而锁骨上的淋巴结却迅速长大的时候，青青也经历着巨大的痛苦，她情绪低落，身心疲惫，我特别希望她能把自己的怀疑、犹豫、担心、恐惧或者其他的情绪跟我来谈谈，但是她没有，我问她，她也什么都不说，什么都不做。有一段时间，我甚至开始生青青的气，我开始不理解她，因为我觉得她不够体谅我，有一次我甚至责备她不够懂事，之后想起来我都万分自责。她要用自己的方式消化和处理自己的痛苦，而我竟然不允许。那时候我也根本没有时间跟她好好聊，我只是不停地在爸爸的病床前给她写东西，我问她看吗，她摇摇头。我说好吧，那就等你准备好的时候吧。我继续书写。

很多时候，青青爸爸病情的发展让我们失望、甚至绝望，尤其是他腰背酸痛、坐立不宁不得不反复用止痛针剂的时候。青青不说，我就主动告诉她我们的想法：爸爸妈妈正在学习接纳自己低落的情绪，也都在尝试着让这些念头，自由地来，轻松地去。也许看上去，我们不够坚定，不够坚强，但是没有关系，青青，相信我们正在积极地调整。爸爸可以慢慢做到痛苦时让这痛苦就在那个位置，而不是把它背在心上，慢慢做到一个部位痛苦时，依然能感觉到其他部位的轻松、自在，尤其是心的轻松、自在。如果爸爸妈妈做得不够好，你也不要失望，这是个艰难的学习过程，而爸爸妈妈是新生。

夏天的风雨总是说来就来，在青青爸爸第二次入院之前我告诉青青，我准备了一把伞在我的办公室的橱子里，如果哪天下雨了，她可以自己去取。可是谁知有一天中午突然下起了大雨，青青竟然没有找到伞，是淋着雨回家的！想必是哪个同事也没有带伞，到我那翻，临时借走了。小孩子并不讨厌淋雨，青青半是沮丧半是兴奋地说，她自己是前一天收拾书包才把伞放下了。青青中午给我打电话讲了这件事情。后来，我给她发了长长的信息：

天气难料，人生更是难料。有时，我们本已为一件事情准备多日，却不知怎的，某个环节就突然出了问题，一切准备都付之东流；更何况人生还会有很多不可预知的风雨，就像爸爸的病。我们该以什么样的方式应对呢？更重要的是，我们该以怎样的心态来应对呢？青青，会有很多时候就像今天一样，你自己没有准备，妈妈帮不到你，周围的人也都帮不到你，你还能像今天这样满怀兴奋地冲进风雨吗？也许，我们很难做到兴奋和喜悦地面对灾难，但是我们可以选择坦然、从容。因为有些灾难不能避免，我们唯一可以选择的是自己的心。其实，决定风雨是灾难还是游戏的，不是风雨本身，而是我们的心。妈妈相信当风雨来临时，不管有没有准备，你都有足够的智慧和心胸，一直微笑着向前冲。

对青青，我需要一点点地暗示，一点点地铺垫，因为作为成人谁都看得出来，那个结果就要来了。八月中旬的时候，我跟青青说：爸爸的病可能会有三种情况：一是彻底好起来，二是长久地维持现状，三是我们都无能为力，爸爸会离开我们。八月底我更明确地对她说：医生对爸爸的病真的没有办法了。青青一连问了几遍：那怎么办？那怎么办？那怎么办？

那个时候，除了减轻痛苦我们已经没有了任何的选择。这是我们不得不面对的结果！也许无奈、无助。回忆过去，我们一同走过了 100 天，我们曾经希望我们可以创造奇迹，我们为了这个愿望不惜任何代价，精神、体力、财力；我们相互扶持互相鼓励，我们一起穿越生命的沙漠；我们一起见证生命的脆弱与顽强。绝望与希望纠缠、痛苦与成长相伴、最彻底的无奈与最博大的温情交织，这所有的一切，都将是我们刻骨铭心的记忆。不过，仅有记忆也许是不够的，如果可以，希望我们都能从苦难的土壤中培植出宽容、坚韧、快乐的花朵来。

我希望青青爱惜自己的身体：我们每个人的身体，都是一所陋屋，我们甚至无法预测哪一场狂风会把它毁坏，哪一场雨雪会把它摧折。但也唯其简陋，才更需要我们精心的呵护，因为这陋屋受之天，受之父母，因为这陋屋才是我们独一无二的灵魂的居所。如果它真的受损，我们的灵魂该安住何处？我这么说，不是过于紧张，我相信，我们每个人的身体和心灵，也都有着很强的自我修复的能力，发现这个能力，相信这个能力，会让我们生活得更轻松、更快乐。

我希望青青思考什么是真正的豁达：因为很久以来，面对病魔，大家把永不放弃、顽强抗争看作是勇敢。可是走过了痛苦之后我却在想：我总是说，不去想明天的事情，尽力做好今天，享受今天就好。可是，我的不放弃背后是什么呢？其实是尚不能坦然接受青青爸爸撒手而去，更是对他离开后未知生活的恐惧！我们的确是积极面对疾病，没有放弃，但这些是真勇敢吗？这些勇敢的背后是不是巨大的恐慌呢？面对这恐慌、承认这恐慌，是不是比对抗疾病更困难呢？那么，当一切都不可挽回的时候，彼此陪伴着，安静地、从容地、超然地走向生命的终结，是不是更加勇敢呢？对于生和死，我们实在是不够达观！

我希望青青理解，孤独是生命的本质：因为我不止一次地说起过“陪伴”，可是越是到最后，越是看到青青爸爸受苦，我越是觉得其实我们没有谁是可以理解他的痛苦的。没有谁能理解他肉体的煎熬，没有谁能知道他产生幻觉后的心情，没有谁能体会这些煎熬和幻觉给他带来的心灵的无望，没有谁能知道他心中有多少割不断的情谊，更没有人能明白他独自走向人生终点的悲凉……所有的这一切，没有人可以完全明了，可是绝大多数的世人都要走过这样的历程，我们注定都是孤独的行者，我们注定要独自承担自己生命中所有的欢欣和痛苦。从本质上说，我们注定是要于无涯的时间和空间里，孤身一人，悄悄地来，默默地去。

怎样的心灵才能担得起这孤独呢?

怎样的心灵才不只是担得起这孤独呢?

有的人不能享受孤独，孤独让他们恐惧，他们回避孤独于喧嚣扰攘，最终无法成长为一个独立的完整的人。而另一些人，他们不惧怕虚空，他们在孤独中学会了与自己相处，他们在孤独中享受了自由。他们的灵魂就像胡杨树的根，一直扎到地底下的泉源中去，在黑暗中汲取并储存水分，最终长成“生下来千年不死，死后千年不倒，倒下去千年不朽”的沙漠中的英雄树。

我们是不是也可以学着和自己相处呢？不独追求外在的繁华和热闹，而致力于内心的恬淡和宁静。有时候，孤独会让我们感觉苍凉和悲哀，但这种苍凉和悲哀却是美。我想青青可以明白，如果你可以学会与自己相处，学会享受孤独，孤独也便可以成就你。

9月6日，青青刚刚升入初三，爸爸去世。青青理智镇定，周到地完成着别人给她安排的一切，就是没有像个真正的孩子一样哭。我告诉青青:

你可以给爸爸写卡片，告诉他你想说的话，把写的卡片作为悼词在告别仪式上读给爸爸。

她说：我相信，这个世界上没有偶然，只有必然。我是你的女儿，你是我的爸爸，这是我遇到的最幸福的必然。为此，我应该感谢您，爸爸，谢谢您把我带到这个世界上。感谢您用无言的行动告诉我：要踏实做人，勤恳工作；要孝敬双亲，慈爱女儿；要知恩图报，与人为善。

她说：爸爸，我爱您，谢谢您！因为有您，我从未迷茫；因为有您，安然无恙；因为有您，快乐与幸福成为永恒。爸爸，我和妈妈都觉得，您微笑着走向了一个光明美好的世界，那里没有病痛，没有挣扎，一切都是那么祥和安宁。您就在那个美好的世界，等候与我们相见。不过爸爸，我今天跟妈妈约好了，我们还要一起生活很久很久。爸爸，您会看到，不管发生什么，我的生活会永远充满欢笑。我会笑着爱您，爱妈妈，爱身边的每一个人。相信我，您会看到一个崭新的我，我会改变，我会学习你的好脾气，能包容，我会成熟而稳重，我会让您为我而骄傲。爸爸，相信我。

告别仪式，她依然那么克制，她依然没有像个孩子一样地哭，直到9号晚上。

9号那天晚上，她在卧室里发短信给我：妈妈，你是我这辈子最重要的最在乎的最爱最爱的人。只有在你怀里，我想哭就哭想笑就笑……只有在你怀里，我才是最初最单纯的那个孩子……妈妈答应我，你要超过你爱我的程度爱你自己。妈妈你一定不要让我担心，我要永远在你怀里，我们要最坚强最快乐地走下去！

看到青青这个短信的时候，我心里突然就有了力量，我也突然踏实下来，因为我知道青青可以哭了。我走过去抱住她，她终于放下所有的防御，失声哭了出来。“妈妈，我觉得自己好委屈。”“妈妈，我很害怕。”她哭着说，“妈妈，咱俩一定好好过。”我俩就这样抱着相互承诺：我们都要爱惜自己，我们要一起好好过。

我不想骗青青，我告诉她，我们把爸爸丢了，我们不知道到哪里去找他，我也有一些恐惧，我也有很多的迷惑要说给他，要询问他，那我们就把所有的问题都暂时打包封存吧。

我：放在一个什么颜色的盒子里呢?

青：蓝色的。

我：这个盒子有多大呢?

青：就像戒指盒那么大吧。

好的，青青，一切都像你所说，我们就把和爸爸有关的一切疑问，暂时封存在这个蓝色的戒指盒里。

我：放在哪里呢?

青：有求必应屋!

我该怎样感谢J.K.罗琳，她给了我女儿一个隐秘的、安全的、可以安放自己痛苦的所在！其实，我更应该感谢青青，她的智慧、沉稳，给了我无限的力量和启迪！我们约定，把这个蓝色的戒指盒安置好，带着爸爸的爱与希望，继续上路。

爸爸去世的时候，青青刚上初三，十月初的阶段考试跌出年级前五十，但是很快，她又进入了年级前十，后面的几次考试，偶有起伏，但是一直稳定在前二十。最后中考成绩，全市排名前三十。

最美的时光

再婚是一种积极的选择，如果你是一个思想独立、处事积极的爸爸或者妈妈，这种选择本身传递给孩子的是爸爸妈妈在主动追求和创造属于自己的幸福。只是幸福从来不会独来独往，和它一起来的可能还有成倍的经济压力、儿女的心理调适和更复杂的家庭关系。我们每个人都跟自己的过去有着千丝万缕的关系，每个人走进一个新家庭的时候都会带着很多人的影子，没有足够的包容和智慧确实难以处理。

还有很多人不自觉地从我们的文化里承袭了“有了后母就有了后父”“有了后父就有了后母”的观念，尤其是老人，他们总是莫名地担心着孩子在再婚家庭的生活。

欣欣的爸爸是欣欣六七岁的时候去世的，开始的那段时间她跟妈妈一起生活，妈妈经济收入不高，好在有姥姥姥爷、爷爷奶奶和姑姑的照顾，母女两人相依为命但也不乏温暖，后来妈妈有了组建新家庭的打算，也有了自己中意的人选。欣欣见过那个叔叔，她心里有一点点不舒服，她说不好那是一种什么感觉，就是别扭。大家好像都为妈妈高兴，但是大家又好像都在为她担心着什么，欣欣说，大家看她的眼光都不一样了，好像她比爸爸去世的时候还要可怜。

妈妈和叔叔结婚要住到叔叔那边，他们结婚之前，爷爷奶奶和姑姑就教她，到了妈妈的新家庭一定要小心一点儿，那不比自己家里。欣欣问：妈妈的家不是我自己的家吗？他们都摇摇头，有些无奈，他们还告诉她：别怕，过得不好就回来，爷爷奶奶和姑姑会养着你的。但是妈妈告诉她说：欣欣，不用有那么多担心，叔叔会对你好的。你不是喜欢《家有儿女》吗？你看他们也是再婚的家庭，好几个儿女一起相处都那么融洽。欣欣说，她真有些害怕，她不知道未来的“妈妈家”到底是什么样的。

妈妈结婚两年，欣欣一直都觉得自己是这个家庭的客人，她慢慢觉得爷爷奶奶的话是有道理的，妈妈不再专心地对她好，她觉得叔叔不是代替了爸爸，而是夺走了自己的妈妈，于是她跟妈妈怄气、吵架，她不理叔叔，用她自己的话说就是“我跟他们闹”，妈妈怎么解释都没有用。在妈妈又生了一个弟弟之后，她觉得自己再也没有办法在那个家里生活下去了，就被接到了姑姑家。

欣欣跟我讲这个故事的时候，一直哭，她说：其实我跟妈妈闹的时候能感觉到妈妈也很痛苦，我也觉得自己好像是错的，妈妈说我应该理解她，我不应该让她为难，但是我就是没有办法原谅妈妈。我感觉自己好像真的有了一个“后母”。直到现在，我都不愿意见她。欣欣说：老师，有时候我觉得自己很可怜，有时候我也觉得自己很可恨。我从妈妈的家里来到姑姑家，可是姑姑家也不是自己家。我的家在哪儿呢？

其实一个那么小的孩子，面对父亲离世、母亲再嫁，内心一定是有恐惧、孤单和气愤的，但是对妈妈即将要开始的新生活，孩子最初也怀有一点憧憬，当大家都按照自己认同的方式教孩子怎么处理事情的时候，就给了欣欣一个概念：那个家不是你的家，后父不会对你好，妈妈也不会像以前那样对你的。没有人关注这些观念到底给欣欣带来了什么。欣欣讲述的时候并没有说后父对她到底怎么样，后父对她的态度好像并不重要，因为她进入这个家庭之前就已经认同了“有了后父就有了后母”的说法，只是她自己并不清楚。她一边学习察言观色、学习谨小慎微、学习刻苦努力以讨得妈妈的欢心，以期跟后父争夺妈妈，一边怀疑妈妈对她的爱已经不纯粹，复杂的情绪使得欣欣的行为让人琢磨不定，而妈妈也没有很好地体察到欣欣的情绪，只是觉得这个孩子越来越难以相处。当弟弟出生以后，欣欣觉得自己再也没有办法成功地夺回妈妈，于是就离开了，这种逃避只是加重了欣欣的挫败感和负罪感。寄人篱下的生活也不是欣欣理想的生活。

欣欣的爷爷奶奶和姑姑，本来是要保护她，妈妈本来可以重组一个家庭来给孩子更完整的爱，结果却在欣欣丧失父亲之后，给了她第二次伤害。大人们也会因此而痛苦吧？

一位同事给我讲过这样一件事情：小伟，一名初一男生，住宿。爸爸妈妈在他上幼儿园的时候就离异了，他跟爸爸生活。爸爸再婚以后担心他跟后母处理不好关系，安排他在学校住宿，每周只接回家一次，爸爸和后母重视他的学习，每周末都给他安排了家教辅导功课。有时候还会把他送回老家，妈妈和后父在老家，他们忙于工作，都不觉得小伟有感情交流的需要，见面后说话的主题大多都与学习有关。小伟说，虽然爸爸妈妈都没有在经济上亏待自己，但就是觉得自己没有家，爸爸妈妈都不管自己，他觉得很孤独、很委屈，他不想学习、不想写作业，经常偷偷哭。情绪不好的时候就会跟同学发生冲突，甚至打起来。小伟说，他曾经想找爸爸妈妈谈谈，可是爸爸妈妈的话题永远是学习，只要开口就是“最近学习成绩怎么样？”“你一定要好好学习，考上好学校”等，他说其他事情爸爸妈妈就觉得他矫情、浪费时间。

欣欣和小伟认为自己没有家的想法，代表了相当一部分再婚家庭子女的心声。孩子不能在家庭里找到安全感和归属感，就容易在家庭以外的地方去寻找寄托，他们的成长就很容易失控。我前面曾经讲过我同学再婚后，和孩子相处困难，以至于孩子上网、离家出走的例子。有再婚打算的爸爸妈妈一定要体察到孩子的情绪，回应他们的情绪，不要急于走进婚姻，或者简单地认为只要婚后满足孩子的经济需要，在生活上给孩子足够的照顾就够了，而应让孩子跟自己的再婚对象多一些接触，两个人一起带孩子旅行、就餐、参加各种活动，用更多美好的故事帮孩子建立新的记忆，建立属于你们三个人的专属的记忆，孩子的情绪、再婚家庭的关系也许就好处理一些。因为孩子更需要跟父母的情感连接。

安安是一个性情温和的男孩儿，总是笑眯眯的，他也生活在一个再婚家庭里。爸爸跟妈妈离婚以后再次结婚，后母性情温和，把生活打理得很有序。安安的家里没有争夺、没有吵闹、没有太多恐怖的记忆。安安已经算是很幸运的孩子了。

安安的爸爸自己开公司，平时工作很忙，晚上常常有应酬，回到家常常就九点以后了。爸爸说，他回到家，安安总是很高兴，一直跟他聊白天发生的事情，说自己的学习情况，又有什么考试了，自己又考好了或者考砸了，叨叨半天，然后才去看书睡觉。安安的后母说，安安跟她在一起的时候很少能这么轻松愉快。她每天下班给安安做好饭，安安到家以后两个人就静静地吃饭、静静地看电视，然后安安静静地去写作业，后母静静地做自己的事情。

安安爸爸说这些的时候，很是愧疚。他说他能感觉到，安安特别希望跟他在一起。是呢，安安对家庭、对亲情有更多的渴望，不只是不吵不闹，不只是回到家里后母已经做好了晚餐。家庭解体，孩子心里是不安定的，是充满恐慌的。所以父母离婚的时候，一定要肯定地跟孩子承诺，他们都会一如既往地爱孩子，来增加孩子的安全感，一定不要切断他们跟以前生活的联系。然而只是口头承诺爱孩子，作用毕竟有限，为了让孩子顺利过渡，尽快适应新的家庭结构，重组家庭的父母要多花一些时间来陪伴孩子，帮孩子建立跟后父母的良好关系。因为这些孩子会像安安一样渴望跟父亲有更多的情感连接，最初的时候他跟后母单独相处总是多少有些尴尬、有些隔膜，如果除了一起吃饭，很少有其他共同的活动，很少有其他的自在交流，就难以建立彼此信任的融洽关系。毕竟，安安的心里还有更美好的记忆。

安安说：姥姥家有个院子，院子里有棵无花果，那个院子曾经是我的天堂。春天我在树下发呆，姥姥说：再过几个月就可以吃了。夏天，果子熟了，我就让姥姥摘给我吃，姥姥说，无花果树是姥姥为妈妈栽的，姥姥指着旁边的樱桃树说：这一棵是给你栽的。可是，我没能等到樱桃熟的时候，我在这个小院只待了两年，爸爸妈妈就离婚了。我不记得，也不想记得我是如何被带走、远离姥姥、远离小樱桃树的，我只知道，这世上再也没有一个地方能让我无忧无虑地玩耍了，再也没有一棵樱桃树是为我栽的了。爸爸妈妈离婚两年后，姥姥去世了。妈妈说，姥姥走的时候看着她说："妞儿，告诉安安，樱桃熟了。"我的童年很短暂，但有姥姥和小院陪着我，这些记忆在我心里，是最美的时光。

没有办法，孩子就是会在心里怀念过去的美好时光，甚至拿现在做比较，而过去的一切，因为隔了时间和空间，则会显得格外美好。单身的爸爸妈妈重组家庭，不能不考虑孩子的情绪和感受，也不能想当然地认为：慢慢习惯就好了。很多时候，慢慢习惯只是孩子无可奈何之举。所以，如果你是一个思想独立、处事积极的爸爸或者妈妈，不管你是单独带孩子，还是带着孩子重组家庭，都应该细心体察孩子的情感需求，并用最具体的方式对他的需求给予回应。这样，我们的孩子才可以在不完美的生活里，拥有更多的美好时光。

只要有足够的爱

这个题目看起来很“鸡汤”，但我不想灌“鸡汤”，只是想与大家分享一个真实的故事。

对孩子的健康成长来说，高品质的父母之爱当然是最好的营养，但是有些孩子注定没有办法享有。初一入学的第一天，我在走廊里接待新生和他们的家长，并且收取各种费用。一个叫宁宁的女孩儿走过来，与别的孩子不同，陪她来的是两位老人，她的爷爷奶奶。老人年纪大了，走到教室门口还带着喘息声，他们帮宁宁办了交费手续，走之前嘱咐说：宁宁，好好听老师的话。然后转身对我说：老师，您多费心。我从这句被人说了不知道多少遍的客套话里，听出了他们把孩子交给我的郑重。

以后开家长会的时候，宁宁家来的总是一位胖胖的男士，五官跟宁宁很像，只是看上去有些年轻。

第二学期的父亲节，我在班里开展了评选“最美爸爸”的活动。我请孩子们从不同的角度观察自己的爸爸，观察他作为爸爸、儿子、丈夫、邻居、员工或者领导的不同身份，跟他聊天，采访认识他的人，了解大家对他的评价，然后写一篇作文，我们会将所有的作文都张贴出来，由同学们根据作文来评选出“最美爸爸”。

宁宁的作文题目是《一双红舞鞋》：

我有一双红舞鞋，是爸爸买给我的。我学跳舞的时候，想要一双红舞鞋，我知道爸爸一定会买给我，因为爸爸重视我的每一个愿望，想办法帮我完成我的每一个愿望；爸爸跟我一起滑滑板，玩得比我还疯；爸爸带我去兜风，摩托车开得像飞一样；爸爸做的饭我都喜欢吃，因为他总是拣我喜欢的做；爸爸买的衣服很漂亮……但是我并不知道爸爸的其他身份，我也没有办法去观察，我也不愿意跟爷爷奶奶谈，因为我很小的时候，爸爸就病了，然后住院，再也没有回家。但是他在住院之前，给我买来了红舞鞋。我们本来也不住石家庄，爸爸走了以后爷爷奶奶很伤心，就带我来到石家庄，跟叔叔婶婶住一起。我想爸爸的时候，就会看看那双红舞鞋。

读完作文，我把宁宁叫到办公室问：作文不是虚构的？

宁宁点头。

我又问：你介意我把这篇文章张贴出来跟同学的作文一起参评吗？

宁宁有点犹豫：爷爷奶奶说，没有爸爸的孩子会被人瞧不起，老师，是这样吗？

我说：我看了你的作文，知道了你的事情，很感动，也很心疼。我感觉咱们班的孩子都是很善良的。不过你可以考虑一下，明天告诉我。

宁宁又犹豫了一下：那就不考虑了，老师，贴出来跟大家一起参评吧。

最后，我试探地问：宁宁，可以问问你妈妈的情况吗？

宁宁摇摇头。我也就打住了。

宁宁的作文最终获奖，宁宁的爸爸被评为我们班的“最美爸爸”。宁宁满脸喜悦地对我说：老师，同学们真好。

这是宁宁第一次把爸爸的事情写到作文里。她说，写出来了，感觉好像完成了一件事情。完成了什么呢？与爸爸告别？

宁宁的故事远没有这么简单，后来她试探着一点点讲给我听。她说妈妈和爸爸在她记事之前就离婚了，她不记得自己跟妈妈在一起生活过。妈妈走了以后她跟爸爸和爷爷奶奶一起住，妈妈从来不来看她，也没有付过抚养费。但是爷爷奶奶是开朗又有活力的老人，她跟爸爸和爷爷奶奶一起住得很开心。她说她不需要妈妈。

再后来，宁宁又告诉我，作文里给她买红舞鞋的“最美爸爸”其实不是她的亲生父亲，而是她的二叔。她的亲生父亲在她四五岁的时候就去世了，她对爸爸的记忆也是模糊的、碎片式的。爸爸去世后，爷爷奶奶把她交给了二叔二婶。她记得跟二叔二婶一起生活的很多事情。他们为了不让她有无父无母的感觉，一直让她喊他们“二爸”“二妈”。他们待她很好，他们年轻，带着她去过很多地方，他们总是用各种办法让她玩得高兴。可是，没过几年二爸又走了，二妈舍不得她，但二妈也终究是要再结婚的。爷爷奶奶伤心之余，就带她来石家庄投奔三叔，现在他们跟三叔三婶住在一个小区里，三叔三婶也很关心她。来到石家庄以后，二妈还经常打电话问候她。

我以为只有小说里才会有这样的故事，我无法想象，宁宁和她的家人经历了什么样的痛苦和煎熬。到此，宁宁所有的故事得以拼凑完整：宁宁一两岁的时候父母离婚了，然后她跟爸爸和爷爷奶奶住在一起。爸爸病逝后，她跟二叔二婶住。再后来，二爸也去世了，他跟爷爷奶奶来石家庄投奔三叔三婶。知道这些以后，我开始偏袒宁宁，这种偏袒对其他学生是从来没有过的。

后来，宁宁又开始断断续续讲她的妈妈：她现在经常给爷爷奶奶打电话，想要跟我说话，想要见我。但是我和爷爷奶奶都觉得，在我们最需要她的时候她都不在我身边，现在却要在我们的生活里出现，我们不能接受。我说过我不需要她，我讨厌她，她每次打电话爷爷奶奶都不高兴，她为什么要打扰爷爷奶奶?

宁宁谈论她的妈妈时，总是用“她”，或者直接称呼她的名字。她妈妈对她说，跟宁宁的爸爸离婚以后她并没有再婚，她说自己先是潇洒了几年，后来年龄越来越大，对婚姻也就不抱什么希望了。

我试着说：宁宁，年轻的时候不懂事，不知道疼孩子，或者说不知道怎么疼孩子的妈妈也是有的，现在，她年龄大了，一定是后悔了，想跟你表达她对你的关心。女人嘛，哪能完全忘掉自己的孩子呢？想想她现在也是挺可怜的。

宁宁很生气：她想见就见？她想表达就给她表达的机会？她可怜也是应得的。

我知道我没有权利要求宁宁，换了谁也很难接受。

我只是反复跟宁宁说：慢慢来，也许你可以慢慢试着原谅她，在心里跟她和解。跟她和解、接受她，就是接受完整的自己，因为她是你生命的一部分。

宁宁毕业以后，我们每次见面或者网上聊天，她都会说说她妈妈的情况。她们母女开始接触，宁宁开始接受她的礼物，宁宁考大学选专业时也征求了她的意见。

宁宁大四的时候有一个出国交流的机会。春节的时候我们微信聊天，聊着聊着她突然就说：老师，我让她来跟爷爷奶奶一起过年了。

我一时没有反应过来：谁？

然后，我突然明白，她就是宁宁的妈妈。我说：你是怎么做到的，宁宁？你是怎么做到的？

宁宁：嘿嘿。老师，真的很不容易呢。她那儿的工作倒是好做，她想忏悔，求原谅，但是爷爷奶奶很不愿意接受她。我给爷爷奶奶打了电话，又给叔叔婶婶打电话，先做通叔叔的工作，再让叔叔去做爷爷奶奶的工作，最后成功了。我不在爷爷奶奶身边过年，担心他们冷清难过，多一人陪着他们总是好的。

宁宁不愿意说，她已经在心里原谅她妈妈了。而我问的，是她怎么做到把爷爷奶奶和“她”聚在一起，而且她怎么做到彻底地原谅了“她”。

宁宁说，其实她也不知道自己是不是真的彻底原谅她妈妈了，只是觉得没有以前那么恨她了，觉得她自己一个人也很不容易。

我不知道怎么表达我内心的激动和喜悦。这么多年我对宁宁的偏爱，其实不只是因为她的不幸，更是因为我隐约感到她内心的巨大能量吧？我突然想起林海音的一句话：记住，你是吃饭长大，读书长大，也是在爱里长大的！在爱里长大的宁宁，自然就学会了爱。

虽然没有父母的爱，但是爷爷奶奶、二叔二婶、三叔三婶给了宁宁足够的爱，这些爱就像种子一样播撒在她心里，这些爱的种子都是有生命的，会逐渐成长起来，越来越壮大。这些爱，慢慢地疗愈宁宁心头的创伤，并在那些永远都无法完全恢复的创口上，开出了艳丽的花；这些爱，慢慢生长出了宽容和仁慈，让她原谅那些痛苦和伤害的时候，也获得了重生，达到了新的生命高度；这些爱，会在宁宁以后的人生之路上继续成长，伴她前行，帮她超越人生的种种困境。

其实，每一个经历了变故的家庭也都如此，不管是丧亲还是离异。每一个家庭系统里都有爷爷奶奶、姥姥姥爷、姨姨姑姑等等，如果孩子跟他们在一起的时候很舒服，愿意跟他们交往，就给孩子创造更多的机会跟他们交往，不要把孩子和自己封闭在小家庭里，让他在和睦的大家庭里感受更多的关爱。即便是离异的家庭，也不要紧紧地把孩子绑在自己身边，切断他与以前生活的联系。

因为孩子失去了的那一部分已然不可挽回，但是已经建立起的关系和情感一直都在，没有变化、没有减少，只要我们能看到它们，主动关注它们，不因为权力的争夺、不因为要孩子跟自己结成同盟而引导孩子把爱变成仇恨，它们就会在孩子的生命里发挥更大的作用，给孩子更好的滋养。

后　记

前天把书稿的完整版发给一个朋友，她在微信上留言：刚刚看完第一章，你为啥不早点给我指导？你对我教育孩子的方式早就有想法你却没说！我得过且过快二十年了，看完，被失败的阴云大面积笼罩。

其实我们经常讨论孩子的成长，只不过没有书里的文字说得周密而已。我知道我书中所讲的很多故事，在很多家庭里发生过或者正在发生着，并且一定还会继续发生下去。我也知道朋友说得夸张，但她的感受我似曾相识。

几年前我曾经看过一篇文章，大概讲的是造成童年阴影的一百种可能。其中有四十多条都是有关家庭教育和家庭关系的。和朋友一样，作为妈妈我也“对号入座”了一下，当然也心生不少愧疚：我给孩子幼小的心灵投下了多少阴影呢？但是我马上又把自己的角色置换成孩子，我粗略数了一下，在这造成孩子童年阴影的四十多种可能中，我童年时期曾经经历的就有三十种之多！这么多阴影的笼罩，我的童年是不是就暗无天日了呢？显然不是！我坚定地认为自己还是一直朝着太阳的方向生长的！

其实，哪一个童年没有阴影呢？但是，又有哪一片乌云彻底遮住了太阳呢？我依然坚定地相信，我们的心灵有着极强的自我修复能力。想想看：这世界上，哪里可以找到从来没有乌云的天空？哪里可以找到绝对没有蚊虫的夏天？哪里可以找到没有枯草的春天呢？所以，我相信有了阴影的童年依然可以是快乐的，童年有了阴影的孩子依然可以憧憬光明的未来。

语言是沟通的开始，语言也是误解的发端，如果孤立地看上面这段文字，很容易让人认为我不关心孩子内心的感受，但是，了解我的人都知道，我是多么同情和心疼孩子，我是多么希望给孩子创造无尘的空间。可我同时也知道，父母的付出多么艰难，父母的爱前所未有地受到诘难，这不只来自外界，更多的来自我们的心底。作为父母，我们谁不是一边全力付出着，一边又反复对自己的付出进行拷问？

其实，不只中国的爸爸妈妈被质疑。前不久，备受瞩目的电影《伯德小姐》里有这样一组对话：

伯德：你喜欢我吗？

妈妈：我当然爱你。

伯德：你爱我，但你喜欢我么？

妈妈：我只是希望你成为最好的自己。

伯德：如果这已经是最好的我呢？

妈妈：……

这时候，镜头定格在这个对女儿喋喋不休、不停挑剔的妈妈脸上，那张沉默的、布满皱纹、眉头微蹙的脸，眼睛里满是惶惑和茫然。我想，看到这一幕的所有妈妈，都会在心里问自己同样的问题，进而质疑自己能不能给孩子更多的接纳和包容。

但是我相信，尽管父母的爱有瑕疵，但它依然是最宽广的天空，最充满生机的春日，最热烈的夏天。这，才是孩子生命的底色。我相信会有那么一天，孩子会像伯德小姐一样，在内心与不够完美的妈妈和解。

作为老师，我希望每一个出现在我生命里的家庭，能在我的课堂上有更多的发现、活力和可能。希望每一个读到这本书的家庭，不只是看到了阴影，更能发现积极的能量，激活沉睡的力量，成就孩子生命的无限可能。这是我写作这本书的初衷。

我眼看着很多的爸爸妈妈，因为躲避旋涡被搁浅在沙滩，因为选择高度而攀爬上了悬崖，因为家庭教育不到位、因为伤害了孩子而自责愧疚对爸爸妈妈自身的伤害，也许并不比那“100种可能”更少！没有科学的系统的家庭教育指导、儿童心理学培训，没有积极主动地自我成长，很多理想都难以实现。

当然，这本书是一个系统：坚定地相信、真诚地关注、永远地好奇、理性地思考、无条件地支持是土壤，任何一个篇章中的某一种具体的做法或者某一个具体的句子，都只是种子，而“橘生淮南则为橘，生于淮北则为枳，叶徒相似，其实味不同”。

十几年前我听孙云晓老师的讲座，孙老师说“好的关系胜过好的教育”曾让我茅塞顿开，如今却越来越发现，我对什么是“好的关系”还不能给出让自己满意的答案。

但是，我对每一个来到我课堂上的生命的好奇永远不会消失，我好奇他们来自哪里，更好奇他们会去向何方。

和朋友聊天的最后，她说：别人说种一棵树最好的时间是十年前，其次是现在。

我答：为“别人”点赞！为每一个没有放弃成长的父亲或母亲点赞！

2018年6月